现代职业教育创新实践研究

张丽萍　邵锦秀　普光琼　著

吉林科学技术出版社

图书在版编目（CIP）数据

现代职业教育创新实践研究 / 张丽萍，邵锦秀，普光琼著. — 长春：吉林科学技术出版社，2024.5
　ISBN 978-7-5744-1491-4

　Ⅰ．①现… Ⅱ．①张…②邵…③普… Ⅲ．①职业教育—教学研究 Ⅳ．①G712.0

中国国家版本馆CIP数据核字（2024）第112022号

现代职业教育创新实践研究

著	张丽萍　邵锦秀　普光琼
出 版 人	宛　霞
责任编辑	袁　芳
封面设计	树人教育
制　　版	树人教育
幅面尺寸	185mm×260mm
开　　本	16
字　　数	250 千字
印　　张	11.25
印　　数	1~1500 册
版　　次	2024 年 5 月第 1 版
印　　次	2024 年 10 月第 1 次印刷

出　版　吉林科学技术出版社
发　行　吉林科学技术出版社
地　址　长春市福祉大路5788号出版大厦A座
邮　编　130118
发行部电话/传真　0431-81629529 81629530 81629531
　　　　　　　　　81629532 81629533 81629534
储运部电话　　0431-86059116
编辑部电话　　0431-81629510
印　刷　廊坊市印艺阁数字科技有限公司

书　　号　ISBN 978-7-5744-1491-4
定　　价　70.00元

版权所有　翻印必究　举报电话：0431-81629508

前　言

职业教育是社会发展的产物，是人类文明进步的产物，是人自身发展的产物，也是与经济社会发展联系最紧密、服务最贴近、贡献最直接的教育类型。大力发展职业教育是近年来教育界永恒不变的主题，也是党和国家的战略发展目标。随着国际竞争的日益加剧、科学技术的快速发展、现代产业体系的建立和完善及人力资源结构的合理调整，原有的职业教育理论和实践需要不断更新、发展、完善和创新。

当前，我国职业教育正处在重要的机遇期，新形势对职业教育改革发展提出了新的、更高的要求，也为职业教育理论研究提出了许多新课题。目前，我国职业教育理论研究和学科建设与职业教育改革发展需要还有很大差距。职业教育工作者，特别是科研人员应坚持以科学发展观为指导，加强理论研究和实践探索，不断创新，为建设有中国特色的职业教育理论和学科体系而努力。

职业教育在我国当下和今后一段时间内，承担着为改革开放和全面建成小康社会培养高素质劳动者和技术技能人才的职责和使命。在国家不断突出职业教育战略地位的顶层设计框架下，提升职业教育吸引力的政策环境还没有完全建立起来。在国家"完善和发展中国特色社会主义制度，推进国家治理体系和治理能力现代化"的总目标下，如何克服存在的问题，调动政府、市场、企业、行业、学校、民众等多方相关者的参与积极性，实现利益共享，形成办好职业教育的合力和持久动力，实现职业教育公共治理现代化，是职业教育政策研究的重点和方向。

由于笔者水平有限，本书难免存在不妥甚至谬误之处，敬请广大学界同仁与读者朋友批评指正。

目 录

第一章 现代职业教育的基本理论 1
  第一节 现代职业教育的概念及内涵 1
  第二节 现代职业教育的基本理念 6
  第三节 现代职业教育的基本特征 9
  第四节 现代职业教育的目的与任务 13
  第五节 现代职业教育的地位与功能 17
  第六节 现代职业教育的培养目标 29

第二章 职业教育的教学理论技术 33
  第一节 行为主义与职业教育教学理论 33
  第二节 认知主义与职业教育教学理论 37
  第三节 建构主义与职业教育教学理论 44
  第四节 行动导向的职业教育教学理论 51

第三章 我国职业教育政策的历史沿革 57
  第一节 近代以来职业教育的开创与探索 57
  第二节 改革开放前职业教育政策发展 59
  第三节 改革开放以来职业教育政策的发展 62
  第四节 改革开放以来职业教育政策评析 84

第四章 现代职业教育课程改革 86
  第一节 现代职业教育课程概述 86
  第二节 现代职业教育课程的理念与模式 91
  第三节 现代职业教育课程的开发 94
  第四节 现代职业教育课程改革与发展趋势 99

第五章　现代职业教育的教学方法 … 103
第一节　现代职业教育的教学原理 … 103
第二节　现代职业教育的教学过程 … 108
第三节　现代职业教育的理论教学方法 … 115
第四节　现代职业教育的实践教学方法 … 122
第五节　现代职业教育的教学模式及方法体系 … 124
第六节　现代职业教育中现代教育技术的运用 … 127
第七节　现代职业教育教学方法的选择与运用 … 130

第六章　现代职业教育体系的基本内涵 … 134
第一节　现代职业教育体系内涵研究现状 … 134
第二节　语义学维度的内涵解析 … 137
第三节　系统科学维度的内涵剖析 … 139
第四节　基本内涵对现代职业教育体系建设目标研究的启示 … 145

第七章　现代职业教育体系建设的目标方针 … 146
第一节　组织层的目标方针 … 146
第二节　表现层的目标方针 … 149
第三节　规则层的目标方针 … 151
第四节　间介层的目标方针 … 151
第五节　环境层的目标方针 … 152

第八章　现代职业教育体系的结构框架 … 154
第一节　现代职业教育体系的边界 … 154
第二节　现代职业教育体系的本体 … 159
第三节　现代职业教育体系的延伸体 … 171
第四节　现代职业教育体系的环境层 … 171
第五节　结构框架对现代职业教育体系建设目标研究的喻示 … 172

参考文献 … 173

第一章 现代职业教育的基本理论

第一节 现代职业教育的概念及内涵

一、职业的含义与特征

（一）职业的含义

从词典释义看。在英语中，"vocation"一词意为由神感召而得到神职。在《牛津高级英汉双解词典》中，"vocation"指"工作、职业""占据某人时间的活动""（认为自己适合于做某事的）使命感""（对某种工作）天生的爱好或才能""行业、职业"。在我国，"职业"一词，最早见于《国语·鲁语》："昔武王克商，通道于九夷百蛮，使各以其方贿来贡，使勿忘职业"。这里的"职"指执掌之事；"业"是古代记事的方法，把要做的事在木棒上刻成锯齿状，有多少事情就刻多少个齿，做完一件就刻一个齿，即"修业"，所以，"业"的含义是事。"职业"即为分内应做之事，与一定的社会分工和完成某件事所需要的技术、技能相联系。

从职业发展历史看，随着奴隶社会的不断发展，农业与手工业、畜牧业不断分离，导致了脑力与体力劳动的逐渐分离，并出现了最早的职业。在古代，有"官有职，民有业"一说。这里的"职"与"业"主要指的是朝廷人员与老百姓所从事的主要工作："职"指的是官事；"业"指的是农、牧、工、商，也就是今天所指的行业。可见，在我国古代，"职"与"业"是分开赋予含义的。较早地完整使用"职业"一词是在《荀子·富国》："事业所恶也，功利所好也，职业无分，如是，则人有树事之患，而有争功之祸矣。"到了近代，随着社会的进步，社会分工日益精细化与复杂化，"职""业"逐渐地被一起使用，主要含义是指个人在社会中所从事的并以其为主要生活来源的合法工作的种类。

现代的"职业"含义是指，人们在社会中所从事的、相对稳定的、作为主要生活来源的，并以此为社会服务和体现自我价值的专门合法工作。可见，职业是参与社会分工，利用专门的知识和技能，为社会创造物质财富和精神财富，获取合理报酬作为物质生活来源，并满足精神需求的工作。它包含五个方面的内涵：第一，职业必须是社会分工产生的，为社会所承认的有益的工作，与人类的需求和职业结构相关；第二，职业必须是相对稳定的，不是可有可无的，也不是临时的，有一定的连续性，与职业的内在属性相关，强调利用专门的知识和技能；第三，职业必须是为群众服务的，是服务于社会也是社会所必需的，从而也是个人发展和实现人生价值的主要渠道；第四，职业与社会伦理相关，强调创造物质财富和精神财富，获得合理报酬；第五，职业是能够为己谋生的，是个人愿意以此获取生活资料的主要来源，与个人生活相关。

（二）职业的特征

职业作为一种劳动，它既有一般劳动形式的特征，也在产生和发展的过程中逐渐形成了可以与其他劳动形式相区别的特征。当代职业的特征主要表现在以下几个方面：

1. 目的性

职业以获得一定的回报为目的。这种回报不一定仅局限于物质、金钱等报酬，还可包括理想的实现、个人价值的实现、兴趣爱好的满足等。

2. 规定性

职业对从业人员素质具有一定的规定和内在要求。从事特定职业的从业人员必须达到职业所要求达到的专门素质，同时，从业人员必须在其中承担一定的职责。

3. 社会性

职业是从业人员在特定社会生活环境中所从事的一种与其他社会成员相互关联、相互服务的社会活动。

4. 稳定性

职业在一定的历史时期形成，并具有一定的生命周期。

5. 规范性

职业必须符合国家的法律，符合从业标准和社会道德规范。

6. 群体性

职业具有一定规模，是群体的共同行为。达不到一定数量从业人员的劳动不能称为职业。

7. 可变性

职业的内涵与种类并不是一成不变的，它会随着社会经济、产业结构的变化而发生改变。

8. 经济性

对个人，职业是个人获取生活资料的主要途径；对社会，个人从事职业是促进社会经济发展的重要环节。

9. **技术性**

不存在没有知识、技术的职业。特别在进入知识经济时代后，各种职业的技术含量在不断增加，技术性更加突出。

10. **专门性**

任何一个职业都是要不断发展和完善的，因此，它的专门性会越来越强，专业化程度也会越来越高。

11. **时代性**

职业是不断发展变化的。新的职业不断产生，旧的职业不断消亡，每个时代都有自己的特色职业。

12. **多样性**

社会分工越来越细，职业的种类也必将越来越多，且具有多样性的特点。

13. **发展性**

职业是人类发展的舞台，任何人的发展都离不开职业。

二、职业教育的概念

职业教育是一种复杂的教育活动，对其概念的认识也是复杂多样的。下面将从广义与狭义、外部与内部四个角度对其概念做归纳和分析。

从广义的角度理解"职业教育"的概念包括三层含义：所有的教育和培训都具有职业性，均有职业导向，因为所有的教育都影响着个人的职业；职业教育和培训包含了所有类型的技术传授；职业教育既可以在家庭中传授，也可一在工作单位或正规院校传授。从狭义的角度理解"职业教育"的概念也包括三层含义：职业教育就是培养高级工匠的教育；职业教育和培训仅包含操作性技能之类的技术传授；职业教育是同普通教育相对的，以专门培养中级专业技术人才为目的的学校教育，它处于大学层次之下，反映了教育体系内部的结构与分工。显然，广义的"职业教育"的概念混淆了职业教育与其他类型教育的差别，未区分出职业教育所传授的特定技术类型，而狭义的"职业教育"的概念又把职业教育局限于操作技能训练和中等层次的程度上，因此，二者都没有真实地、全面地反映出现代职业教育的真谛。

2001年，联合国教科文组织修订的《关于技术与职业教育的建议》认为："'技术与职业教育'是作为一个综合术语来使用的。它所指的教育过程除涉及普通教育外，还涉及与学习、经济和社会生活各部门的职业有关的技术和各门科学，以及获得相关学科的实际技能、态度、理解力和知识。技术与职业教育进一步被理解为：（1）普通教育的一个组成部分；（2）备进入某一就业领域以及有效加入职业界的一种手段；

（3）终身学习的一个方面以及成为负责任的公民的一种准备；（4）有利于环境的可持续发展的一种手段；（5）促进消除贫困的一种方法。"教科文组织所提出的上述解读，主要从职业教育的外部关系阐述了职业教育的外延和作用。这样的表述更易于让大多数国家的政府接受，并重视职业教育，这正是其用意所在。

职业教育还需要从其内部来审视其内涵。有学者论述了职业教育应该是一种不同于普通教育的独特教育类型，应该把职业学校真正办成遵循职业教育规律和特性，体现职业教育价值的教育机构，而不是作为低于普通学校的"二流"学校。还有学者将职业教育的概念表述为，"职业教育是培养技术应用型、技能型人才的一种教育或培训服务"，并将其理解为五个要点：职业教育是教育的一种类型；职业教育培养的是技术应用型、技能型职业的人才，而不是培养所有职业的人才；职业教育是一种服务业，它为准备成为技术技能型人才提供教育服务；职业教育培养的是人才，是在普通教育基础之上进行的；职业教育具有层次之分，旨在培养技术应用型与技能型两类人才。

作为独特教育类型的职业教育，在课程方面，是以就业能力为导向的能力本位课程或工作过程课程；在教学方面，实施行动导向教学，实行工学结合的人才培养模式；在学生评价方面，要求以学生获得职业胜任能力和职业资格为依据，重行而不唯知；在教师评价方面，要从重升学率和学术成果转向重就业导向的课程开发和教学应用与转化；在管理制度方面，要建立起符合职业教育规律与特色的管理制度；在教育体系方面，职业教育是横向"结成"体系，而普通教育是纵向"自成"体系。

综上所述，职业教育是终身学习的重要组成部分，是全民教育的主要承担者，是以培养符合职业或劳动环境所需要的技能型人才为目标的一种教育类型。它以职业需要为导向，以实践应用性技术和技艺为主要内容，传授职业活动必需的职业技能、知识、态度，并使学习者获得或者扩展职业行动能力，进而获得相应的职业资格。职业教育所培养的人才是技能型人才，进一步可以分为技术应用型人才和操作技能型人才，两者都需要具备一定的理论技术、实践技术、心智技能和运动技能，都需要在生产或服务的一线通过行动将已有的设计、规范和决策转化为产品或服务成果。

三、职业教育的内涵

职业教育是终身教育体系中在基础教育之上，为引导学生掌握某一特定职业或职业群中从业所需的实际技能、知识和认识的教育服务，是使受教育者获得某种职业或生产劳动所需要的职业技能、知识、职业道德的教育，其目的是培养技能型应用人才和具有一定文化水平及专业知识技能的劳动者。

职业教育是社会发展的产物，是人类文明发展的产物，是人自身发展到某个特殊时期的产物。职业教育受益于社会，促进社会发展是职业教育的应有之义和神圣职责。职业教育应包括两部分内容：（1）职业技术学校教育，即学历性的职业教育，分为初等、中等、高等职业学校教育；（2）职业培训，按照职业需求或劳动岗位的要求，以开发和提高劳动者的职业技能为目的的教育和训练活动，是非学历性的短期职业教育。职业培训的形式多种多样。目前，我国的职业培训包括从业前培训、转业培训、学徒培训、在岗培训、转岗培训及其他职业性培训。根据实际情况，也可以将职业培训分为初级、中级、高级职业培训。因此，我们必须从下面几个方面准确把握职业教育的内涵。

（一）职业教育是终身教育体系的一个组成部分

职业教育是相对于其他教育存在的，没有其他类型教育也就不存在职业教育，并且职业教育是教育的重要组成部分，它对人的职业化、经济社会发展和消除贫困等具有重要价值。人对教育有基本需求、从业需求和闲暇需求，而职业教育可以满足人的从业需求。因此，职业教育是人终身教育和人全面发展的一个方面、一个阶段、一个重点。

（二）职业教育是建立在基础教育之上的

接受职业教育需要以一定的科学文化知识为基础。受教育水平是接受何种层次职业教育的重要准入依据。高等职业教育以普通高中教育为基础，中等职业教育以初中文化教育为基础，初等职业教育以小学文化为基础。

（三）职业教育是定向教育

定向教育是以职业或职业群为主要依据的专业类别培养人才的方式。无论是全日制职业教育、部分时间制职业教育，还是职业培训，都是给予学生或在业人员从事某种特定职业或职业群所需的实际知识、技能和态度的教育，是为就业、转业做准备的，就是使"无业者有业，有业者乐业"。完成职业教育课程后，可以获得所在国家主管当局（教育部、雇主协会等）认可的在劳务市场上从业的资格。职业人才有多种类型、多种层次。

（四）职业教育面向部分人群

职业教育主要面向技术性、技能性职业者。非技术性职业者、学术性职业者、工程性职业者等，均无须接受职业教育。由于国度不同，时代不同，技术性、技能性职业的声望和社会地位也不同，职业教育的地位与作用差别较大。

（五）职业教育是一种服务

职业教育过程由教育、教学、管理和服务构成。职业教育过程的结果是转变学生。学生是顾客，职业教育机构向学生提供了学习、生活、劳动的设备设施，通过教职工的教育、教学、服务过程为学生提供特定职业或职业群所需的知识、信息、方法，提高学生从业的实际技能、知识、认识，以及认识世界、改造世界的能力。因此，职业教育是一种高尚的服务业。

第二节 现代职业教育的基本理念

一、现代职业教育的属性

（一）现代职业教育是一种主体教育

传统职业教育追求的是对受教育者进行某种技能教育，强调受教育者对教师、学校和社会的机械服从和顺应。这种见物不见人的教育把受教育者当作教育的客体加以塑造，而不是当成教育的主体来加以培养，其塑造出来的人，"人"味很淡，"物"性十足，缺乏主体意识和创新精神。因而，职业教育也要和其他教育一样，全面贯彻党的教育方针，而且要面向全体学生，要注意学生的个体差异，促进人的个性在职业领域里的全面发展。

（二）现代职业教育是一种全民教育

由于职业教育是一种就业教育，所以它也是一种大众化的教育。职业教育在满足社会上个人的需要和开发个人潜能的同时，为所有人提供了技能的教育，尤其对在职人员和失业者提供培训、再培训，并获得受教育的均等机会。职业教育的普及与其提供的学习技能，将会促进全世界所有公民接受教育。

（三）现代职业教育是一种文化教育

"文化教育"在这里指的是一种理念文化，包括价值观念、道德观念和思维方式。实施职业启蒙教育阶段，职业教育渗透到基础教育，大力开展劳动技术教育，培养中小学生的劳动意识和劳动习惯，可使他们从小就树立劳动至上的价值观，为学会做事奠定良好基础；实施职业准备教育阶段，在传授一定文化知识和技能的同时，加强职业道德教育，培养学生学会做人，使其日后上岗就业能够热爱本职工作，无私奉献，为个人服务社会从而为社会做出贡献奠定基础；实施职业继续教育阶段，由于树立了劳动的价值观，可以使人懂得作为社会人应与社会及其他社会人和谐相处，并依靠自己的双手创造财富。

（四）现代职业教育是一种终身教育

正如《学会生存》报告中说的，不应该培养青年人和成人从事一种特定的、终生不变的职业，而应培养他们有能力在各种专业中尽可能多地流动，并刺激他们自我学习和培训自己的欲望。随着生产力的发展和社会的进步，人的职业、岗位和职业能力会经常变动、更新，这就需要不断地参加这样或那样的职业技术学习，接受继续教育或培训。因此，职业教育是一种终身教育。

二、对职业教育功能的理解

（一）由单纯地针对职业岗位扩展到着眼于整个职业生涯

在现代社会中，社会就业人员的利益导向和价值走势常使其职业经常变更，一个人一辈子固定在一个行业或一个岗位上的时代即将消失。我国自改革开放以来，人才流动已逐渐成为一种常见的社会现象，社会成员正由"单位人"逐渐走向"社会人"。这种就业需求，必然对职业教育的目标和内涵产生影响。

（二）由满足上岗要求走向适应社会发展

职业能力不仅指操作技能或动手能力，而且指综合的、称职的就业能力，包括知识、技能、经验、态度等，即为完成职业任务所需的全部内容。在职业能力的内涵中，应十分注重合作能力、公关能力、解决矛盾的能力、心理承受能力和竞争能力等非技术的职业素质，同时，随着科学技术的迅猛发展，使社会职业岗位的内涵与外延处于不断变动中。因而，职业教育的教学计划不能仅着眼于当前上岗能力的需要，还应注重学生对职业岗位变动的良好适应性和就业弹性的需要。

（三）由提供学历和文凭向多方面延伸

职业教育体系总体上分为学历教育、非学历教育与培训两大部分。学历教育主要是以较长的连续时间，系统地培养基层一线的技术型人才为主。学历教育有中等职业教育和高等职业教育两个层次。在非学历教育与培训中，一部分是资格证书教育、工人技术等级培训，另一部分是岗位培训、在职进修培训和短期就业培训。随着我国加入WTO，实施"走出去"的战略，职业教育的功能还将由培养国内人才扩展为培养国际人才。

三、职业教育应有的理念

（一）新的职业理念

1. 动态的职业观

伴随着世界经济的发展，产业结构、行业结构和技术结构都发生了深刻的变化。行业的兴衰导致职业的存亡，而技术结构的变化又直接影响着职业结构的构成。为了适应职业的动态变化过程，职业教育工作者要有长远的眼光，不仅应当了解过去和现在社会职业的状况，还应当看到五年、十年甚至更长时期内职业教育的发展方向。对社会职业变化的高度敏感性和适应性将是职业教育在变化的时代立足和兴旺的根本。为此，高职院校必须十分关注社会职业的变化，不断加强办学条件建设，增强发展潜力，及时调整教学计划、教学内容、教学方式以及教学要求，以增强人才培养工作的适应性。

2. 整体的职业观

工业社会过细的劳动分工使人的职业发展出现了单一化，人的一生往往被束缚在一个零件的制造或某道工序的操作上。为了改变这一状况并增强学生对工作和未来生活的整体适应性，职业教育必须树立整体的职业观，扩大教学与训练的辐射面，培养学生多方面的工作能力，尤其是分析、判断、决策和行动的能力。

3. 人文的职业观

职业至上论和人文教育之争在普通高等教育领域由来已久，在高等职业教育中两者之间的矛盾更是特别突出。长期以来，中外高等职业教育都存在"唯职业论"的声音。人们以为，职业教育的宗旨就是为学生将来从事某种职业做准备，因此，高职院校围绕职业技术组织教学与培训工作是天经地义的事情。但我们说，帮助学生获得职业技能本身并无不妥，但如何认识学生将要从事的职业，如何培养学生具备承担完成职业使命的能力却值得人们更加深入地思考。

职业并不是孤立存在的。从根本上说，职业是人类社会分工的产物，职业的本质不在于职业所要求的技术，而在于职业的社会价值。职业的社会价值的实现离不开技术，但仅仅依靠技术是远远不够的，它还要求从事职业的人具有正确的社会价值观、人生观，具有必要的人际交往能力以及其他社会生活能力。对于个人而言，职业与人们的生活更是有着不可分割的联系，职业不仅是人们谋生的渠道，还是人们从事社会生活并实现人生社会价值的舞台。现代工商业生产与服务把各种职业有机地融合在一起，信息技术的发展不但强化了各种职业之间的联系，更强化了人与人之间的联系。因此，职业教育不能单纯地着眼于技术的训练，还要从职业的人文性出发，加强学生的人文素质教育，提高学生的社会人际交往能力、社会价值判断与审美能力、社会组织与协调能力等。

（二）人本理念

1. 学生中心观

高职院校是学生开始职业生活和社会生活的桥梁，他们只有在这里获得了全面、自由而充分的发展，才能在一个变化万千的时代，在职业生活和社会生活中游刃有余，与时俱进。为此，高职院校必须树立起以学生为中心的观念，以学生的发展为自己的根本目标。在考虑学生整体特点的情况下，注意学生的个体差异，做到因材施教，为学生当前的生活、以后的生存和发展打下基础。

2. 素质教育观

职业教育不是一种终结性的教育，而是服务于学生发展的终身教育。职业教育不仅要适时地根据受教育者的需求特点在办学方式上做出一定的调整，更主要的还是要为受教育者以后的发展打下扎实的基础，提供良好的素质。这种素质不仅表现在过硬的专业技能上，还应表现在具有深厚的理论基础上。受过职业教育的学生能够根据社会和职业的变化及时地对自己做出调整，并实现个体持续的良性发展。如自我学习、形势分析和判断等方面的能力。

第三节 现代职业教育的基本特征

一、职业性

职业性是指职业教育培养生产、服务、技术和管理所需要的高素质劳动者和技术型、技能型人才。其具有以职业为导向，为就业服务的特点。

职业是职业教育的基础，是规范职业教育的专业、课程和评价的标准。如杜威所讲："一种职业必须是信息和观念的组织原则，是知识和智力发展的组织原则。职业给我们一个轴心，它把大量变化多样的细节贯穿起来，它使种种经验、事实和信息的细目彼此井井有条。"

职业教育培养是现代职业培养生产、管理、服务所需的具有综合职业能力的应用型人才的实践活动。职业教育以学生能够就业，并能使学生在未来的职业实践中得到发展为主要目标，教学内容以学生就业岗位需要为导向，教学环境强调与真实的环境相同或相似。

职业性并不排斥文化修养、人文道德，而是集人力、知识、技术、技艺、工作的任务与过程及行动、道德、价值、精神等于一体。同时，职业教育重视培养学生良好的职业道德、职业意识、职业纪律、职业习惯，以及忠于职守的敬业精神，其教学计划、教学过程、教学方法、教学组织、生产实习和教学实习等，都与社会职业需要，与学生的职业活动、文化修养紧密联系。

二、技术性

技术通过职业教育内化到劳动者身上，才能转化为现实生产力，发挥出它的功能。技术的演变会影响职业教育发展的结构、层次、规模、课程和方法等。技术结构及产业结构的变化推动着职业教育结构的演变。技术革命及其引发的社会生产方式的变革决定着职业教育思想的发生和发展，技术革命导致了职业教育技术制度的变革。

技术可分为经验型技术、实体型技术和知识型技术。它们都是职业教育课程的主要内容。职业教育的教学过程也充分体现了技术的属性、技术传授的规律和要求。技术的学习需要重复，但重复不排斥创新。

技术的进步推动了职业教育办学模式和人才培养模式的改革。职业院校应该紧跟技术的不断进步，通过产教结合、工学结合的基本途径，使得教育与训练并重，促进学习者对新技术和新工艺的掌握，提高其就业能力。

三、社会性

世界各国的职业教育各具特色，但凡成功模式的职业教育都与本国社会实际紧密结合。社会环境适宜职业教育的发展，职业教育就能有效地促进经济社会的发展。服务于社会是职业教育的宗旨。职业学校，从其本质来说，就是社会性；从其作用来说，就是社会化。职业学校的基础，是完全构筑于社会需要之上的。职业教育不可能脱离社会环境，因为它与社会劳动就业直接联系，而劳动就业又是高度综合性的社会工程，涉及国家和地域的资源、人口、经济、政治、科学、文化、社会习俗观念、有关制度措施等各个方面，所以，这些牵动着职业教育的办学。另外，职业教育诸如联合办学，定向、委托培训等办学途径，也使得职业院校必然受到社会多方的制约。

职业教育又是一种社会需求制约型的教育。其培养目标、发展规模、结构和速度，既受社会需求的推动，又受社会需求的约束。在不同的历史时期，随着社会需求的变化，必然会引发职业教育的发展与变革。

职业教育对社会环境的高度依存性，要求其办学必须是开放的、灵活的。职业教育只有吸纳全社会的力量，才能办好。除在培养目标的确定、专业的设置、教学内容和教学方式的选择等方面要紧贴社会实际需要之外，在教学、课程、评价和管理等实施过程中，职业教育也需要行业企业的参与和支持，必须广泛吸纳社会力量，与生产劳动和社会实践紧密结合，走工学结合之路，实行灵活多样的人才培养模式。只有这样，职业教育的培养目标才能实现。

四、实践性

教育部《关于深化职业教育教学改革全面提高人才培养质量的若干意见》中要求，要加强实践性教学，实践性教学课时原则上要占总课时数一半以上。职业教育过程就是实践的过程，实践贯穿于职业教育的始终。

（一）教学内容突出实践性

职业教育在教学内容的选择上不过分强调专业的学术性、系统性、完整性和理论性。基础理论课的内容以必需和够用为原则,重理论知识中相关结论的使用而轻其推导过程。教学内容的重点在实践操作和专业技能的培养上，丢弃了那种学生听得多、看得多，重理论、动手少的教学方法，而采用以实践为重、为先的方法，先做后学、先学后教、以需定教。

（二）教学方法上突出实践性

在课程安排上先建立实践教学体系，后建立理论教学体系；先进行专业课教学，后进行基础课教学；在具体教学中，尝试先让学生动手做一做，然后归纳总结，再有针对性地开展理论学习。

（三）教学过程突出实践性

国内职业教育的教学过程，都选择了突出实践性的工学结合、产教结合的教学模式。在整个教学过程中，院校的教学实训与企业实习交叉进行，从而使教学更具实践性、应用性，也更贴近企业对学生技能的要求。

五、大众性

职业教育的大众性即职业教育的人民性。职业教育是面向人的教育。因此，职业教育必须有教无类，必须代表人民群众的教育利益，最大限度地满足广大民众的需要，以服务民众为宗旨，保证人人享有平等的接受职业教育与培训的机会，使职业指导和职业咨询面向社会所有成员。在当今社会，绝大多数的社会职业都需要经过一定的职业训练，并由获得职业资格的人来从事，这就决定了每个公民都必须接受一定的职业教育。

六、终身性

职业教育贯穿于人的一生，是实现终身教育的一种形式。一个人在一生中只有接受多次职业教育，才能具有不断地胜任各项工作的能力。在基础教育阶段，可以对儿童进行包括职业意识、劳动光荣等最基本的职业素质教育；进入初中阶段后，接受职业教育的机会越来越多，既可以通过普通教育教学内容的渗透接受初级职业教育和培训，也可以通过分流接受以就业为导向的职业教育；进入社会以后，人们也必须根据生产科技发展的需要，接受各种职业培训，以完善自己；当人们到达一定年龄，离开职业岗位，仍然可以根据自己的特点和需求，选择职业教育的内容和类型，以充实自己、完善自己，满足自己对教育享受的需要。职业教育应以更加开放和宽阔的胸怀，更加灵活多样的课程和教学模式，提供终身学习的机会和途径。

七、市场性

职业教育要满足市场对人才的需求。如果只是按教育规律办学而不考虑人才市场的需求，那么培养出来的学生，无论质量有多高，都无法实现就业；而如果只是按人才市场需求办学，在教育过程中不尊重教育规律，那就培养不出高素质的人才。因此，职业教育既要按教育规律办学，又必须按市场规律运作，这就是说，职业教育要具有市场性。

职业教育在办学指导思想上应确立以人才市场需求为导向的运作模式。市场的需求就是设置专业的依据，企业对岗位或岗位群的具体要求就是职业教育课程和教学内容的要求，具体目标是教学要求与职业岗位要求零距离。因此，职业教育要注重相关专业领域的最新技术发展，并根据发展实际调整课程结构和教学内容，做到教学内容及时反映本专业领域的新知识、新技术、新工艺、新方法，使教学内容与经济发展相适应，与技术改革相同步。

八、多样性

突出职业教育的特点，达到教学目的，关键是教学方法。职业教育对象的多样性和教学内容的技术性、实践性，决定了其教学方法应该是灵活的、多种多样的。在具体的教学过程中，应该打破传统的教室与讲台的课堂模式，根据不同的教育对象和教学内容，采取具有实效性的教学方式，多角度、多方位地拓宽课堂、搞活课堂。除了讲授、讨论、问答等方式外，更多的可以采用观摩、动手、模拟操作、双师型教师指导、技师带徒弟、实际工作岗位锻炼、心理考验和心理锻炼等方式。职业教育教与学的场所，可以不受校园圈子的限制，可以在工厂车间、在田间地头进行；可以不受普通学历教育和传统上所要求的学制年限的制约，而是根据教育对象所学内容的不同有较大的弹性；在时间上可以是几年、几个月，可以是全日制也可以是利用业余的时间。

九、直接性

职业教育是一种产业。是产业就要讲求效益，就要讲投入与产出。职业教育的投入与产出的循环周期较短。也就是说，职业教育的效益体现得比较直接。职业教育的教学内容直观而实际，具有较强的针对性和实际操作性。不论是高层次的职业教育，还是针对性较强的职业培训，接受教育和培训的个人都能很快地把自己学到的技术和技能运用到生产实际或经济建设的实际中去，发挥所学知识与技能的作用，提高劳动生产率，在短时间内创造出物质财富和增加经济收入，投入者都能很快从中受益。因此，不论是提高在岗人员的知识和技术水平，还是为下岗人员创造再就业的条件，或是为广大的农业劳动者传授农业科学知识，都能够直接从职业教育中很快获得收益。

十、适应性

职业教育的适应性就是随着社会经济的变化，特别是生产技术水平的提高，而变化自身特性或发展方式的能力。它区别于普通教育的规定性，是其独有的特征。职业教育的适应性表现在：1.职业教育制度的适应。国家发展职业教育，建立健全适应社会主义市场经济和社会进步需要的职业教育制度，包括办学方向、办学层次、教学内容、职业培训机构及对职业教育管理等，始终处于主动适应的位置，适应社会经济发展的需要。2.职业教育对象的适应。受教育者不应只是具有过于狭隘的职业性质或局限于一种技能的掌握，因为瞬息万变是这个时代的特征，所以，未来职业教育的主要目的是使青年有很强的适应性。

十一、中介性

职业教育是把人力优势转化为智力优势，再把智力优势转化为生产力的重要桥梁，它还是教育与职业之间沟通的渠道。"教育不与职业沟通，何怪百业之不进步""要发展社会，革新教育，舍沟通教育与职业无所为计"，由此表明，职业教育的中介性就是指职业教育在人的发展和社会发展之间、教育和职业之间的特殊位置。就是说，职业教育促进人的个性发展和社会进步，不是普遍性或者是特殊对象性的，而是直接对应于社会需要和个人生存的，是促进科学精神与人文精神的结合，是促进社会发展需要的个性素质，是使人的个性更适应社会直接需要的发展的、提高的、更新的中介加工。

十二、产业性

职业教育兼具教育性、产业性的双重特性，其与市场经济的有机融合，主要是通过人才供需关系的平衡协调来实现的。职业教育的产业化运作是指，职业教育的运行机制和管理模式要面向市场，进行投入与产出分析，并对其成本进行严格核算。职业院校要在国家的宏观调控下，按教育规律和市场规律办事，成为自主管理、自主办学的法人实体，逐步形成"原料采集（招生引资）"—"生产（教育教学）"—"销售及售后服务（推荐就业及业后培训）"一条龙自主运行机制。

第四节 现代职业教育的目的与任务

职业教育以实现技术技能强国、全面发展、人人成才、尽展其才为目的；以实现合理的人力资源结构支撑国家产业发展，培养具有良好的思想道德、知识技能和人文素养的技术技能人才，让每个学生都成为有用之才，回应农村和城市低收入家庭对美好生活的期盼，形成以实践和贡献评价人才，全社会尊重技术技能人才的文化价值观为任务。

一、职业教育的目的

（一）职业教育目的的内涵

现代职业教育是适应现代科学技术和生产方式，系统地培养生产服务一线技术技能人才的教育类型。社会对职业教育的要求就是对人才规格和质量的要求，即职业教育目的。

职业教育的目的是根据不同社会的政治、经济、文化、科学、技术发展的要求和受教育者身心发展的状况确定的，它反映一定社会对受教育者的要求，是职业教育工作的出发点和努力方向，是制订其教育规划、编制课程、开展教育活动、评价教育效果的价值尺度和根本依据，是进行教育教学改革，确定未来发展方向的基本指南。

一个国家的职业教育的目的，是这个国家教育总目的和教育方针在职业教育系统中的具体反映，也是各级各类职业技术院校确定培养目标的依据。

职业教育目的具有明显的时代性、适应性、前瞻性、相对稳定性和连续性。至今，关于职业教育的教育目的，虽然还没有一个完整而公认的表述，但纵观我国各个历史时期对职业教育目的的阐述，它应包含以下内容。

1. 全面发展。不同时期、不同层次、不同专业的职业教育目的，无不要求接受职业教育的对象能够全面发展。

2. 人才类型是技能型和技术型。

3. 人才层次是初、中、高级专门人才。目前，职业教育呈现层次高移的趋势，人才层次以高级专门人才为主。

4. 工作场合是基层部门、生产一线和工作现场。

5. 工作内涵是将成熟的技术和管理规范变为现实的生产和服务。

（二）职业教育目的的结构体系

职业教育目的是指国家总的职业教育目的，即国家对职业教育应培养什么样的人的总要求。各种类型职业技术院校，无论具体培养什么社会领域的人才，也无论培养哪个层次的人才，都必须使其培养的对象符合国家提出的教育总要求。我国现行的职业教育目的是培养一大批有一定科学文化基础和较强综合职业能力的，德、智、体、美等全面发展的，在生产、技术、服务、管理等一线工作的各级各类专门人才。

1. 教育目的

教育目的是国家对培养人的总要求，是对所有受教育者提出的、具有高度概括性的总体性说明。不同类型教育的目的，在总教育目的的规范下，分别侧重为社会培养所需要的人。

2. 培养目标

培养目标是各级各类院校对培养人的要求，是教育目的的具体体现，是针对特定的对象提出的，是根据院校性质对培养人提出的特定要求。

3. 教学目标

教学目标是教育者在教育教学过程中完成某一阶段工作时，希望受教育者达到的要求或产生的变化结果。它是课程教学目标及教学过程中的教学目标，是指导、实施、评价教学的基本依据。

4.课程目标

课程目标是指导整个课程编制过程的最为关键的准则。确定课程目标，首先，要明确课程与教育目的、培养目标之间的衔接关系，以便确保这些要求在课程中得到体现；其次，要对学生的特点、社会的需求和学科发展等各方面进行研究。教学目标是课程目标的进一步具体化。

在职业教育目的的层次结构内部与上下层之间抽象与具体的关系，上层教育目的必须落实到一系列下层目标的行动上，而每一项教育行动又是构成上层教育目的必不可少的一部分。教育、教学目标循序渐进地积累，不断向培养目标和教育目的逼近，最后达到教育目的的要求。需要指出的是，"目标"与"目的"有习惯上的区别，相对而言，目标比目的更精确、更具体。教育目的对教育实践具有方向性的引导作用，适用于一个较长的时期；而教育、教学目标则为师生实现教育目的提供工具、启示方法和指导步骤，它往往是为一定的学校、专业、课程和个人设定的，容易在短期内实现。目标可以检测，而目的不能检测，但在教学中必须领会目的。

二、职业教育的任务

职业教育的任务是职业院校为达到教育目的和学习培养目标而设计的教育、教学活动的对象，是教育目的的具体化，上承教育目的、下启教学内容，并对教育教学方法、组织管理都有直接的影响。

（一）坚持育人为本，德育为先，把立德树人作为根本任务

职业教育坚持立德树人，就是要全面贯彻党的教育方针，遵循职业教育规律和技术技能型人才的成长规律，培养德、智、体、美全面发展的社会主义建设者和接班人。立德树人，重在全面发展，使技术技能人才重点具备三个方面的素质：一是体现社会主义核心价值观要求的思想道德素质；二是以支撑职业生涯发展为重点的知识技能素质；三是以提升生活品质和审美情趣为重点的人文素养。

（二）使学生掌握职业基础知识

使学生掌握一定的职业基础知识和运用这些知识解决实际问题的技能、技巧，为学生今后就业和继续学习奠定坚实的基础。

首先是在某一职业领域具有相对稳定和广泛适应的职业基础知识的教育。如有关某职业领域的基本事实、基本概念、基本原理、一般规律、劳动常识、科学的工作方法等，这是职业教育中教学的基本任务。其次是职业能力教育，包括技能和技巧两个方面：技能是指与学习相关的基础知识所必需的，按一定规则与程序完成操作的能力；技巧则是熟练化、自动化的技能。知识是内在的、静态化的东西，而技能、技巧是运用知识完成

一定任务的能力。技能、技巧不仅表现在动作方面，还表现在心智方面，如智慧技能（读、写、算的技能）、感觉技能（听觉、触觉、嗅觉、视觉等技能）。

（三）围绕提高学生的职业能力，发展其智力、体力

提高学生的职业能力是职业教育中教学的主要任务，职业能力是一种综合实践能力，是职业活动的核心，这是由教育培养目标和其教学目的所决定的。一个受过职业教育和培训的人，应该具备适应岗位工作的能力，能够独立工作并具有进一步提高工作效率的能力，同时，要具备与职业相关的知识和态度，以及实践经验、动手能力和自学、自我评价能力。

职业教育中的教学，一方面，追求"职业适应能力"这一基本目标；另一方面，旨在开发学生潜在职业能力和一般能力，其中"智力"和"体力"是发展职业能力的两大支柱。发展学生的智力必须对前人的知识、经验合理地吸收、消化、提炼，同时，要点燃学生创造的激情，培养良好的思想和心理品质。身体健康是人一切发展的基础，没有健康有力的体能就难以胜任职业岗位的需要。全面发展学生的身体素质和运动能力，提高身体适应外界变化和抵御疾病的能力，提高学生自我保健的意识与能力，养成良好的卫生习惯和锻炼身体的习惯，是职业教育教学中不能轻视的重要任务。

（四）加强对学生的职业道德和劳动审美教育，促进学生全面和谐发展

以职业道德为基础，学会立业。以德为本是中华民族的传统美德，也是世界各民族和平共处、共同发展的必然要求。社会公德、家庭美德、职业道德和个人良好的修养构成了道德教育的基本要素。在职业教育中，应突出和加强对职业道德的教育，对学生进行系统的职业道德教育，树立行业平等意识和通过从事一定职业为社会服务的职业观念。良好的职业素质是在长期的培养和实践中形成的。要培养学生敬业、乐业的精神，讲究效率、效益、精益求精、团结协作的精神，使他们具有丰富的美感、乐观的态度、顽强的意志、坚韧的性格，养成惜时、守时、诚实、自尊、自爱、自强、自信、平等待人等优良品质和认真、严谨、踏实、谦虚、进取的良好作风；要具有正确的职业态度、顽强的职业意志、积极的职业情感、高尚的职业志趣和强烈的职业责任感，养成质量至上、遵纪守法、爱护环境、科学管理、优化服务等自觉意识和行为习惯，视职业为事业的道德理想和信念。

培养学生正确的职业审美观是职业教育中一项不可或缺的任务。要从技艺美、产品美、服务美体验到心灵美、精神美，让学生获得健康丰富的职业美感；要通过直接教学和渗透性教学等方式，提高学生的职业思想修养、科学素质修养和职业艺术修养，为形成正确的职业观打下牢固的基础；要实现德、智、体、美、劳、心（理）各方面的和谐发展，达到"在做事中学做人，在做人中求发展"的良性教育状态。

第五节　现代职业教育的地位与功能

一、现代职业教育的地位

（一）职业教育地位的基本认识

职业教育的地位，是指职业教育作为一种客观存在并正常发展时，在社会关系中、地域内经济建设和社会发展中应处的位置。

职业教育地位的内涵应该有四层意思：一是指职业教育在人们心目中的位置，即职业教育在人们的心目中所受到的重视或尊重程度的综合反映。二是指职业教育在地域内经济建设和社会发展中应处的位置。职业教育是一种在经济建设和社会发展过程中起重要推动作用的社会活动。各国关于职业教育地位的阐述，一般也是指在经济建设和社会发展中应处的位置。三是职业教育作为一种教育类型，在整个教育体系中所处的位置。职业教育在教育体系中到底应处于什么位置？与其他类型的教育是什么关系？职业教育是不是某些人所认为的一种地位"低下"的从属于其他教育类型的教育？这些问题既影响职业教育本身的发展，也影响整个教育事业的发展。四是指在人的发展中所处的位置。从根本上讲，职业教育是培养人的，它在经济建设和社会发展中的作用也是通过培养人来实现的，然而我们以往的研究忽视了这个方面。

（二）职业教育的地位

职业教育是国民教育体系和人力资源开发的重要组成部分，是广大青年打开通往成才大门的重要途径，它肩负着培养多样化人才、传承技术技能、促进就业与创业的重要职责。《国家中长期教育改革和发展规划纲要（2010—2020年）》把加快发展现代职业教育摆在更加突出的战略地位，要求切实把握发展机遇，着力解决突出问题，努力实现更大规模、更好质量、更高水平的发展，为实现中华民族伟大复兴提供强有力的技术技能人才支撑，推进职业教育科学发展。

1. 职业教育是促进人的个性发展，使其直接适应经济、社会发展和个人生存需要的主要中介

职业教育的中介地位，是指职业教育在人的发展中的特殊位置。职业教育促进人的个性发展，不是普遍性的或者是特殊对象性的，而是直接对应于社会需要和个人生存需要的，是促进社会发展需要的个性素质，是使人的个性更适应社会直接需要的、更新的中介加工，是其间的最主要的、最基本的桥梁，其特点是适应需要的直接性的中介。

2. 职业教育是在基础教育之上的与普通（专业）教育相对应的一种教育类型，是继续教育、终身教育的主要内容

职业教育的类别地位，是指职业教育在整个教育体系中所处的位置，是国家教育事业和现代教育的重要组成部分。《宪法》规定："国家举办各种学校，普及初等义务教育，发展中等教育、职业教育和高等教育，并且发展学前教育。"可见，高等教育、中等教育和职业教育并列，这种列举是为了表述上的方便，而不是各种教育之间的相互独立。《职业教育法》规定："职业学校教育分为初等、中等、高等职业学校教育。"1994年7月，国务院颁布实施的关于《中国教育改革和发展纲要》的实施意见指出："有计划地实行小学后、初中后、高中后三级分流，大力发展职业教育，逐步形成初等、中等、高等职业教育和普通教育共同发展、相互衔接、比例合理的教育系列。"从这一规定可以明确看出职业教育与普通教育是作为不同的教育体系。第一，职业教育是在基础教育之上的教育，基础教育的水平和年限，随着经济、社会的发展和教育水平的提高而高移；第二，职业教育是相对于普通教育的分类，是按社会职业、经济社会发展的岗位分类培养学生；第三，在社会需求和人的发展总体规划中，职业教育更具有终身性和广泛性。因此，职业教育在整体教育中具有十分重要的地位。

3. 作为与经济社会联系最为紧密的教育，职业教育在经济社会发展中具有优先地位

相较于普通教育，职业教育与经济社会的联系更为紧密。这是由于：（1）职业教育直接为经济社会培养生产、服务、技术和管理第一线的应用型人才。在澳大利亚，职业教育和培训完成学业的标志是获得职业资格证书。我国《面向二十一世纪深化职业教育教学改革的原则意见》明确规定："职业教育要培养同二十一世纪我国社会主义现代化建设要求相适应的，具备综合职业能力和全面素质的直接在生产、服务、技术和管理第一线工作的应用型人才。"（2）经济社会对职业教育的大量需求。《中共中央关于教育体制改革的决定》指出，"社会主义现代化建设不但需要高级科学技术专家，而且迫切需要千百万受过良好职业教育的中、初级技术人员、管理人员、技工和其他受过良好职业培训的城乡劳动者"。（3）职业教育具有转化现实生产力的功能，是先进的科技、设备和人力资源转化为现实生产力的直接桥梁。国务院《关于大力发展职业教育的决定》明确指出："职业教育的规模和水平影响着产品的质量、经济效益和发展速度。职业教育是工业化和生产社会化、现代化的重要支柱，所以，职业教育在经济社会发展中应该优先发展，适当超前。"

职业教育的优先地位，是指职业教育在经济社会发展中的位置。职业教育的地位，教育的基础性、导向性、重要性及效益的滞后性决定了教育事业应该优先发展，适度超前。超前的幅度，随不同类型的教育而异。政府统筹规划经济建设和社会发展时，应把职业教育摆到比较重要的位置上，既要从经费、人力、物力上落实，也要从政策上落实，做到先培训、后就业，先培训、后上岗；发展新行业，建设新产业时，职业教育先行。

4. 作为一种决定人的职业并与人相伴终身的教育，职业教育在个人的发展中处于重要地位

马克思指出："大工业的本身决定了劳动力的变换、职能的变动和工人的全面流动。"随着生产力的发展和社会的进步，人的职业、岗位、技能会经常变动、更新，这既是客观环境变化的必然，也是人的个性发展的需要。这就需要经常不断地从事这样或那样的职业，并接受职业技术教育或培训。1999年，在联合国教科文组织召开的第二届国际职业教育大会上，教科文组织助理总干事科林鲍尔发言指出："技术和职业教育与培训，是人的整体教育的一个组成部分。技术和职业教育应能使社会所有群体的人都能入学，所有年龄的人都能入学，应该为全民提供终身学习的机会。它是一种终身性的教育。"因此，职业教育在个人的发展中处于重要地位。

二、现代职业教育的功能

（一）职业教育的经济功能

职业教育是现代经济和社会发展的必要条件，是生产工业化、信息化、产业化和现代化的重要支柱，在经济社会发展中起着重要的战略性、基础性和先导性作用。

1. 职业教育为经济发展创造了必要的基础条件

《国务院关于大力发展职业教育的决定》指出："职业教育的规模和水平影响着产品质量、经济效益和发展速度。"职业教育为经济与科技相结合提供了桥梁和纽带。

2. 职业教育具有直接将人由潜在劳动力转变为现实劳动力的作用

职业教育是教育与经济的结合点，是增加物质生产过程中智力因素的重要手段，是培养受教育者直接从事某种职业的一种专门化教育，在开发和提高人的劳动能力方面以直接、快捷、效果明显而著称。

职业教育直接将人由潜在劳动力转变为现实劳动力，是通过对劳动者进行职业能力和职业素质的教育来实现的。一方面，通过职业教育使学生掌握必要的文化基础知识、专业理论知识、实践技能及职业道德等职业能力和职业素质，将学生以其特有的方式从"学校人"向"社会人""岗位人"转化，为其就业做好充分的准备；另一方面，随着科学技术的发展和知识经济的兴起，新知识、新技术大量涌现并不断产生新的职业，即使是某些已有的职业，也在不断地注入新技术。职业教育对已经走上工作、生产岗位或需要转换岗位的人员，以及正在谋求就业的人员进行履行岗位职责所必需的文化知识、专业技术和实际能力教育与培训，使受教育者以职业技术培训的方式从"社会人"向"新岗位人"转化，使其具有综合运用专业知识解决具体问题的能力，具有解决现场突发性问题的应变能力和一定的操作能力，以及将职业道德等技能转变为现实劳动力的能力。

3. 职业教育是提高劳动力配置效益的重要方法

职业教育，尤其是适当的职业指导，能将不同能力倾向、兴趣爱好的人导向相应的职业岗位，使个性特征与社会需要相结合，充分发挥人的潜能，从而提高劳动力的配置效益，促进经济的发展。职业教育通过专业结构、层次结构的调整以及继续教育，促进劳动力的合理流动，促进社会经济的发展。在经济发展缓慢期，对劳动力需求缩减时，通过职业技术对劳动力的培训可以暂时将劳动力储存起来，减轻劳动力过剩对经济发展产生的压力，调节劳动力与经济发展之间的供求矛盾，为经济健康发展服务。

4. 职业教育是提高劳动生产率的重要措施

职业教育通过培养劳动力的专业素质，发展劳动力的智能，塑造其思想品德、人格，传授生产技术来提高劳动者的劳动生产率，进而促进生产由简单劳动密集型向复杂劳动密集型，即技术密集型转变，实现职业教育对经济的促进作用。职业教育依据人的身心发展规律，传授系统的技术知识，训练科学的生产技能，循序渐进地开发个体在职业方面的潜力，使个体获得职业所必需的知识、技能以及自我学习的能力，促进个体在职业岗位上提高劳动生产率。职业教育通过提高劳动力的技术水平，发展其智能，使劳动者提高运用新技术、新工艺、新设备的能力，并能使劳动力有更多的技术革新和生产创新。职业教育通过培养劳动力的安全意识、设备保养和维修能力来减少生产事故，降低生产工具和设备的损坏率。职业教育通过塑造劳动者的政治观念、职业道德、专业思想，影响劳动者的劳动态度，从而间接影响劳动生产率。职业教育通过塑造劳动者的现代人格，实现劳动力的现代化，使劳动力能认同现代企业文化，能与现代管理要求相一致，提高管理的效能，从而提高劳动生产率。

5. 职业教育是提高经济管理水平的重要因素

经济组织中能否进行现代化的管理，管理的有效程度是与劳动力的素质有关的。职业教育通过塑造劳动者的现代人格，实现劳动力的现代化，从而使劳动力能认同组织文化，能与现代管理要求相一致，并积极配合管理的施行，提高现代管理的效能。经济管理者的来源之一是生产服务第一线的人员，这是职业教育的主要对象。职业教育还可通过对政治、文化、职业道德等因素的影响，进而对经济发展产生间接作用。

职业教育要想有效地促进经济发展，自身发展必须适度，其规模要与经济发展要求相一致，要与经济发展的承担能力相符合。这就要求加强职业教育规划与预测工作，提高职业教育决策的科学性。同时，要引入市场调节机制，通过劳动力市场的供求关系来实现对职业教育规模的调节。

6. 职业教育是科学生产和再生产

职业教育是科学知识转化为直接生产技术的重要途径，具有将科学技术直接转化为推动经济发展动力的作用。

职业教育具有传递、积累、发展和再生产科学技术的社会经济功能。职业教育具有使科学转化为生产技术的中介环节的作用。职业教育也是科学知识再生产和科学转化为生产技术最为有效的形式。随着时代发展和科技进步，这一作用将更加凸显。

科技发展使生产劳动中的技术含量增加，推动了人们接受职业教育的需求。职业教育具有把科学技术转化为直接生产力的作用。它通过对科学技术知识的传授，使受教育者掌握现代科学技术成果，以科学技术知识的利用和推广的方式，将其转化为直接的生产力，从而保证科学技术再生产的顺利进行。职业教育的特征之一就是技术性。职业教育的过程就是对科学技术再生产的过程，职业学校的学生或从业人员，通过接受职业教育及其训练和学习，使其对传统的科学与理论、技术与方法有所了解，对新的科学与理论、技术与方法进行普及、应用和推广，把科学技术知识内化为教育对象自身的科技素质和能力，并通过各种实践对新的科学与理论、新的技术与方法进行新的探索研究，进行新的总结和概括、新的发明和创造，以促进科学技术的进步。

7. 职业教育具有转化现实生产力的功能

职业教育是先进的科技、设备和人力资源转化为现实生产力的直接桥梁，可以促进社会经济增长方式的转变和社会的可持续发展。

《中共中央关于教育体制改革的决定》指出："社会主义现代化建设不但需要高级科学技术专家，而且迫切需要千百万受过良好职业教育的中、初级技术人员、管理人员、技工和其他受过良好职业培训的城乡劳动者。没有这样一支劳动技术大军，先进的科学技术和先进的设备就不能成为现实的社会生产力。"孙震瀚、刘春生主编的《走向21世纪中国职业教育》指出："在未来经济建设中，职业教育将是把人力资源转化为智力优势，把智力优势转化为现实生产力的重要桥梁。"

职业教育是促进经济、社会发展直接的、基础性的要素。根据马克思主义的观点，经济社会发展的根本是生产力的提高，而掌握科学技术、运用劳动手段、作用于劳动对象的生产者是生产力的核心要素，而实践型人才和直接生产者的培养基础在职业教育。所以，《中国教育改革和发展纲要》指出："职业教育是工业化和生产社会化、现代化的重要支柱。"当前，世界经济社会发展的新变化，以及中国的资源、能源、环境、人口等方面的制约，都要求我们把经济增长方式转移到依靠科技进步和提高劳动者素质上来。这就要靠职业教育把我国的人口压力转化为人力资源，促进科学技术向生产力的有效转化。

8. 职业教育是走新型工业化道路的纽带和桥梁，是中国制造向中国创造迈进的有力支撑

新型工业化道路主要是指科技含量高、经济效益好、资源消耗低、环境污染少、人力资源得到充分发挥的工业化道路。它的发展离不开足够数量的技术技能人才、高素质

的劳动者。只有大力发展职业教育，才能普及和提高全社会劳动生产技术的整体水平，提高全社会劳动力的整体技能。

若想实现"中国制造"走向"优质制造""精品制造"，实现价值链与产业链的升级，核心需求是人才，是数以亿计的高素质劳动者和技能型中高端人才，而实现这一需求的关键在于职业教育。职业教育必须全面对接现代产业体系建设，即专业设置与产业需求对接、课程内容与职业标准对接、教学过程与生产过程对接、毕业证书与职业资格证书对接、职业教育与终身学习对接。根据国家产业优化升级的部署，职业教育需要调整专业结构，加强课程体系建设，与时俱进、不断拓展，培养大批中高端技能型人才，为实体经济与现代产业、新兴产业的发展提供重要支撑。

9. 职业教育对区域经济社会发展的促进作用

区域经济社会的发展取决于该区域拥有的物质资源、自然资源和人力资源，但根本上取决于该区域人力资源的质量，即劳动者的综合素质。高素质的劳动力资源和合理的人力资源结构是经济和社会发展的决定性因素。职业教育作为人力资源开发的重要渠道是培养现实的、直接的生产力，解决就业难问题，提高经济增长率，改变经济增长方式的有效途径；是劳动人口转化为现实生产力的最佳途径。另外，职业教育对促进区域经济繁荣和改善贫困人口福利方面起着重要的作用。因此，职业教育发展的规模、质量和结构将直接影响区域经济和社会发展的总体水平。具体说来，职业教育在促进区域经济社会发展方面，主要有以下几点功能：一是促进区域较快地改造传统农业，提高农业劳动生产率，促进农村劳动力的转移，消除二元经济特征；二是促进区域产业结构的调整升级，职业教育对于培养短缺的技术技能型人才，促进产业结构的调整和升级具有显著的作用；三是提高区域吸引外资的能力，职业教育在提高人们知识和技能的同时，还能够调动人们的积极性和主动性，培养和激发人们的道德精神，使其从事健康的、有益的活动，改善外商投资所需的社会、经济、制度、文化等环境，为外商投资创造一个自由、宽松和合理的空间；四是降低区域对自然资源的消耗，实现可持续发展。大力发展职业教育，提高劳动者素质和技能水平，可以直接促进科学技术的吸收、转化和创新；通过人力资源能力的提高对物质、能量和信息的结构增效、替代增效、转化增效和产出增效，将有效地克服传统生产力要素投入的边际效益递减规律，进而提高可持续发展的能力。

（二）职业教育的社会功能

1. 职业教育是人力资本形成的重要途径

（1）职业教育能将人口资源转化为人力资源

职业教育必将为人口资本的转化和人力资源的提升发挥巨大的作用。只有将人力资源作为第一资源，大力发展教育，开发人力资源，才能将人口资源优势转变为人力资源优势，把潜在的优势转化成现实的优势，才能实现全面建设小康社会的目标。

（2）职业教育是提高人力资源质量的最佳途径

大力发展职业教育和职业培训能够迅速提高劳动者的技能，进而提高人力资源的质量。一是职业教育通过培养人的职业道德、职业行业规范、敬业精神等来提高人力资源的质量。二是职业教育可提高人力资源的职业素质。职业教育是职业素质教育，对人的身心健康有极大的影响，作为就业准备教育，其重点是培养人的专业技能和各种职业能力，因而在提高人的职业素质方面具有其他教育形式所不具备的独特优势。三是职业教育规模的扩大，可以提高整个劳动群体的素质。职业教育和职业培训具有针对性强、教育周期短和收效快的特点。具体体现是教育效益比较直接，接受教育和培训的个人都能很快地把自己学到的技术和技能运用到生产实际或经济建设的实际中去，并发挥所学知识与技能的作用。

（3）职业教育是促进人力资源有效使用和合理配置的有效手段

职业教育是在经济发展计划中实现劳动力资源平衡的一个杠杆。国家通过对各类职业教育发展的速度、规模进行有计划的调控，提高群众的就业能力，提供就业指导、职业介绍，影响群众就业方向和储备人才资源，实现劳动力资源平衡。职业教育具有社会福利功能，即通过职业教育提高处于不利地位的社会群体的就业能力，扩大他们的就业机会，有利于相关社会问题的解决。可见，职业教育肩负着开发、调节、储备社会劳动力资源，促进经济发展、社会安定的重大使命。

2. 职业教育具有为促进就业和再就业提供服务和保证的功能，是解决就业问题的重要手段

就业是民生之本，也是长期困扰我国社会经济发展的突出问题，其直接关系到广大民众的根本利益。职业教育是解决我国就业问题的重要手段之一，虽然从辩证的角度来看，就业和再就业是职业教育发展的"瓶颈"问题，但反过来，职业教育具有为就业和再就业提供服务和保证的作用：首先，要尽力发挥职业教育以就业为主的作用，突出职业教育的特色和优势，形成集学历型和非学历型、职前与职后培训于一身的职业教育机制，使受教育者有机会并有能力适应现有工作岗位及随时变化的工作岗位需要；其次，职业教育具有实施就业课程开发、职业资格的预测和指导咨询的作用，即职业教育必须围绕就业状况及再就业发展变化趋势进行课程和培训计划的开发与制订，并进行科学预测，为受教育者提供有使用价值的职业指导与咨询，实施教学与培训行为，促进各阶层人才更好地就业、再就业和自主创业。

3. 职业教育是推进城市化进程的重要动力，是迅速实现农村现代化进程的助推器

城市化是人类社会发展的一条客观规律，城市化的根本特征是农村人口向城镇转移，是农村劳动力从第一产业的农业转移到二、三产业。进城寻求职业的农民有一部分只接受到初中教育，适应不了先进技能劳动的需要，加强他们的职业技能培训是一项长期而艰巨的任务。为此，教育部提出了农村转移人口教育培训工程：在农村人口较多的城镇，设立专门面向农村转移进城人员的、灵活多样的、具有较强针对性的普及高中阶段教育和实用性的教育培训项目（包括中、高等职业教育与技能培训）。该培训工程有效地提高了这部分人的学习能力、就业能力、工作转换能力和创业能力，使农村转移进城市的初中文化程度以上的人员拥有与城镇人口一样的发展机会和受教育水平。目前，职业教育和培训在农村劳动力转移的城市化进程中发挥着越来越重要的作用。

在我国，农业、农村和农民问题是关系改革开放和现代化建设全局的重大问题，而农村现代化建设是中国现代化建设的关键。推进农村现代化建设首先必须加快农业生产的现代化。要加快农业机械化和现代化速度，就必须让广大农民掌握从事机械化生产的技能。因此，必须大力发展农村职业教育。农村职业教育或农业职业教育如何为发展农业、改造农村、富裕农民提供有效的智力和技术支持，一直是政府倡导、社会关注、教育界参与的重要问题；也是我国职业教育和成人教育的重点和难点。

4. 职业教育是创建终身教育体系和学习型社会的重要支柱

社会发展无止境，科学技术和生产力的创新同样无止境。终身教育、终身学习和学习型社会是20世纪后期及21世纪国际社会和教育领域影响力最大的现代教育思潮。职业教育和培训，既是与经济和市场直接联系的，培养应用型、技能型人才的就业教育，又是面向不同层次学生和全体社会人员的全民教育，是终身教育体系和学习型社会的重要支柱。因此，只有大力发展职业继续教育，才能为建构终身教育体系和形成学习化社会奠定基础，即在建构终身教育体系和形成学习型社会中，职业教育发挥着不可替代和不可或缺的重要作用。

5. 职业教育能提高人民生活水平

职业教育能提高人们的物质生活水平与精神文化生活水平。用于职业教育的投资可以带来巨大的而且是长期的社会效益与经济效益，从而不断地增加物质财富，提高人们的物质生活水平。同时，由于职业教育体系渐趋完善，中职与高职教育实现衔接，使中职学生能够实现获取高层次学历的愿望，一定会吸引更多学生进入职业教育院校学习，从而促进文化教育的消费，起到推动经济发展的作用。

（三）职业教育的文化功能

职业教育不仅是在一定的政治、经济条件下进行的，同时，也处于一定的文化背景之中。一定的文化背景与职业教育之间必然产生一定的联系。这主要表现在职业教育发展过程中，文化以其特有的约束力，以一种潜在的方式影响着职业教育，职业教育则通过选择、传播、整理等方式促进着文化的发展。

1. 职业教育具有保存、传递、更新、创造文化的功能

职业教育是随着人类社会生产和社会活动的发展而发展的，并与人类的政治伦理文化、科学技术文化、审美艺术文化、习俗文化等有着特殊的密切联系。职业技术院校进行的职业道德、职业纪律、职业责任和敬业精神教育，都弘扬着具有鲜明时代特色的政治伦理文化；工业、农业等专业的职业技术传授，都继承和发展着科学技术文化；工艺美术、建筑等专业的教学活动，传递着审美艺术文化；服装、饮食、旅游服务等专业，继承和发展了具有民族特色的习俗文化。职业技术院校在教育、教学活动中，通过选择、整理，去粗取精，使不同类型的文化更具民族性、地方性、时代性、科学性，使下一代成为以掌握某类文化为职业的专门人才。人类文化可以通过职业教育媒介向社会传播、普及，进行广泛的社会交流，进而推进建立与现代经济结构、与政治制度相适应的文化形态和文化结构。

2. 职业教育具有吸引和借鉴世界先进文化的功能

《中国教育改革和发展纲要》提出，要大胆吸收和借鉴人类社会的一切文明成果。这里，不仅十分明确地肯定了教育具有吸收、融合世界先进文化的功能，而且要求充分发挥教育在这方面的功能，有力地排除那种保守的、排斥异种文化的观念和做法，以创造和发扬本民族灿烂辉煌的新文化为宗旨。近年来，随着我国改革开放的进展，职业教育开展了多方面的国际交流和协作活动，通过考察、引进，丰富了文化传递的内容，有力地推动了我国社会主义文化的发展。就职业教育本身来说，近年来，大量引进了德国、日本、法国、英国及东南亚各国等发展职业教育的经验和做法，并结合我国现状进行了创造性的研究与实践。

3. 职业教育对企业文化的促进作用

现代职业教育与企业有着天然的联系，这种联系表现在文化上：一是聚合企业文化。反映一定历史时期企业文化的精髓，用现实生产力和生产关系的内核决定教育的方向和内容，复制企业的优秀文化，然后进行优化、强化，进而渗透在教育中。二是选择企业文化。企业文化有地域之分、绩效之分，甚至优劣之分，定向服务的职业教育必须根据人才培养的规律和自身面临的社会政治、经济、文化背景和易于与校园文化相融合的角度来选择最合适的企业文化，这才是有效的。三是传递、传播企业文化。企业文化都有一个形成和发展的过程，在时间上职业教育通过传递使之延续，在空间上使之流动，可以让足够多的人接受企业文化，发扬和发展企业文化。四是创新企业文化。职业教育把现有的企业文化不断转化为学习者的知识、能力、行为规范后，又创造性地反作用于客观的企业文化，赋予企业文化以新的内容和特质，同时，在这一过程中，不同产业、不同行业、不同企业，甚至不同国度的文化通过职业教育相互交融，彼此促进。

（四）职业教育促进人的全面发展

1. 职业教育促进个体的全面发展

职业教育是实现人的全面发展的一种具体形式，并为实现人的全面发展提供了具体方式和手段；职业教育也是现实生活中实现人的全面发展的基本途径之一，对于人的成长价值有三个层面的发展作用。

（1）最基本的层次：关注人的生存

职业教育对人的价值首先表现为满足人们生存的需要。从人的需要层次理论来看，生存是最基本的需要。从职业教育自身的发展水平来说，这也是最基本的层次。

（2）较高一级的层次：持续提升人的职业品质

这是建立在人的生存（生活）需求基本得到满足的基础上的。职业教育在满足人们生存需要之后，还具备更高层次的价值——培养具有良好的思想道德、知识技能和人文素养的技术技能人才。职业教育自身的发展也走向了这一步。

（3）最高层次的发展水平：实现人的成长

职业教育作为一种教育，它的核心功能仍然在于促进人的发展，让每个人都成为有用之才，回应人们对美好生活的期盼。这也是职业教育所追求的终极目标，自然也是最高层次的发展水平。

职业教育最大限度地满足社会的发展需要，其实质就是最大限度地满足个体全面发展的需要。

2. 职业教育促进人的个性差异发展

职业教育的根本意义在于强调人与人之间的个性差异和性格特征，以人为本位，以个体为本位，对不同类型学生进行关注和探求，满足人的个性差异发展和需求，为社会不同的人提供广阔的选择和发展空间，实现自我价值。

（1）职业可以满足人们展示个性和发展个性的需要

人的个性差异有先天生理与心理上的原因，更主要的是由后天教育、环境，特别是职业所形成的。人们可以通过对职业的选择，发挥自己的特长，满足自己的兴趣爱好，实现自己的理想。人的一生大部分时间都是在职业生涯中度过的。职业教育是以每个个体的具体的职业发展为目标，通过不同的专业或工种、不同的教育内容与形式来挖掘人的个体潜能，激发和张扬个体的特殊潜能。

（2）职业教育的专业或工种设置

职业教育以社会的职业分工为基础，较为具体地反映了社会中不同职业岗位对人才素质的不同要求。职业教育按专业或工种实施教育，为不同个性类型的个体提供了发展的选择性，有利于扬人所长、避人之短。根据《职业指导理论》中言，人的各种能力模式和人格模式总能与某些职业存在着相关，一旦个体找到并进入与自身个性相宜的职业发展轨道，其天赋潜能必然得到最大限度的发挥。

（3）职业教育多层次、多规格的办学形式

职业教育可以通过定向教育与培训，开发个人潜能，发展学生的特殊兴趣与才能，促进和发展学生与所选职业有关的才能，充分发挥人的个性特长，使之顺势成才。职业教育多层次、多规格的办学形式可满足个体各种水平、各种目的的发展需要。

（4）职业教育有目的、有计划的系统训练

由于人的可塑性很大，兴趣、能力、性格是可以培养的，职业教育能够通过有目的、有计划的系统训练，弥补学生在某种职业上才能的不足，有助于人的多方面发展和职业的流动与转换。这是职业教育在人的个性发展方面的特殊功能。

另外，职业教育能使每个受教育者都有充分的选择和发展的平台，充分体现个性化与人性化。

3. 职业教育促使自我价值的实现

职业教育是通向职业的必由之路，它以帮助个体就业、乐业、创业、立业为宗旨，自然对个体的价值实现有着重要的作用。具体表现在以下几个方面：

（1）职业教育赋予个体职业能力，使其成为现实的职业者

职业教育担负着把不具备任何职业知识和技能的劳动者转化为能够满足社会某种职业需要的现实职业者的任务，尤其是那些尚未找到自身社会角色的新增劳动者，职业教育是责无旁贷的引路人。职业教育通过对在职人员提供更新、更高水平的知识技术的教育和培训，增强应变能力，使其能够承担在知识、技能和态度等方面完成要求更高的任务。

（2）职业教育的德育

除了具有与普通教育所共有的目标、内容、途径之外，职业教育还承担起了帮助学生了解心理知识、培养健康心理、增进心理能力的义务；帮助学生培养健康职业心态和职业道德的义务；培养学生学会与人和谐相处、与社会和谐相处、与自然和谐相处的能力。职业教育以就业为导向，以岗位技能为目标，可以有针对性地引导学生规划职业生涯，树立正确的职业观念和职业意识。

（3）职业教育促进个体价值的实现

首先，职业教育是通向就业的必由之路，它以帮助个体就业、立业、创业为宗旨。通过职业教育可以提高个体的职业能力、提升其职业地位，引导、培养其形成正确的职业观，实现更高层次的自我价值。其次，职业活动是人生活中最重要的实践活动，职业教育在给予学生职业知识技能的同时，也给予了学生职业生活的体验，进而增进了学生对职业意义的理解。职业教育倡导这样一种境界：一个人从事某种职业，不只是为了获得物质利益，也是对社会的贡献；不只是获得兴趣的满足，也是个人理想的实现。每个人的职业可以有所不同，而作为理性的生命个体，价值、尊严、精神是同等的。最后，职业教育体现在使人获得归属感与满足感。职业使人获得对社会、对集体、对行业、对单位的归属感，满足人对归属和爱的需要。择业的成功和职业上的成就，能够满足人们实现个人社会价值的需要，满足受到社会尊重的愿望。

4. 职业教育促进个体就业的功能

职业教育能使人掌握某一特定的职业技能，或获得某类职业中从业所需的实用技能

和技巧、专门知识和技术，获得就业准入资格，以及具备从事某种职业的资格。职业教育这种满足个体基于生存目的的需要，就是职业教育的就业功能。

首先，职业教育是以就业为导向，继而与企业合作让学生在职场中学习技能、知识、职业价值观等，最终指向促进学生就业。职业教育采取"订单式"培养，企业把人才培养纳入自身的发展计划之中，职业院校依托企业有的放矢地进行培养，形成合理的产学链，促进了职业教育的优化发展，使职业院校培训的学生实现充分就业变为可能。其次，职业教育要培养学生的从业能力。在现代社会，个体要成为一个职业人，要融入社会，就必须承认和适应这种职业的规定性。职业教育能使人掌握某一特定的职业或行业，或某类职业中从业所需的实用技能和技巧、专门知识和技术，获得就业准入资格，从而与这个职业共存。

5. 职业教育促进人的职业生涯发展

职业生涯是指一个人一生连续从事和担负的职业、职务、职位的过程，是人一生中最重要的历程，是追求自我、实现自我的重要人生阶段。它对人生价值起着决定性作用。职业生涯专指个体职业发展的历程，美国的职业指导专家萨帕把人的职业发展过程划分为五个阶段：一是以幻想、兴趣为中心，对自己所理解的职业进行选择和评价的成长阶段（出生—14岁）；二是逐步对自身的兴趣、能力，以及对职业的社会价值、就业机会进行考虑，开始进入劳动力市场或开始从事某种职业的探索阶段（15—24岁）；三是对选定的职业进行尝试，变换工作，到逐步稳定的确立阶段（25—44岁）；四是劳动者在工作中已经取得了一定的成绩，提升自己的社会地位的维持阶段（45—64岁）；五是职业生涯接近尾声或退出工作领域的衰退阶段（60岁以后）。我国专家也提出与之相似的划分方法，即萌发期、继承期、创造期、成熟期和老年期。职业生涯是一个动态的过程，不论职位高低，不论成功与否，每个工作着的人都有自己的职业生涯。职业教育通过开设职业生涯规划课程可以完成受教育者对自己人生的规划。

6. 职业教育为就业者提供职业保障或再就业帮助

个体在接受一定的职业教育或获得了职业资格并顺利就业后，还会面临新的职业挑战。这种挑战主要是：第一，新技术、新工艺的不断出现，需要从业者具备从简单劳动向复杂劳动跃迁的素质，即由仅具备单一的从业能力向复合能力转化。而在这种转化的过程中，必定会发生个体对职业岗位新要求的不适应。第二，因现代社会的进步和经济的发展，职业的流动和变换已成为一种趋势和必然。这就要求个体必须具有多种职业技能。第三，从个体自身出发，生存问题解决后就会有发展的要求，个体希望谋求职业状况或处境的改善，想要通过某种手段和途径实现社会地位的变动，尤其是那些处境不利或不好的个体要求更强烈，那么，最直接的方法就是通过更换职业来改变身份。职业教育能使个体较快地掌握新技术、新工艺和新的职业技能，这样就可以满足个体适应职业内涵变化或工种变换的需要,也可以满足个体对于职业的流动和变换的需要。通过职业教育与培训,劳动者的劳动能力能够不断得到提升和增强,这样,在面对职业变化和转换时,能更为主动,更具有适应性,从而使个体的职业生涯及发展得到保障。

第六节　现代职业教育的培养目标

职业教育的培养目标,就是通过职业教育把受教育者培养成为什么样的人。培养目标规定了对受教育者培养的方向、规格与内涵。它是职业教育实践活动的出发点,也是检验职业教育实践活动是否富有成效的标准。

一、确定职业教育培养目标的依据

职业教育培养目标在形式上是某一类型院校的办学性质与教学任务的集中体现。因此,在确定职业教育培养目标的过程中,必须认真分析、研究把握,从而确定职业教育培养目标的依据。

（一）党和国家的法律和教育政策

法律和政策是影响职业教育培养目标的根本因素。职业教育的政策和法规主要是为了实现职业教育目的而制定的,其内容包括指导思想、人才的培养规格及实现培养目标的基本途径等。

（二）社会经济形态及产业结构发展的需要

社会经济形态及产业结构是确定职业教育培养目标的客观依据。职业教育虽受限于一定的经济发展水平,但它也在促进着社会经济的发展：首先,社会经济形态的拓展要求职业教育注重培养学生的创业能力和竞争意识；其次,社会产业结构的调整要求各级各类职业教育的人才培养目标与人才需求相适应；最后,经济全球化的发展趋势需要各级各类职业院校培养大量"本土化""外向型"的中、高级技术应用型人才。

（三）学制、学历及国家职业分类与职业技术等级标准

培养目标的制定,不但要对应相关学制、学历及国家职业分类与职业技术等级标准,而且应有一定的前瞻性。这样才能使职业教育起到引领新知识、新技术、新工艺、新设备的作用。学制与学历要求是培养目标的具体表现。国家职业分类和职业技术等级标准是确定职业教育培养目标内涵最重要的依据。

（四）受教育者个体发展的需要

受教育者个体发展的需要，是职业教育确定其人才培养目标的内在依据。职业教育既是面向社会整体的，也是面向每一个受教育者个体的，其培养目标的制定必须考虑如何满足受教育者个体发展的需要。这些需要包括受教育者个体终身学习的需要、受教育者个体就业与创业的需要、受教育者个体可持续发展的需要。

二、职业教育培养目标的定位

职业教育培养目标的定位，就是对职业教育培养的人才规格进行界定和规范。现代职业教育正在走向社会，面向市场，它的定位也从原来的封闭式向开放式发展，整个培养目标定位系统也逐渐从静态转向动态。

各级各类职业教育在定位自身培养目标的时候，除了参照区域社会经济发展等要求，还需要对社会人才结构的模型和理论认真分析，并从原来的感性思考向科学化的理性决定逐步发展。职业教育培养目标的定位主要建立在社会人才结构及职业分析等相关理论基础之上。职业教育机构根据人才结构模型，结合自身的教育资源优势，考虑自己对人才培养目标的定位，并对受教育者的终身学习及可持续发展设计可能的通道。职业分析可以克服职业教育的模糊性和随意性，为培养目标及整个教学设计提供准确的依据。

三、职业教育培养目标的基本内涵

职业教育培养目标的基本内涵就是培养目标构成的具体内容，即职业教育培养目标达成后受教育者所应达到的规格和质量。其基本内涵主要涵盖知、技、意三个方面：知，即知识，指职业教育过程中受教育者的知识素质要求，包括受教育者文化基础知识、现代科技知识、专业基础知识及专业知识等；技，即技能，指对受教育者专业技术能力素质方面的要求，包括受教育者所学专业的技术能力、工作能力、社会能力以及创新能力等，这是人才培养规格的核心；意，指的是受教育者的态度和情感，即对培养人才心理素质方面的要求。这三方面构成了培养目标的整体，各层次、各类型的职业教育培养目标，正是通过这三方面的不同要求体现出来的。职业教育培养目标的基本内涵主要体现在以下几个层面。

（一）职业知识素质

职业知识素质主要包括个体的职业基础、职业资格、职业适应和职业发展等。职业知识素质是职业教育培养目标构成的核心层次，其核心部分为职业资格，因为这是由国家强制力作为后盾的一种职业标准，体现的是国家的意志。

职业资格由"应知""应会"两部分组成："应知"是指从事某种职业必须掌握的专业知识；"应会"则是在"应知"的基础上必须掌握的操作技能。通过教学，学生通过了相应等级的资格考试，即可获得相应的资格等级证书。但是，这种职业资格标准往往有一定的局限：第一，标准的制定和更新有时间周期，这就容易滞后于新技术、新工艺的出现与发展；第二，作为标准，既原则又抽象，高度概括却不能涵盖某一职业必备素质的各个方面；第三，标准的执行受制于考核的指导思想、程序方法及具体内容，其信度、效度与标准执行应有的信度、效度存在一定的差距。

因此，如果职业教育仅仅围绕职业资格来进行，显然就演变成为一种新的应试教育。所以，职业资格教育应有自己的平台和发展空间：平台是职业基础，就是获取职业资格应当具备的专业基础理论；发展空间是职业适应和职业发展，就是职业资格对一定的职业活动的适应能力和岗位职业活动的自我提高能力与不同职业岗位之间的转换能力。

（二）职业能力素质

职业能力素质主要包括个体的认知能力、操作技能、技术分析和学习潜力。职业能力素质，既是个体职业发展的平台，又是职业素质的综合表现。其中，操作技能是这个层次的核心。操作技能，是指将认知所得成熟的工艺技术转变为实际职业活动并获得预期工作结果的能力。操作技能分动作技能和心智技能两种：以肢体活动技术为主的技能主要是动作技能，如厨师、钳工、计算机录入员等所需的操作技能；以推理判断技术为主的技能是心智技能，如营销员、维修工、会计员等所需的操作技能。所以，操作技能实际上是与职业资格密切相关的特殊能力。认知能力是一般能力，是学习与发展的基础。认知能力强，不但操作技能较易习得，而且操作技能中蕴含的技术成分也会较多，职业活动就会呈现较高的技术分析水平，从而使个体继续学习的潜力增大，职业发展的空间也随之被拓展。很多专业是需要受教育者具有较强的体能素质的，因此，受教育者个体必须结合相关专业所面向的职业岗位（群）对从业者体能方面的实际要求有选择地进行锻炼。

（三）职业心理素质

职业心理素质，是指个体顺利完成其所从事的特定职业所必须具备的心理品质。具体维度为以下几条：

1. 职业动机

职业动机主要是指个体从事职业的内在动力与兴趣。人们往往选择适合自己需要和感兴趣的职业，以实现职业岗位与自己职业需求的匹配。但由于受社会就业供求情况等因素的制约，职业需要有时也会与职业实践产生一定的冲突，进而影响人的职业心理。因此，职业教育应培养学生对专业的兴趣与热爱，并使之内化为从事该职业的动力。

2. 职业效能感

职业效能感主要是指个体对自己能否适应某种职业的自我评价，包括学习专业理论与实践进程中的感受、经验，以及对以后学习过程中可能遇到困难的估计和迎接挑战的信心。要使学生对所从事的职业抱有积极的态度和正确的价值观，并认识到自己将来所从事职业的社会意义，正确对待可能遇到的困难、挫折，就需要在平时的学习中培养其耐挫折的能力，做到能较好地克服心理障碍及各种可能的干扰，锐意进取，勇于开拓。

3. 职业价值观

个体价值观在职业选择上的体现是个人希望从事某种职业的态度倾向，也是个人对某种职业的愿望。任何人在进行职业选择时，都会对自己将要从事职业的价值进行判断，对可能取得的成就和社会回报的满意程度进行估计。在职业心理素质教育与培养过程中，要注意引导学生对将要从事的职业有恰当的评价，正确看待职业的社会地位、职业的待遇、职业的苦与乐。

4. 职业道德感

职业道德感主要是指个体对职业道德标准的认识和体验，是社会公德在行业生活中的具体化，包括职业的荣誉感、幸福感、义务感和责任感等。职业道德义务感和责任感是一个人职业道德倾向性的核心。职业院校的每个专业都是与具体的职业、工种相对应的，其职业道德规范不尽相同，但其实质都是调节职业生活中人与人之间的关系、判断是非与善恶。因此，职业教育的人才培养过程中，应根据各行业、岗位的实际特点，进行有关行业相应的职业道德规范教育，使学生在将来的职业生活中能自觉规范自己的行为，实现职业发展。

5. 职业理想与追求

职业理想与追求主要是指个体对将来所从事职业的前途与目标的追求与设计，即学生对前景的规划与展望。职业教育具有职业定向性，学生从入学那天起就初步确定了未来的职业。这样，职业理想就变得具体化和现实化了。职业理想是人们实现职业愿望的精神支柱和力量源泉，也是人前进的动力。人们往往通过职业活动去追求社会理想的实现，并在职业活动中体现自己的道德理想，借助职业活动取得的报酬实现物质、精神生活水平的提高，实现自己的生活理想。因此，应要求学生较早地树立职业理想，培养责任心、进取心、自尊心、自信心，同时，也应拓宽专业的适应面，使学生成为复合型人才，增强他们对人才市场和劳动力市场需求变化的心理承受能力和应变能力。

第二章　职业教育的教学理论技术

第一节　行为主义与职业教育教学理论

职业教育承担着为社会培养合格"职业人"的任务，其教学应当适应动态发展的社会职业对从业者所提出的要求，使受教育者形成较高水平的问题解决能力和养成在工作中进行持续学习的习惯。如何使职业教育的教学过程得以最优化地运行并实现上述目的，一直是职业教育研究中的重要课题。在整个20世纪，围绕这一课题所进行的研究，基本植根于行为主义的认识论和学习论，并且形成了一套著名的"能力本位"的职业教育教学理论和模式，可以毫不夸张地说，正是基于此，真正意义上的职业教育教学论才得以产生。时至今日，行为主义的职业教育教学理论仍然左右着职业教育的教学实践。

一、行为主义理论概述

行为主义（Behaviorism）是20世纪初崛起于美国的一个心理学流派。在行为主义之前，西方心理学流派均以"意识"为主要研究对象。随着自然科学的飞速发展，一些年轻的心理学家认为心理学应该像其他自然科学一样研究看得见、摸得着的客观事物，即行为。1913年，美国心理学家华生（JohnB.Watson，1878—1958）发表了《从一个行为主义者眼光中看到的心理学》一文，宣告了行为主义学派的诞生。行为主义可以区分为古典行为主义和新行为主义，前者的主要代表人物为华生，后者的主要代表人物为斯金纳（Burrhus Frederick Skinner，1904—1990）等。

古典行为主义是创立在巴甫洛夫经典条件反射学说基础上的。华生认为，行为就是有机体用以适应环境刺激的各种体反应的组合，在行为的基本成分上，人类与动物没有区别；人类的行为都是后天习得的，环境决定了一个人的行为模式，无论是正常的行为还是病态的行为都是经过学习而获得的，也可以通过学习而更改、增加或消除；学习是经过强化而建立起的刺激与反应之间的直接联结，其公式为 S→R（刺激→反应），心理学研究行为的任务就在于查明刺激与反应之间的规律性关系，这样就能根据刺激推知反应，或根据反应推知刺激，达到预测和控制动物和人的行为的目的。

斯金纳发展了华生的学说，提出了操作性条件反射。斯金纳把动物和人的行为分为应答性行为和自发性行为，前者是对特定刺激的应答，巴甫洛夫经典条件反射主要是研究这类行为；自发性行为则不是对特定刺激的反应，而是机体自发产生的，可以对环境施加影响并受意识的控制，是操作行为，这类反应称为操作性条件发射。斯金纳认为，人的行为大部分是操作性的，任何习得行为，都与及时强化有关；学习是由刺激引起的反应概率（准确—牢固—速度）上的一种变化，强化是增强反应概率的唯一手段，是塑造行为和保持行为强度所不可缺少的关键，也是用来控制学习的根本手段。

行为主义的学习理论认为，教师是教学过程的设计者和组织者，是训练者，而学习者在教师创设的环境中被动地接受知识，是接受者、被领导者；教学即是安排可能发生强化的事件以促进学习，教学目标即是提供特定的刺激，以便引起学生特定的反应，教学目标越具体、越精确越好；要以一种可以观察到的、测量的形式来具体说明课程内容和教学过程；在教学方法上，行为主义认为学习过程的有效进行有三个条件：①小步骤呈现学习材料；②对学习者任何反应立即予以反馈；③学习者自定步调学习。传统的讲授法违背上述三个条件，应采用斯金纳提出的程序教学法，由浅入深、由简到繁地安排教学。

20世纪前半叶，行为主义在美国心理学界一直占据统治地位，直到20世纪50年代末开始，认知主义才开始兴起，行为主义有所衰落，但它对美国乃至整个西方的心理学发展产生了深远的影响。

二、基于行为主义心理学的"能力本位"教育实践

行为主义心理学产生之后，对于人类的教育理论与实践产生了深远影响。其对职业教育最大的贡献便是催生了"能力本位"职业教育教学理论。

（一）两次世界大战后的技术人员培训模式

两次世界大战对技术工人的大量而且迫切的需求使美国在对技术人员的培训方面做了很多探索，形成了战时培训模式，战后，人们将其有益的经验移植到国民教育中，成为职业教育与培训中"能力本位"实践模式的基础。

第一次世界大战是人类首次机械化的战争，美国参战使军队对技术人员的需求量急剧增加，而仅靠征兵是无法满足这一巨大需求的，军队必须对士兵进行培训，使他们尽快掌握一门技术。此外，还要保持军队和战争工业对技术人员需求的平衡。这些促使人们对如何将工作分析与教育联系起来从而提高教育与培训的效率进行了深入研究。

第二次世界大战对技术人员的需求量远远超过了"一战"时期，为此美国展开了历史上最大规模的教育和培训活动，涉及的职业领域很多，并且多数都是高度专业化的。具体的培训模式与一战相似。两次世界大战期间形成的战时培训模式具有如下特点。

（1）从工作分析出发。工作分析的结果是一份描述性的资料，内容主要是某一工作的职责和操作规范，将这一资料分发给培训机构。

（2）根据工作分析的结果确定教学目标、组织教学内容、进行课程设置。主要是划分"学习模块"（Learning Blocks），每个模块的内容是特定的技能，按照难度顺序由易到难地安排学习进程。

（3）学习过程灵活、个性化。学生可以根据自己的能力水平安排学习进程，不受时间限制，教师予以个别指导。

（4）采用"现场操作测验"（performance test）或"职业能力测验"进行评估。要求学生在真实的工作环境中完成既定工作任务，以其熟练程度决定能否进入下一学习模块。

这种模式的培训计划取得了令人震惊的成功，极大地满足了战争对技术人员的质量和数量需求。"二战"结束后，为了避免战时培训的有益经验流失，美国教育委员会（American Council on Education）组织研究小组进行了一项关于军队培训经验对国民教育意义的研究，形成了题为《战时培训的教育经验》的研究报告，报告中指出，战时培训"已经体现了一些能够取代当前国民教育观念的新理念，即教学目标的重要性；根据社会发展和科技进步情况来进行课程改革，使课程个性化，在实践中学习而不只是听讲或阅读；编排适宜的学习资料以及教师引导的重要性；合理的开发、设置课程目标以及激发学习者的学习动力"等。研究小组还认为，军队培训对国民教育最重要的指导意义在于要为课程和教学活动设置明确的目标。目标是培训课程开发和评价学生进步状况的基础，并建议采用"现场操作测验"作为主要评估形式，辅以笔试。

（二）美国20世纪60—70年代的师资培训模式催生"能力本位"概念

"能力本位"职业教育中的"能力（competency）"一词最早作为专用词出现是在20世纪60年代的一篇有关师资培训的报告中，因此很多人认为，基于能力本位的职业教育始于20世纪60年代中期至70年代末美国第二次师范教育改革。这次改革中所形成的"操作本位教师教育"（performance-based teacher education，简称为PBTE；又称为CBTE，即competency-based teacher education）师资培训模式确实促进了能力本位职业教育的形成与发展。

20世纪60年代中期之后的美国，一方面各种社会问题日益增多，对在校青少年进行教育的任务日趋繁重；另一方面新教师在教育和教学实际能力方面准备不足，引起了社会舆论的强烈不满。人们开始希望通过教育来改造社会，并希望加强师资培训的针对性，使教师既有完善的学科知识结构，又能够妥善处理教育教学活动中的各种实际问题。由此，一场以教育科研成果为指南，以现代教育技术为工具，以培养教师的能力为中心的师范教育改革在全美国蓬勃展开。

在联邦政府与私人基金的资助下，很多组织开始探索师资培训的有效模式。最终形成了"操作本位教师教育"模式。这种模式的重要特征是：

①以培养能解决实际问题的教师为目标；

②将教师必须掌握的技能和教学行为标准加以分析、归类；

③在培训过程中注重理论与实际相结合，加强实际操作环节的训练；

④在培训过程中应用现代化教育技术，如"微格教学"，及时强化正确行为，纠正错误行为；

⑤根据既定的教学行为标准、掌握教学能力的情况对学生进行考核和认证；

⑥训练过程突出个性化，以"个体训练"代替"集体授课"。

"操作本位教师教育"与传统师资培训方式的根本区别在于：传统的培训试图通过课程、讲座、阅读书目和示范来培训教师，无意中把教学活动分解成了较小的单元；而"操作本位教师教育"则把师范生从抽象、理论的教学引向直接处理教学，使其置身于真实的或模拟的课堂情景之中，通过对教学行为的不断纵向分析，使其在整体上掌握进行实际教育教学的能力。"操作本位教师教育"一定程度上解决了当时师资培训的问题。

这次师资培训改革促进了能力本位教育的发展，可以说"能力本位教育"由此兴起，全美成立了9个"能力本位教育中心"，在联邦政府资助下从事师资培训项目的开发工作，随后又成立了一个全国性的合作团体开展协调工作，形成并公布了一套描述和评估能力本位教育方案的准则，并将这套准则广泛应用于其他职业教育和培训活动。这些机构的最终工作成果是产生了100个操作本位的师范教育模块，起初是用于培训职业教育师资，后来被改造应用于进行教学管理、开展成人教育、对企业内培训人员进行培训等多重目的。

当然，如许多学者指出的那样，能力本位职业教育理论的出现有其多元化的理论与实践基础，但是，如果深入分析能力本位的职业教育教学论，我们完全可以发现，其最初的心理学基础就是基于行为主义，也可以说，能力本位职业教育教学论在行为主义的能力观基础上构建的。但是一经形成，追求"能力本位"，并且将其作为职业教育教学理论的一贯的核心诉求也便被广泛地认可。

三、行为主义能力观基础上的职业教育教学论

如前所述，早期"能力本位"的职业教育采用的是行为主义的能力观，在能力本位运动最初产生的北美地区影响深远，代表模式是加拿大的CBE/DACUM模式。这种能力观认为能力即操作技能，是可观察、可分解、可测量的，以一系列具体、孤立的行为来界定能力，而这些行为是与完成一项项被细致地分解了的工作任务相联系，于是能力也就是任务。行为主义能力观基础上的职业教育教学论的基本内容可以概括为如下几个方面。

（一）教学目标

教学目标即是达到预定的能力标准。行为主义主张教学目标的具体化、精确化，并且以可观察到、可测量的形式来说明，早期的一本关于能力本位教育的著作中有这样的

定义:"能力本位教育是建立在对某一职业岗位所需能力的鉴别和陈述的基础上,一般是以特定的行为化目标来陈述所鉴别出来的操作技能。随后,按照从简单到复杂的顺序来排列这些目标,以此作为教学顺序,以帮助学生掌握这些行为目标。"因而,行为主义能力观指导下的能力标准体现为用 DACUM 方法分析确定的一份罗列得十分详细的任务(行为)明细表。

(二)教学过程

行为主义基础上的职业教育教学过程在很多方面与程序教学法相吻合。在课程方面,对应能力标准中的每项专项能力开发学习模块,按照由浅入深,由简到繁,由知识到技能的顺序编排,学生按顺序完成每一个模块,最后达到能力标准。CBVET 对学习时间没有固定的限制,只要最后达到了能力标准即可,因此在教学过程中,允许学生根据自己的学习情况选择不同的学习途径和进度,即自定步调学习(self-paced learning),在学习中贯彻小步子渐进原则、掌握原则和即时反馈原则。

(三)评价机制

在学习过程中,行为主义职业教育教学理论鼓励学生按照能力标准进行自我评价。在对能力进行评估的时候,采用的是标准参照,对照预先确定的详细的能力标准,逐一测量学生的操作行为是否达到标准。从多方面收集证据以确定学员是否达到标准,其中,主要是观察学生在完成指定任务时的实际操作技能表现,从中推断其能力的掌握情况,以操作行为作为测量能力的直接手段,知识和理解能力的测量作为间接手段。

行为主义的能力观将能力与具体的工作任务联系起来,使教学目标量化、具体化,从而提高培训的效率,易于控制学习过程和进行评价。但是,澳大利亚学者贡茨(Gonczi)曾指出,行为主义的能力观把学习过程看作是既定技能目标的实现,从而以具体任务来分解能力必然是琐碎和不完整的,忽视了作为操作技能之基础的基本素质(attribute)的重要性;忽视了在真实的职业环境中人们的工作表现(performance)的复杂性以及在智力性操作(如操作数控机床等高技术设备)中专业判断力所起的重要作用;忽视了任务之间的联系,与系统论的观点相同对。另外,依据这种能力观进行的能力评价,只测量到了学习者与具体任务相关的相对琐碎的技能,没有真正测量到学习者的全面职业能力。

第二节 认知主义与职业教育教学理论

认知主义又名认知学派,是一种学习理论,与行为主义学派的理论相对。认知学派学者认为学习者透过认知过程(cognitive process),把各种资料加以储存及组织,形成知识结构（cognitive structure）。

认知主义的理论之所以能够引入到职业教育的教学理论中，有其外在的和内在的必然性。从外在的角度看，职业教育需要针对变化不断加剧的社会环境，尤其是社会产业的变化引发的职业变化，同时，职业教育还需要适应学生多元化的需要和特征，还要考虑到社会和教育的民主和公平的需要。从内在的角度看，认知主义揭示了人类知识学习和技能形成的更为深层次的原因，尤其是强调学习者的内部心理过程，探究学习者的心理特征与认知规律，不再把学习看作是对外部刺激被动地做出的适应性反应，而是把学习看作是学习者根据自己的态度、需要、兴趣、爱好，利用自己的原有认知结构，对外部刺激所提供的信息，主动做出有选择的信息加工的过程。这对于职业教育重新完善与发展其关于教学的理念和认识具有明显的内在推进作用。

一、认知主义理论概述

认知主义理论对于认识论、知识观、思维理论和学习规律等方面都有深入的研究，并且形成了非常全面的理论框架和体系。但深究其理论内涵，则可以发现，其最重要、最核心的理论主要体现在以下三个方面：

（1）信息处理理论，关于人类大脑如何接纳、处理和结构化新信息的理论；

（2）知识结构理论，关于知识在人脑中如何呈现和组织的理论；

（3）社会历史理论，关于社会情境是高级心理功能发展的核心影响因素的理论。

（一）信息处理理论

基于信息处理理论的教学活动强调认知过程。认知过程被视为知识的操作过程，教育的任务是传授个体认知策略并且教会他们将知识迁移到不同的情景和问题中，学习过程就是个体的问题解决策略从初学者式水平逐渐提升到专家式水平的过程。教学要使学生掌握思维技巧，使学生能够跨越不同情境，将在课堂中所学的知识和技能迁移到真实世界中，妥善地解决实际问题。这一过程的基础是个体对自己的认知结构和过程有清楚的理解和认识，即学生具备进行元认知的能力。在这个过程中，学习者被视为信息处理者，其问题解决策略处于从初学者水平向专家水平转变的、动态的连续区间中。

教师在教学中扮演指导者的角色，负责选择学生应当掌握的学习策略和技巧，以解释、分析和示范的方式引领学生加以掌握，带领学生实践这些技巧，最后教师还要评价学生的学习效果。

这种理论认为学校要单独开设培养学生掌握一般性思维技巧的课程，也要开设与某学科领域结合在一起的以培养学生思维技巧为核心的课程。在这个过程中，教师可以通过多种方式来促进学生元认知的发展。其一，可以让学生描述自己的思考过程；其二，加强学习者之间的合作，尤其通过模拟的方法让学生分别扮演不同的角色，并且让学生描述自己在扮演角色过程中的思维过程；其三，学生必须学会观察和了解个人的认知过程，从而知道所学知识如何使用、在什么情境中使用。

学习情境很重要，它是与某种特殊的学习任务相关的环境。信息处理理论认为只有学习情境与可能的问题环境相似时，学习环境才最有价值。为此，模拟教学法应当被广泛地使用。

教学设计的任务就是在明确新手和专家的知识状态、认知过程和认知模式的基础上，开发和设计出从新手向专家发展的教学步骤。教师在教学中首先要确定学习者所处的水平，明确新手和专家的问题解决策略，找出新手可能出现的错误及原因，使学生逐渐掌握专家型的策略。

在教学评价时，标准就是专家型的思维模式与认知策略模式。教学评价的目的就是确定学生是否已经掌握和形成了系统的认知策略、是否能够迁移所学知识进行问题解决、是否对自己的认知过程有明确的自我意识。

（二）知识结构理论

与上述基于信息处理理论的教学论不同，基于知识结构理论的教学论强调知识及其与认知过程的整合。

学习是通过分析和整合构建意义的过程，是学习者和环境之间的互动，并且在环境中通过实践积极构建知识的过程。学习过程体现为学习者不断形成自己的问题意识，并且掌握问题解决的策略。学习尽管是学习者基于其独一无二的心理结构进行实践的过程，但是，这个过程却有其共同规律。因此，学习者在某一知识领域中进行知识构建就有其共同规律可循。

教学目标不仅要发展学生的认知技巧和策略，而且要使学生在课程情景中构建意义，并且基于一个学科领域或知识范畴培养学生具有发展反思理性的能力。教师引导学习者发现自身当前观念的局限性，并帮助其构建更为完善的观念。

教师的作用就是构建学习情境，这个学习情境中充满促进认知的各种刺激，充满各种鼓励探索和社会性互动的机会；此外，教师还要通过鼓励和非干涉性的指导来提升学习者的兴趣，促进他们进行探究、互动。

教学评价不是终结性的，而是持续进行的。学习者可能被要求运用其所学知识去解决一个新问题，教师观察其进行自我探索、自主找出解决办法的能力。学习者也会被要求画出其解决问题的认知过程图、概念图或流程图，通过这种方式，教师和学习者自身都能够了解他们的知识及其组织情况。

（三）社会历史理论

社会历史理论所关注的问题是认知结构和认知过程是如何通过具有文化特性的人类互动和活动来形成的。这种理论的视角从学习情境转向了真实世界，认为学习具有社会情境性。学习情境最好和应用情境尽可能地相似，甚至要完全一样。因此，学习情境常常是真实世界而不是学校中的班级。

社会历史理论认为学习成果是学习者和其他社会成员之间对话、互动的结果。对话是一种交换和互动，即成熟和不成熟的观念和能力之间的交换，以及使不成熟的个体走向成熟。语言作为社会互动的工具，在认知过程中起到重要作用。它是教师和学生所使用的工具，师生凭借它互相交流思想，学习者将文化概念加以内化。

表 2-1 认知主义教学论的基本维度

教学目标	1. 能够处理多元化的信息输入和多元化的因素 2. 交流、合作的社会技巧 3. 学会运用先前所学知识来帮助和促进新学习任务的完成 4. 学会将所学内容迁移至新的情境 5. 能够解释、判断、规划、修改和创新 6. 能够理解来自不同人的观点 7. 能够批判自己和他人的观念
学习环境	1. 逼真地反映真实的生活情境、问题和背景 2. 强调两种问题的差别：真实生活中的问题（并无真正正确的答案，这种问题不是给予的，而是发现的）；学校类型的问题（有正确答案，这是给予的问题） 3. 教师、部门、学科、学生、学校和社会之间的合作 4. 丰富的刺激，鼓励学生的好奇心、探究和调查 5. 鼓励探究多元化知识的视角和来源 6. 规则较少，所有规则都由教师和学生共同确定 7. 学习的责任被赋予学习者本人 8. 失败被视为学习的机会 9. 提供给学习者自我监督和自我评价的机会 10. 在学生之间、师生之间营造尊敬和关心的氛围 11. 给予时间，允许思考
学习特征	1. 亲自参与 2. 积极的而不是消极的过程 3. 学习者建构知识的过程，学习者与社会环境之间的互动 4. 使用社会互动和语言
学习者的特点	1. 学习者具备先前的知识和经验 2. 有能力的人 3. 能够指导自己的学习，靠自己学习 4. 能够互相帮助、支持学习
教师教授活动的功能	1. 脚手架 2. 在旁边指导 3. 学习者的指导者 4. 教师与学生是伙伴关系 5. 支持和鼓励学习者 6. 采取认知学徒制 7. 帮助学习者解释他们的经验 8. 给予学生多元的视角和激发思维分享 9. 促使学生形成自己的理解和认识

社会历史理论强调学习和发展之间的重要关系，并且认为二者之间存在一个所谓的"最近发展区"。学习能够促进学生发展，任何的外部支持都类似于建筑工程中的脚手架。教师的角色就是提供给学习者从事学习所需要的脚手架，从而使学生的学习更加容易，师生关系甚至类似于师傅与徒弟。

这种理论比上述两种理论更加强调情境，尤其是社会情境，并将其作为高级心理发展的一个核心因素。社会情境会限制或约束人的智力活动，并从根本上影响人的认知发展及其构建方式。

以认知主义为基础的教学理论，在实际的教育教学过程中，往往是融合在一起，而不是纯粹的单一模式。可以说，三种理论视角常常合并在一起，体现为混合模式。表2-1将认知主义教学理论的相关思想和观念以表格形式罗列，以便更加直观地、简洁明了地把握其基本主张。

二、基于认知主义的职业教育教学理论

认知主义理论产生之后，对教育教学理论产生了巨大的影响。这些影响同时也反映在对职业教育领域中教学理论的改进与发展方面。

（一）基于认知主义的视角来理解职业教育的教学过程

随着认知主义理论的发展与成熟，许多学者都在思考一个问题，即认知主义的理论是否适用于职业教育的教学过程。也就是说，职业教育教学过程的特点是什么？认知理论中提出的培养学生高水平认知能力的目标和相关策略是否也适用于职业教育的教学？20世纪80年代末90年代初的一些研究，着重研究了这些问题。

1988年，韦伯和波立奥（Weber and Puleo）主持和组织了一项规模较大的研究课题，涉及893个班级、2251位教师、120个高中和24个州。研究目的是比较中等职业学校和非中等职业学校教学方法的差异。通过观察和问卷调查，研究者发现，与非职业教育中的教师相比，职业学校教师的教学行为具有如下特点：

①其教学活动不只是班级授课；

②在讲演、解释或呈现资料方面花费很少时间；

③更多地在小组中或单独地与学生一起工作；

④比较少地强调学生的读、写和拓展讲演，比较多地创造学生参与实践和使用高层次技术的机会；

⑤较少地使用教科书和工作手册，更多地使用各种机器和工具；学生更多地从事于某种任务或活动，学生能够提高某种实践能力，如展示、实践、表演、模仿、角色扮演等；

⑥较少地使用试卷测验的形式，较多地使用工作成绩评价。

韦伯和波立奥的这项研究以及与之同时期的多项研究都揭示了职业教育教学过程的

基本特点，事实上这也在一定程度上揭示出了职业教育的教学本质，即职业教育承担着培育高素质技能型人才的教育任务，这就要求其教学过程与其他类型教育的教学过程有不同的特点。这些差异主要表现在如下几个方面。

（1）职业教育需要实施以学生为主导的教学，而不是以教师为主导的教学。在非职业教育的教学过程中，教学更多地表现为是由教师呈现信息，学生进行类似的集体活动，如演讲、讨论、写作业、阅读、学习教材和记笔记，学习中的互动主要是教师对学生的互动；而在职业教育中，则必须实施以学生为主导的教学，即学生主动去实践以掌握某种技巧，学生要进行个体的或小团队的活动，使用多种机器和工具，学习中的互动主要是学生与学生之间的相互交流。

（2）职业学校的学生更多地是在具体的工作任务中学习，学生相互合作和交流的程度比非职业学校的学生要多得多。在普通教育中，学生更多地从事相同或相似的任务，与教师进行的交流远多于与同学之间的交流。

上述研究结论从普遍意义上揭示了职业教育的教学目标与认知主义培养学生的高水平认知功能并不矛盾。职业教育教学的上述特点与认知理论的视角相一致，并且与传统的教学模式相反。

（二）从新手到专家：职业教育的教学目标

认知主义心理学家对于行为主义关于能力和技能的观念表示出异议，并且指出人的技能并不是片段的，而是整体的，理解力、情感、价值观和稳定的情绪是影响能力和技能形成的重要因素。因此，技能并不是像行为主义学者所强调的只是简单的身体能力。

在认知理论中，有著名的"专家理论"（Expertise Theory）。1996年，威廉姆·温和丹尼尔·塞德（Winn & Snyder）指出人们在工作过程中，会从"新手"逐渐成为"专家"，其间个体的认知图式出现明显的发展，而且其工作效率变得更高，工作成效变得更好。随着个体经验增加及其不断面对各种工作中的问题，甚至是极其复杂的工作任务，个体会逐渐从简单的甚至有些呆板的理解模式变为灵活的、动态的心理模式，而这种发展和变化，使个体最终能够自动地、恰当地回应各种突发的问题。

德莱弗斯兄弟（Dreyfus，H L and Dreyfus，S E）一位是计算机专家，一位是哲学家。兄弟二人在1986年提出了具有重要影响的"Dreyfus技能获得模型"（Dreyfus Model of Skills Acquisition），描述了个体如何从对某物一无所知的"新手"，到无须思考即可熟练运用的"专家"的过程（表2-2、表2-3）。这一模型自问世以来被广泛地运用，一方面它提供了一种理解和评价技术、能力发展过程的方式；另一方面，它提供了能力评价不同层次与水平的标准和规定。

表 2-2　新手到专家各阶段的认知特点

水平	阶段	如何估计情境	如何处理知识	决策方式
新手	其知识极其简单，由与现实情境脱离的不明确的事实、规则构成；严格服从于被教授的原则和规程；没有情境化的理解，没有自己的判断 需要详细的指导——要手把手地教。新手不知道这些指导是否有效，或者哪些指导更加重要；新手需要频繁迅速的成就感和有规律的反馈；一本好的入门指导书必须提供足够多的图解和充足可靠的信息	分析式	没有背景知识可以参照	理性分析
高级初学者	学习更多的事实和规则，开始积累真实经验并发展基于背景知识的理解，但情境化的理解仍然有限 行动的指导方针流于外在的要求，而不是任务的本质属性 对单独任务的基本步骤已经熟悉，而且可以把它们有机组合。尽管他们已经开始有些概念，但这是学习者最危险的阶段，因为虽然他们学到的已经不少，但这还不足以让他们远离麻烦。等有了足够的经验，高级初学者就能拥有足够的能力以胜任某些工作	整体式	依据背景知识	
胜任者	行动的依据部分来自长期目标、有意识地确定深思熟虑的规划、掌握标准化和常规性的程序			
精通者	看到整体的情形而不是根据某一方面；能够看出某种情况下什么是最重要的；能够轻松地、常常是迅速且无意识地采取决策；能够快速地调整以适应新情境			直觉
专家	不再依赖于规则指导；基于深度的隐性理解来直觉地把握情境。只有在问题发生之时或在新奇的情境中才使用分析的方式			

表 2-3　从新手到专家的比较

水平	工作的质量	知识	自主性	处理复杂情况	对情境的理解
新手	知识量最少，或者只具备书本知识，而无法与实践相联系	除非有严格管理，否则不可能令人满意	需要严格管理或教导	很少能或不能处理复杂情况	倾向于孤立地看待问题和行动
高级初学者	对实践的关键方面具备了工作性知识	直观的任务有可能被完成，能够达到可接受的水平	能够运用自我判断完成部分任务，但全程都需要监督	理解复杂的情境，但仅能够部分地解决问题	将行动看作连续的步骤
胜任者	在其实践领域有良好的工作性和背景知识	能够实现目标，但仍然缺乏明确的概念	能够运用自己的判断完成绝大部分任务	通过深思熟虑的分析和规划来解决应对复杂的情境	至少部分地根据长期目标来看待行动
精通者	对实践领域和学科有深度理解	完全可达到常规上可接受的标准	能够为自己的工作负完全的责任	整体地应对复杂情境，采取决策更加自信	通观全局并且能够看到个体行动在其间何以恰当

续表

水平	工作的质量	知识	自主性	处理复杂情况	对情境的理解
专家	具备学科权威知识并对实践领域有整体的深度隐性理解	相当容易就能达到优秀的水平	能够超越现存标准，并且创造自己的解释	整体上能够把握复杂的情境，能够轻松地运用直觉和分析的方式进行应对	通观全局并且善于随机应变；对于可能发生的问题有预见性

职业教育的教学实际上就是要将在某种职业技能或能力方面的"新手"培养成为"专家"。当然，从"新手"到"专家"并不是一蹴而就的，而是一个长期的过程。绝大部分学生是在走出校门，在工作实践的锻炼中才真正成长为职业"专家"。这个过程有其特定的规律，它遵循教育学和心理学的规律，这是职业学校和各种培训机构在教学过程中必须遵循的基本要求。

第三节 建构主义与职业教育教学理论

当前，建构主义认识论和学习论更为深刻地解释和描述了人类学习的本质，成为继行为主义、认知主义之后更为重要的教育背景理论。以建构主义的认识论和学习观审视职业教育，并且积极地推动当代职业教育教学观念和教学实践的转变，已经成为当前国际职业教育研究的一个热点。

一、教育中的建构主义：促成一种新的学习论与教学范式

建构主义哲学，最早可追溯至18世纪意大利哲学家维柯，后经康德、黑格尔和杜威等哲学巨子的倡导，成为当代重要的思想流派。建构主义认为，人类并非消极地进行信息重复，而是积极地从事知识建构。个体建构知识的方式是将新信息与自己已有的知识体系建立起某种联系，形成对新信息的解释，以此不断地发展其知识体系。建构主义的认识论原则集中反映为以下四点：①知识并非被动地积累而成，而是由个体积极认知的结果；②认知是一个主体适应环境的过程，其功能在于使主体在特定环境中的行为更为适当；③认知需要组织和利用个体先前的经验，因此，认知不是对现实准确呈现的过程，而是一种意义建构的过程；④认知水平不仅取决于个体的生物条件，而且取决于以文化和语言为基础的人与人之间的社会交往活动水平。建构主义的上述认识论原则，对当代教育产生了深远的影响，不仅更新了教育中的学习理论，而且促成一种新的教学范式。

建构主义学习论主张，学习者在其自身的知识创造过程中具有积极作用，其已有的知识和经验对以后的知识创造具有重要意义。学习者的学习过程既是建构知识和意义的过程，也是其发展智力和形成批判思维的过程。因此，建构主义学习论认为，学习过程

就是学习者将新的信息和经验与已有知识体系加以整合，修改或重新解释旧有知识以使其与新知识相一致的过程。

建构主义学习论认为知识建构的方式是多元化的，如皮亚杰强调个体可以通过阅读、听写、探究以及体验等多种方式形成对知识的理解；而维果茨基则认为社会和文化的影响在知识建构中具有重要作用。实际上，建构主义认为，影响知识建构最为关键的因素包括知识应用的情境、学习者所处的社会环境以及是否对学习者有用三项。其内涵分别为：①个体在知识得以应用的情境中学习知识时，学习效果最好；②建立在与他人交往基础上的合作学习是个体建构知识并且促进智力和批判性思维发展的最好方式；③所要学习的内容对个体来说愈有用，个体建构意义、形成理解的内在动机就愈强烈。

建构主义学习论促成了新的教学范式，即从基于行为主义的以教师为中心的教学范式转变为基于建构主义的以学习者为中心的教学范式。在建构主义教学范式中，教师更关注意义的揭示，而非规定材料的传授；更鼓励学生积极地质疑习以为常的假设，以促使学生自主地进行知识建构。这与行为主义的教学方法，即教师传播既定知识，检验学生对知识的掌握程度，关注学生的行为并加以控制等方法截然不同。因此，在建构主义教学范式中，"教"的关键是授予学生自主进行知识建构的能力。教师的作用在于使学生发现知识，并为其提供在现实世界中运用、反思和检验知识的机会。可以说，建构主义的教学范式使学生的学习活动从机械式的事实记忆转向元认知和自我评价，它鼓励学生对价值、信仰和假设进行批判性的反思，这从根本上否定了以测验为导向的非主体性的教学模式。

随着基于建构主义的学习论和教学范式在教育领域形成和发展，当代职业教育的教学观也出现了新的转变。

二、从行为主义到建构主义：当代职业教育教学观的根本性转变

随着当代社会经济的发展、"能力"概念的宽泛化以及对工作环境中学习本质的重新认识，当代职业教育的教学观开始从行为主义向建构主义转变。

（一）当代社会经济的发展导致职业教育教学目标发生变化

1996年，世界经济合作与发展组织（OECD）发布《1996年科学、技术产业展望》报告，并在"以知识为基础的经济"的专题中指出，人类正在进入新经济即知识经济时代。报告中还指出新经济的发展必将催生"以知识为本"的新职业，这些新职业要求从业者必须具有运用知识、管理知识和创造知识的能力，这些能力是保证从业者成功地设计和改造产品，实现高效生产的根本因素。

目前，知识社会和知识经济的发展已经表明，任何想获得某种工作并且想在其中得到持续发展的从业者，不仅要具备此种工作所要求的专门知识和技能，更要具有高度有

序的思维、解决问题的能力、合作的心态与技巧,以及在工作环境中自主更新知识和技术的习惯与能力。因此,国外学者指出,当代合格从业者的标准之一就是能够"明确自己知识的局限性、提出适当的问题和确定信息的准确来源"。

职业教育为适应新经济对人才提出的上述新要求,其教学目标必须由培养学生掌握单一定向技能转变为培养学生形成知识的建构能力。为了使学生适应未来工作的要求,职业教育不能只向学生提供某种特定知识和技能,而应当提供给学生与工作发展相适应的动态的知识和技能体系,并且培养学生形成自主学习和持续建构知识的能力。因此,旨在传授给学生固定、单一知识和技能的行为主义职业教育教学模式无法适应此种需求,面对当前工作环境对人力资源复杂多样的需求,行为主义教学模式显得过于机械。取而代之的建构主义的职业教育教学观则强调,职业教育的重要作用是"在真实环境中,以体验式的、情境化的以及社会化的方法促进知识的建构",职业教育不仅要培养学生掌握一技之长,更要使学生养成自我学习的能力和习惯,从而使学生成为积极的、终生的知识建构者。

(二)当代职业教育中行为主义的能力观逐渐为建构主义的能力观所取代

如前所述,行为主义的"能力本位"职业教育模式实际上简化了现实工作环境的复杂性,或多或少地忽视了行为目标之间的联系、行为目标实施的现实环境以及工作中人与人之间相互合作的重要性。有学者指出由于现实世界的复杂性和不确定性,"行为目标实际上从来不能以理论化的既定模式获得"。

建构主义学习观认为人们正是在与环境相互作用的过程中不断进行判断、审查和反思,持续地建构自己的知识和技能,并且据此改变自己的行为。在建构主义学习理论中,能力被区分为多种水平,如新手水平的能力和专家水平的能力、经验式的能力和自主整合的能力。能力也并非如行为主义教学观认为的那样是一次性训练成的,而是个体思维及其行为持续发展的结果。其间,文化背景和社会实践始终参与到能力的形成中并起重要的作用。因此,"能力"的形成过程也是一个依赖于社会建构的复杂过程,个体的知识、态度、技能以及在任务情境中表现出来的价值观等因素都是能力的有机组成部分。这种对能力更为深入和科学的认识,决定了以能力为本位的职业教育和培训活动必须采纳建构主义的学习观念,以弥补行为主义的教学观念和实践模式的严重不足。

(三)工作环境中的学习同样体现建构主义的基本原则

阐明个体在工作环境中的学习规律是职业教育研究领域的重要课题之一,当代研究显示这种学习的发生机制与建构主义的学习理论相吻合。

国外学者研究了若干种职业从业者的工作行为,研究结果显示当从业者在工作中应对缺乏经验、复杂和冒风险的情况时,对其最有效的帮助是专家的示范和指导。另外,有学者对医院工作者"如何摸到工作窍门"的规律进行了研究,研究结果表明,如果从业者能够在工作中持续学习,并且不断反思自己的职业活动,不断地重新解释和建构已获得的知识和技能,那么就会有效地促进其对职业知识和技术的掌握。其他学者对煤矿工人和产业工人的研究也表明,在工作环境这种非正式的学习情境中,从业者如果能够得到行家的指导并且能与他人进行良好的合作与互动,就可以促成有效学习。上述研究表明,从业者在工作环境中的"社会交往"会影响其知识和技能的建构,而从业者带有反思的"职业活动"又会使其知识和技能得以不断地优化和完善。在此过程中,从业者工作学习的动力主要来自内在动机而不是如行为主义所强调的外部刺激,这种内在动机来源于从业者接受并认知新刺激并重构知识结构的需求。

因此,工作环境实际上是一种学习环境。从业者自主建构知识和技能的水平直接决定其最终的学习效果。为使职业教育能够促进学生的可持续发展,职业学校必须采纳和实施建构主义的教学观念和模式。

三、建构主义职业教育教学观的核心理念

建构主义职业教育教学观的核心理念涉及师生关系、课程整合、教学模式和教学评价四个方面,是对职业教育教学观的全面更新。

(一)以学习者为中心的师生关系

与行为主义职业教育教学理论相反,建构主义职业教育教学理论将教学重心由教师"教"的方面转移为学生"学"的方面。学生被置于教学活动的中心,其学习需要、学习类型及其文化、社会背景等都受到高度重视。国外学者的研究表明,职业学校中的学生在以学习者为中心的班级中能够获得更大的发展,他们学习更积极、成绩更优秀。

具体而言,在以学习者为中心的教学关系中,学生被赋予更大的学习自主权。教师不再视学生为被动的知识接受者,而将其视为自我管理、自我建构心理模式和处于社会交往中的个体。教师也不只是知识的传授者,还是学生自主建构知识的促进者。教师为学生营造某种真实的工作情境,通过提供例子和组织讨论的方式,不断地促进学生的信息加工和知识建构。克卡(Keaka)指出:"职业学校教师的任务在于培养学生掌握知识和形成技能。教师运用认知学徒制的方法,提供示范和扶持;随着教师的指导逐渐减少,学生的技能渐趋熟练。教师为学生设置的学习情境应当反映工作环境的核心特征,学生必须应用多方面的知识和技能来解决问题,并且在与他人的合作中进行知识的建构。"葛瑞森(Gregson)也极力主张职业教师应当成为"教育者"而不是"师傅",教师应当视学生为积极的学习者,不断推动学生进行反思性思考、探究性学习和合作式学习,使学生的学习内容与其未来的工作环境具有极强的相关性。

（二）学术课程与职业课程的整合

课程整合体现了建构主义职业教育教学理念的基本原则，是建构主义职业教育教学观得以实现的重要途径。课程整合的核心理念是：个体正是通过与社会环境之间的相互作用来建构知识的，因此，职业学校必须提供给学生在现实世界中运用和验证知识的机会，使学生不断地"建构新知识"。课程整合的目的在于使职业教育的教学从狭窄的、定向的和技能为本的模式转变为宽泛的、针对岗位群的和以人为本的模式，使教学不仅传播知识和技能，而且使知识与工作环境之间建立广泛的联系，从而打破行为主义单一定向化的职业教育教学模式。

将学术内容整合到职业课程中是课程整合最基本的形式，这一做法的目的既在于"加强职业课程的学术性"，也在于"加强学术课程的职业相关性"，弥补由学科领域的分割而造成的知识割裂，从而加强学术知识与工作环境之间的相互联系性。有许多学者认为，职业学校应当将学生置于现实工作情境中学习和掌握学术课程，以加强学术课程的职业相关性。这种将学术内容整合到职业课程中，并将其情境化的做法，有利于培养学生形成从事技术性工作时所需要的批判思考能力和创新能力。

（三）问题解决为本和情境化的教学模式

建构主义教学观主张，个体之间有意义的社会互动是发展认知和建构知识的基本方式。解决问题为本的教学模式正是基于学生之间的相互作用和相互依赖，使学生在合作中共同承担责任、共同解决问题。此种教学模式要求教师必须具有良好的协调人际关系和指导团队工作的能力和技巧，能够采取合适的教学策略、运用丰富的教学资源和组织合理的教学活动来改善学生的思维和培养学生良好的解决问题思的能力。问题解决为本的教学模式所包含的教学方法有案例教学法、仿真教学法、问题解决法、定向教学法以及行动研究法等。布朗（Brown）总结出了问题解决教学模式的四个关键因素。①教师需要深入研究教学内容、学生情况和教学资源，以便提出与教学内容相关且学生可以解决的问题；②问题的解决方案并不是唯一的，应当鼓励学生积极探究不同的解决方案并选出最优的一套；③在解决问题的过程中，学生是主角；④教师必须在教学结束时对自己所提出的问题、学生的解决方案和每个学生的表现进行评价，以总结和反思此次问题解决的教学过程。

建构主义教学观认为，学生在知识和技术被应用的真实情境中学习时，其学习效果最好，这也正是建构主义职业教育教学理论特别推崇情境化教学模式的根本原因。此种教学模式要求教师将教学方法、教学内容、教学情境和教学时机有机地结合起来，使学生能够更好地从新信息中建构知识。由于情境教学是使学生"基于具体的项目并在特定的情境中学习"，这样一来，学生的学习活动不仅符合学校的目标，也与其家庭、社会及未来的工作环境相关。职业教育中的情境化教学模式提倡认知学徒制的教学策略，其方法是将学生置于真实的工作情境中,由教师或专家示范解决问题的策略和方式,学生加以模仿并且表达出自己的思维过程和操作程序。随着教师和专家指导的逐渐减少,学生在不断实践的基础上,建构起自己的知识和技能,将外在的指导内在化为自己的能力。

情境化教学模式与以往职业教育中的合作教学或实践教学模式并不一样,后者注重学生实践技能的培养,而前者更注重学生知识和技能的建构以及高层次思维的养成。斯腾(Stein)总结出职业教育中情境教学的三个主要原则:①学生学习发生在特定的情境中;②学生在某一情境中掌握的知识和技能可以被迁移到其他相似的情境中;③学生不仅需要掌握相关的陈述性和程序性知识,而且要提升其思考和理解水平,改善其解决问题和相互合作的能力。

(四)认知学徒制(Cognitive Apprenticeship)

建构主义学者们关于人类学习的深入分析与思考,推动了认知学徒制这种理论的发展。所谓认知学徒制是指一位具有实践经验的专家,指导新手进行学习,专家进行示范和讲解,新手则进行观察和主动学习,在一个真实的社会情境或工作情境中,通过双方或团队的互动,让新手主动构建知识,进行学习的过程。认知学徒制理论认为在教授新手技术时,会存在某些潜在过程,如果教师未能注意到这些潜在过程,就会使学生学习效果不理想。为了解决这一问题,认知学徒制就被提了出来,它旨在使那些技术传授中的潜在过程得以外显,使学生能够观察到、模仿之,并且在教师的帮助下实践之。因此,认知学徒制理论强调,在新手开始学习时,专家应为之提供"支架"(或称"脚手架")和帮助。随着学习者建构起自己的知识框架,这种帮助就可逐渐减少。由此可以看出,认知学徒制与学校中的日常教学模式有很大差别。它是一种从改造学校教育中的主要问题出发,将传统学徒制方法中的核心技术与学校教育整合起来的新型教学模式。

认知学徒制力求培养学生的高层次思维能力(Higher-Order Thinking Skills,HOTS),也就是专家实践所需的思维能力、问题求解和处理复杂任务的能力。培养学生的高层次思维能力在职业教育中至关重要。正如美国职业教育学者瑞贝卡(Rebecca)所指出的:"创造性思考与问题解决能力是从事职业工作的关键能力,一个缺乏创造性思考与专业问题解决能力的人无法合适地就业。"

具体而言,认知学徒制的教学方法主要有六种:建模、指导、脚手架的搭建与拆除、清晰表达、反思和探究。

(1)建模(Model)。建模是展现专家完成某个任务的过程,并解释理由。建模的目标是建构专家认知过程的心智模型,将其内在的认知过程和活动外显出来。

(2)指导(Coach)。在学生执行任务时,教师通过观察的方式进行指导,包括观察学生执行任务的过程,为学生提供暗示、搭建脚手架、提供反馈、建立模型、修正和提出新的任务等,以使学生的学习绩效更接近专家的方式。

（3）脚手架的搭建与拆除（Scaffold and fade）。在学生完成任务时教师提供支撑，如建议、帮助、提供暗示等。脚手架的重要功能是帮助学生顺利穿越"最近发展区"。随着学生能力增强，教师应把更多的责任和控制权交还给学生，减弱对学生的支撑，逐渐去除脚手架。

（4）清晰表达（Articulation）。指学生运用一定的策略描述他们的思维过程，即将他们的知识、推理或问题求解过程清晰地表述出来，如讨论、示范、陈述和学习作品的交流等。

（5）反思（Reflection）。学生将自己的思维和问题求解过程与专家、其他学生和某专业的内在认知模式进行比较，以修正或启示自己的问题求解和任务完成过程。

（6）探究（Inquiry）。学生运用与专家问题求解相似的程序或步骤来检验所提出的假设、方法和策略。

在上述六种方法中，建模、指导和搭建脚手架是核心方法，主要用于帮助学生在学习活动中获得认知。

现代认知学徒制的提出与发展，实际上与古代社会职业教育中普遍存在的"学徒制"有着密切关系，当然也存在明显的差异与进步性。在古代社会，一位新手要习得"一技之长"，必须通过"学徒制"跟随师傅学习，由师傅传授实务经验，新手经过多年的揣摩与耳濡目染，慢慢习得特定的知识和技能。这种传统式的"学徒制"偏重于师傅的示范与讲解、学徒的观察与学习，是一种"边做边学"的方式。由于其教学内容和方法没有能够实现科学化和系统化，常常是以师傅的实务经验和直觉传授为基础，师傅是"知识和技能的权威者"，因此学徒对于师傅的教导和要求需要无条件地接受，不敢有任何的违逆和反抗。

而现代认知学徒制，既吸收了古代学徒制某些科学的做法，也进行了明显的改进，我国台湾学者吴清山等将二者之间的差异概括为以下三点：

（1）重视主动的学习而非来自被动的灌输，诉诸学习者的主动思考与探究，它是一种个体"由做中学"的系统化、主动性的过程。

（2）强调反省的学习。学习者经由自我觉察、自我矫正、自我监控、自我反省的学习过程，发展出新的知识、态度、行为和技能，以适应新的社会情境之需求。

（3）提倡团队的学习。传统的"学徒制"偏重于一对一、个别的学习，但"认知学徒制"很强调合作与互动，所以，学习不是独自进行的，而是在团队合作下进行的。

对于职业教育来说，认知学徒制具有明显的重要意义和价值。当前，已经认知学徒制成为我们重新审视职业教育教学过程，甚至是支撑现代职业教育教学的基本理论。如西方当代职业教育理论和实践中广泛流行的工作场所学习的问题，就需要运用认知学徒制的理论来加以解释和分析。认知学徒制理论的缔造者美国学者科林斯认为，认知学徒制具有如下特点，使它能够有效地应用于工作场所的学习之中。

(1)真实性。学习的内容、任务蕴含于现实场景中，这反映了学习的知识或技能在真实世界中的作用与价值。

(2)同一性。在一定程度上，完成工作任务的过程就是学习者获得知识、发展能力的过程。

(3)关联性。学习者能够把他们的思考与所学的内容联系起来。

(4)反思性。学习者能够反思自己的行为表现，并与他人的表现相比较。

(5)周期性。通过重复计划、行动、反思的周期，学习持续不断地进行。

(6)多媒介性。在学习中可以最大限度地使用每一种媒介或工具。

可以说，认知学徒制与工作场所学习的认知基础是相适应的，它已经成为在工作场所学习极为重要的形式。现代化的社会生产非常复杂，工作场地的环境也很复杂，学习者要在工作场地中学会学习，认知学徒制是非常必要的方式。

（五）真实性教学评价

随着建构主义教学理论的兴起和发展，一种新的评价理论与模式——真实性评价（Authentic Assessment）逐渐形成和完善。这种评价理论主张，教师应当在知识和技能所应用的现实情境中评价学生对知识和技能的掌握情况，以检测学生是否具备了教学目标所要求的能力。真实性评价的前提是教学过程中的课程内容、课程设计以及教学活动也都是基于真实的情境而开发出来的，只有这样，真实性评价才具有实际意义。

职业教育中实施真实性评价的目的是要培养学生解决实际问题的能力，促使学生在学习阶段便熟知他们未来在工作环境中应用这些知识和技术的方式。在职业教育中运用真实性评价时，不仅要着眼于检查学生能否完成规定的学习和工作任务，还要着眼于使学生形成现实工作环境所要求的高度有序的思维和应用所学知识技术创造性地解决实际问题的能力。以往的职业教育教学评价方式只注重了前者，而忽视了后者。

基于建构主义的认识论和学习观对职业教育教学的本质进行审视与考察是当代职业教育研究中的热点问题，它涉及对职业教育教学诸构成要素及其理论基础的重新认识，对这一研究课题的不断推进将会大大推进职业教育教学理论的发展和进步。

第四节　行动导向的职业教育教学理论

德国的职业教育在全世界独树一帜，并且长期以来处于世界一流的水平。德国职业教育的教学理论也颇有影响，以"行动导向"而著称。以行动为导向的教学理论为德国职业教育的良好发展做出了不可磨灭的贡献。德国"行动导向"的系统经验值得中国职业教育发展借鉴，其理论内涵值得我们深入研究，国内众多学者也为其传播做出了巨大的贡献。我们在这里简略地分析和阐述其主要内容。

一、行为、行动、活动、实践内涵辨析

"Handlungsorientierung"一词风靡德国职业教育界,成为研究人士所关注的热点话题。我国许多学者将"Handlung"译为行为、活动或者实践,我们在此从研究词义本身内涵和意义的角度出发,对这几对概念进行辨析,以便更好地理解"行动导向"这一概念。

1. 行为和行动

"Handlung"直译过来是举止、行为、操作、处理之意。因此很多学者将"Handlungsorientierung"译为行为导向。但是按照 Duden 字典的解释,"Handlung"是某人做什么或者已经做的过程或者结果,有的学者据此对前一种译法提出异议,认为按照心理学的解释,行为只是一种能力,而不是一个过程,并没有体现出处理的含义,因此,将"Handlung"译为"行动"更为贴切。而且《现代汉语常用词辞海》将"行动"注释为:<动>指为实现某种意图而开展具体活动。将"行为"注释为:<名>受思想支配而表现在外面的活动。因此,单从词义上看,行为并不足以阐释行动导向的内涵。另外,"Handlung"这个词英语译作"Action",即"行动"之意。在德语中,一般意义上的"行为"译作"Verhalten",涉及心理学、教育学上的术语"行为"则和英语中的一样,译作"Behaviour"。

另外,如果将"Handlungsorientierung"译为行为导向,易陷入"行为主义"(Behaviorismus)的误区。行为主义中经典条件反射的代表人物巴甫洛夫将学习定义为反应和刺激的结合,是有机体为适应外界刺激而产生的反应的连接。在以斯金纳为代表的操作性条件反射中,个体以特定的方式来应对外界的刺激,学习是通过外界的正负强化作用而不断获得和加强的。可见,行为主义认为,教师是教学的主导,学生的任务只是应对外界产生的刺激而做出反应,这与"行动导向"教学理念完全背离。

2. 实践和行动

众所周知,实践指人类能动地改造自然和社会的全部活动,这种活动具有能动性、客观性和社会历史性等特点。德国职业教育的典型特征是"理论与实践相结合"的双元性特点,将"Handlungsorientierung"理解为实践导向未免过于乏力,单纯地将行动导向的概念运用于职业教育的实践领域是不科学的,因为这一教学原则不单在企业中经常使用,在职业学校和跨企业培训中心也是颇受推崇。,整个教育领域都在关注着这一概念。从词义范围来讲,活动比实践的概念更为具体、更有针对性,也更加能够体现职业教育的本质。

3. 活动和行动

德语活动一词"Aktivitaet"直译过来是活动性,活性,活度;积极性,主动性;行动、活动；放射性，学习由许多不同的活动组成（具体内容见表2-4），通过这些活动人类获得了知识。

表 2-4　人类的不同学习活动

Lernaktivitaeten（学习活动）	具体表现
Lernen durch Tun（做）	尝试、练习
Lernen durch Denken（思考）	信息收集、存储、加工、连接、评价、传递，通过特定的科学方法获得信息并且加工
Lernen durch Beobachten（观察）	观察
Lernen durch Kommunizieren（交流）	合作、讨论、角色扮演

由此看来，如果将"Handlungsorientierung"译作"活动导向"虽能阐释其内涵，但是以杜威、皮亚杰为代表的活动教学、活动课程理论，强调教学或课程的目标来自而非先于活动过程，教学目的只能以一种模糊的、非确定的词汇来描述。学生要通过没有事先确定目标的学习活动才能获得属于自己的知识。由此可见，为了体现"Handlungsorientierung"教学过程学生的主导、主动性、目标明确性、过程性，译为"行动导向"比较贴切。

二、"行动导向"的内涵及"行动导向"课堂的定义

（一）行动导向内涵

首先，我国学者对行动导向和行动导向课堂的定义也进行了研究，大部分文献中都已经认识到"行动导向"只是教育教学的一套理论，或者说是一种理念，本身并不是一种教学方法，当课堂教学中所使用的方法具备"行动导向"的特征时，才能称其为"行动导向"的课堂教学。

1. 行动导向是一种指导思想

德国学者 T. 特拉姆（Tramm）曾对以行动为导向的职业教育教学作了界定，指出行动导向是一种指导思想，旨在培养学习者将来具备自我判断能力，懂行和负责的行为。顾特斯（H.Gudjons）指出，行动导向教学不是教学法理论，而是一个教学原则，具有一定的特征，通过学习心理学和社会化理论的理论验证，并在不同的课堂情景中得以实现。德国联邦职业教育研究所原比较研究部负责人劳尔-恩斯特（Laur-Ernst）女士指出，行动即学习原则（Handeln als Lernprinzip）。

2. 行动导向是一种教学过程

国内有的学者指出，所谓行动导向，实质上是指在整个教学过程中，创造一种学与教、学生与教师互动的交往情境，把教与学的过程视为一种社会的交往情境，从而产生一种行为理论的假设。

3. 行动导向本质上以工作过程为导向

行动导向，是指学习是个体的行动，学生是学习的行动者，教师是学习行动的组织

者、引导者、咨询者，为了"行动"来学习并通过"行动"来学习，从而实现"手脑统一"。"行动导向法"是指教师不再按照传统的学科体系来传授教学内容，而是按照职业工作过程来确定学习领域，设置学习情境，组织教学。它是由师生共同确定的行动项目来引导教学组织过程，学生通过主动和全面的学习，达到脑力劳动和体力劳动的统一。严格意义上的行动导向教学，指无论教学中要解决的问题是大是小或其是难是易，都要按照完整的劳动过程模式进行。

（二）行动导向课堂

德国采用行动导向课堂起因于职业学校的目标是以学生行动为出发点，根据"行动理念"这一总目标，按照"行动导向"理念来设计各种教学方法，让学生自我行动，以"完整行动理念"这个总原则来培养学生行动能力（即专业能力、方法能力和社会能力）。

这一套思想又通过行动领域—学习领域—学习情境来实施，自从1995年起学习领域一词开始进入德国职业学校，在课堂上也普遍应用学习领域这一概念。行动领域源于工作实践，以复杂的社会职业提出的需要为出发点，是作为教学意义上的形式存在的，通过学习领域学习，学生可以更好地工作。

行动领域是指由能够促使职业、生活以及社会方面的问题得以解决的行动场景而共同组成的复杂综合体。行动领域一般是多因素的，它将职业、社会以及个人问题状况三个因素融汇在一起，但是各个因素的侧重点不同，需要将三个因素分开来在教学意义上进行分析。

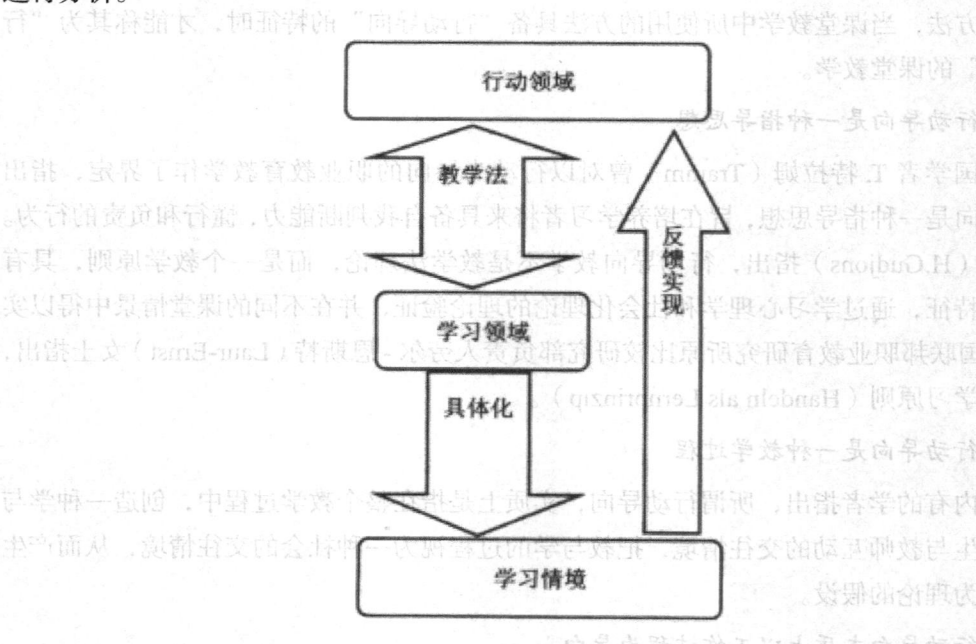

图 2-1　学习领域关系图

学习领域是指以教学法为基础，为学校教育制定出来的行动领域，它综合性地、概括性地提出了复杂的行动问题，这些问题通过在以行动为导向的学习情境下，在教学中被领会和掌握，学习领域是通过目标描述和学习内容体现出来的。

学习情境是学习领域的具体化，在教育和培训中将职业、生活和社会中具有重要意义的行动情境分化与再现出来，并且使用合适的教学法，使之成为教学的背景。学习领域的关系如图2-1所示。

由图2-1可知，学生在学习领域中可以有不同的情境关系，学习情境是在学习领域中体现出来的，可以通过很多个课时反映出来。学习领域又是通过对目标的描述来实现的，不再是单学科的，而是跨专业的、行动导向的教学，是职业课程与企业的直接联结。学生实际生活中的行动领域通过教学法整合到学习领域中，在学习领域制定时将其具体化到各个不同的学习情境当中，最后学习情境可以反馈到学生的行动领域中。因此，在德国，大部分学者普遍接受的观点是，把"行动导向"称为一堂课（即Unterricht），Duden字典对此词的解释是通过教师对学生传授相应的信息和知识为形式，学生在这堂课上不仅能够手脑并用，而且能够应用所有的身体器官来学习。"行动导向"课堂是全面的、学生主动的课堂，在课堂上教师与学生之间缔结的"行动产品"引导着教学过程的形成，以达到学生手脑并用的效果。

如今德国职业教育的总目标是将职业行动能力作为学生学习的关键能力，学生通过这种关键能力的获得，能够自主学习和行动，能提高自我能力、满足自己的需要，并且获得发展能力，有负责的精神并且有自主意识，学生能积极主动地与他人交流合作，有解决冲突的能力。为了实现行动理念这一总目标，德国职业教育课堂中采用了多种教学方法来实施"行动导向"的设计理念。

在这个总原则的指引下，各种教学方法都要遵循"完全行动"理念这一套行动模式，即：①确定阶段，学生行动起源于实际；②确定行动目标，其下再分为很多子目标；③草拟行动路径的处理和加工；④决策，评价；⑤控制，对行动过程和结果进行控制；

完全行动理论经过实践论证而后发展为几个具体的模型（如图2-2所示），即信息收集—计划—决策—实施—控制—评估。

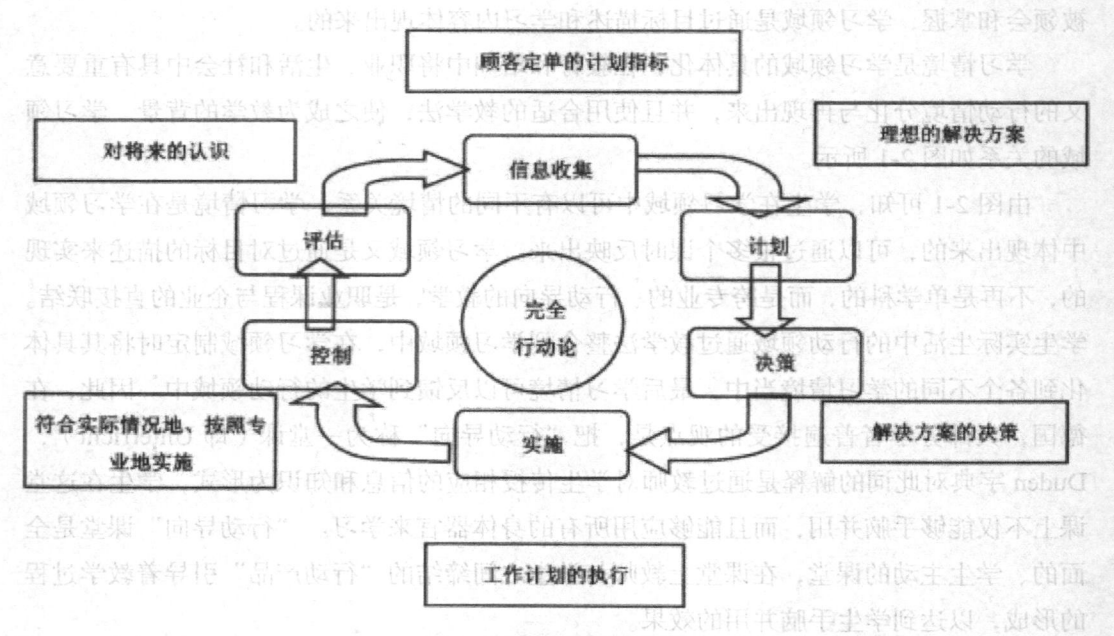

图 2-2 完全行动论图解

"行动导向"成为国内热点话题的同时,在德国也产生较大的争议,由于其本身对教学产生了深远影响,一些学者便视其为一种教学法,与教育理论教学法、学习理论教学法和学习目标导向教学法等并列起来,即"行动导向"教学法(Handlungsorientierte Didaktik)。如格奥尔格·贝克尔(Georg E. Becker),他从教师的角度来定义,认为"行动导向"教学法是教师有能力胜任某种资格的教学,并且这种教学有助于学生获得自我行动的能力,教师能够专业地按照自己的社会能力去计划、实施和分析利用人性化的、民主与有效的教学。具体能力如表 2-5 所示。

表 2-5 能力表

课堂	行动导向教学法		
人性化、民主、有效	专业能力	方法能力	社会能力
计划	课堂计划		
	专业能力	计划能力	预防能力
实施	课堂实施		
	专业能力	实施能力	干预能力
评价	课堂评价		
	专业能力	评价能力	分析能力

当然,这种提法也值得讨论。德国教育学者们普遍认为"行动导向"应当是一种指导思想,一种教学理念,而不是一种具体的教学方法。这也是我们在学习和借鉴德国行动导向教学理论的过程中需要特别注意的一个问题。

第三章　我国职业教育政策的历史沿革

第一节　近代以来职业教育的开创与探索

"教育是促进经济社会发展、民族富强和人的自由全面发展的永恒话题。它是推动社会进步的伟大的无形的手。"现代职业教育是适应工业大生产而应运而生的教育类型，发轫于工业革命时期的欧洲。中国现代意义上的职业教育伴随着被动近代化而逐渐发展起来，至今已经有150年左右的历史。鸦片战争之后，西方列强用坚船利炮强行打开了中国闭关锁国的大门，推动了西学东渐的序幕。在中国近代社会开始"数千年来未有之变局"的转型期，经世致用思想成为近代很多仁人志士应对时局、学习西方、振兴中华民族的理论武器。"一股'采西学'、以'自强'的社会思潮沛然而兴，以'自强''求富'为目的的洋务运动随之揭开序幕。为管理机器生产，为对外交涉的需要，学习西方科学技术与培养各种专门人才成为洋务运动深化的必然结果，洋务派对西方文化的认识也从'技'上升到'学'的层次。"以"尚实"为宗旨、以"变器不变道"为原则、以"中学为体，西学为用"思想为指导，中国开启了近代以来现代化进程的慢启动，这种情形下，以学习西方语言和军事、科学技术为主要内容的中国第一批职业学校（新式学堂）应运而生。其中，1866年建立在福州马尾的福建船政学堂是最早的职业学校之一。甲午战争惨败宣告了洋务运动的破产，中国的民族资本主义工商业在19世纪末20世纪初有所发展。以康有为、梁启超、严复等为代表的资产阶级维新派认为，一个国家的强弱与其教育的发达与否密切相关，提出了"工战不如学战"的主张，倡导"教育救国"。严复指出，"根本救济，端在教育。"在民族资本和教育救国思想双重影响下，一些独立、专一的实业学堂开始兴办。1896年，在江西高安开设的蚕桑学堂成为中国职业教育单独设校的新起点。以张謇为代表的实业家，秉承"教育兴国"的理念，首创艺徒学校，先后创办几十所不同门类的职业技术学校，以推广"实业兴邦、本其学术、学用适地、大众教育"的理念和实践，成为20世纪初中国职业教育的开拓者，使职业教育发挥了改善民智、开启民风的重要作用。民国初期，蔡元培在教育部上任，因势利导，提出了实利主义教育的主张，"通过教育获得生活的知识和技能，从而取得谋生的资格"，陆续颁布了一些规定，强调职业教育要与民族资本发展相调适，专业设置要更加社会化，因地制宜开设课程，服务于当地较有优势的产业发展。如江苏的蚕桑类、纺织类学校，凸显学校专业设置与当地经济发展的紧密关联性。经过近50多年的探索和发展，在服务好国家振兴、经济发展、民族大计的历次考验中，中国近代职业教育才初具规模，为以后职业教育发展奠定了基础。

1914年第一次世界大战的爆发和辛亥革命后中国政治发展的断裂，使内外控制出现了放松的境况，给民间资本提供了难得的发展时机。"1914—1924年，中国出现了一次小小的工业化浪潮，工业年均增长率达到13.8%（1912—1920年）。20年代后期到30年代前期又出现一次经济增长浪潮，年均增长率为8%—9%（1927—1937年）。"这为职业教育发展壮大提供了环境和土壤。黄炎培先生是这个时期职教发展的代表人物，对职教办学思想和政策调整做出重要贡献。他的职教思想脱胎于蔡元培实用主义思想。1914年，他实地考察了安徽、江西、浙江、山东、北京和天津等地的经济社会发展后，敏锐的发现当时教育与社会生活的严重脱离，学生难以习得一技之长去融入社会。在随后考察美国、日本、菲律宾等国中，他广泛接触实业界、教育界人士，深入系统地学习借鉴外国经验。当时美国已经完成了第二次科技革命，其飞速发展得益于职业教育，进入了现代工业社会阶段。鉴于对国内外教育的深入考察和细心体会，他深刻认识到，"职业教育是救国的上策。""提倡爱国之根本在职业教育……"1917年，他创办了中华职业学校，联合教育界、实业界精英蔡元培、梁启超、伍廷芳、张謇等人成立了"中华职业教育社"，通过与"中华教育改进社""中华平民教育促进会"等民间教育团体分工合作，大力宣导职业教育，来促进社会的进步和发展。根据在美国考察的经历，黄炎培以《学制系统方案》审查委员会主任和起草人身份，身体力行，将职业教育纳入普通教育之中，主导通过1922年11月实行的壬戌学制，使职业教育成为国家教育大厦的一个战略支点，正式纳入国家教育制度体系中。该学制主要是参照美国的教育体制来加以设计的，"部分吸纳欧洲做法，规定在小学设职业预科，在普通初中和普通高中设职业科，同时允许在高中阶段独立地分设职业学校。截至1925年，全国职业学校从1921年的842所增加到1548所，达到了新中国成立以前的最高峰。"职校数目的剧增并没有给职业教育带来多么长久的繁荣期。黄炎培针对全国职业学校1929年下滑到194所的严峻现实，全面认识到职业教育与政治、与其他教育类型、与经济社会发展密切关联后，率先提出"大职业教育"主张，号召整个社会参与其中，把职业教育界、职业界、社会运动等有机整合起来，协同发挥作用，不能仅局限于职业学校，教育界或者农工商几个产业。随之，黄炎培告别了"职业教育'谋个性之发展'的狭隘目的，转向为'使无业者有业，使有业者乐业'的大视野。"在以他为代表的职业教育先驱的呼吁下，"在20世纪30年代，当时的教育、农林等部门相继制订了以《职业学校法》为代表的一系列有关职业教育的法规体系。职业学校从整个教育体系中重新分列出来，形成逐级分流的格局。"为后来民办、私立学校主要承担为社会培养各行业急需的职业技术人才提供了法制上的保障，成为政府举办普通教育的补充。后来，抗日战争时期，国民政府及时调整政策，加强后方建设所需中级技术人才的培养。在1939年颁布《各省实验分区辅导职业学校办法大纲》，督促"教育厅会同本省及外省公私立大学、专科学校及有关生产建设、军事工业机关，就其所在地区及所设科目的便利条件，辅导各种职业学校，编订教材、选择教本以及改进教学方法等"，在当时的解放区也有职教力量在坚持服务于抗战需要。抗战期间，新西兰国际友人路易·艾黎（后入中国籍），远涉重洋来到中国，通过领导开展"工和"运动，既为前线生产了大量鞋、食品、棉纱、毛毯、毛巾等生活品和军需品，又通过兴办培黎学校，秉承"创造、分析、理论联系实际"的理念，举办相当数量的以短期为主，灵活多样、力求实用的职业教育，在工农子弟中为抗战培养了大量技术人才。

回首现代职业教育在我国20世纪前半叶历尽艰辛的发展，不难发现政治因素对职教事业的影响深重，稳定繁荣的政治环境对职教发展起到至关重要的作用。一大批仁人志士在社会转型中竭尽全力通过兴办职教为国家繁荣、民族振兴做出探索。尽管有所遗憾，但现代职业教育在人们思想观念中已经逐渐产生影响，为以后职业教育实践的探索积累了宝贵的经验。

第二节 改革开放前职业教育政策发展

一、全面建设社会主义时期职业教育政策

1956年9月在北京召开的中国共产党第八次全国代表大会标志着我国已经开始了全面建设社会主义的新阶段。中共八大引领全国人民将工作重心集中到发展社会生产力，实现国家工业化，逐步满足人民日益增长的物质和文化上来。新中国成立之初的七八年里，伴随着经济秩序的重建和社会秩序的全面恢复，我国教育事业也得以蓬勃发展。

新中国成立初期的几年里，我国高校、中专和技校已经取得长足发展，但由于实行归口性的部门办学体制，受到各种实际办学条件的限制，很难满足各种层次学生尤其是农村学校毕业生的升学需要。要想使当时不能升学的学生真正掌握一技之长便于他们就业，还需要去开辟新的途径加以妥善消化。在新形势下，职业教育的重要性更加凸显出来。1957年的教育事业计划提出"适当收缩，保证重点"的方针，要求职业学校在规模发展的同时要更加重视办学质量，提升职业教育对国民经济的贡献。当时的职业教育发展重点主要表现在兴办农业中学、中等专业技术教育改革、城市职业学校兴办和半工半读教育、两种教育制度探索两个方面。

一是中等农业技术学校的兴起。以农村为基地的农民教育在20世纪20—30年代我国乡村教育活动中曾经蓬勃发展过,以晏阳初、梁漱溟等为代表,仅在江苏无锡、河北定县、山东邹平等特定地区进行的实验性活动,活动多是进行生活教育、基础文化教育和道德修养的熏陶,农业技术教育相对薄弱,受制于当时的经济社会条件,没有在全国铺开。1952年3月底,政务院发出通知,要求学校教育要与各种训练班结合起来,这样,新时期农村职教就从各种训练班开始发展起来。在随后进行的全国高校院系调整过程中,国家采取苏联做法,对全国农业院校进行大调整,同时也对中等农业教育进行改造和重建。"对农业专科教育进行了大幅度的调整,将接管后的省立高等农业职业学校改为中等农业技术学校;并且对为数较多的私立(包括一部分公立)的初级农业职业学校、设立在初级中学中的农科班进行接收和改造,成立了一批中等农业学校。"在管理方面,中等农业学校归属农业部统一领导,地方政府农业部门具体负责业务管理。归口管理后,农业部门对农校的体制进行规范,办学体制整体上呈现政府行政命令统一布局、小而散的特点。培养目标方面,为农业部门和乡镇农技站及时培养技术人员。专业设置方面,依据经济发展水平变化,从原来的两三个专业逐步增加到养殖、种植等,实现与高等农业院校专业设置的对接吻合。为社会主义新农村建设培养了大量实用型技术人才。由于中国建立了城乡分割的二元户籍制度,在解决当时农村多半中小学生不能升学的棘手问题中,国家又强调要在中小学教学中加重农业生产教育内容,确保学生学习不脱离农村生产生活实际,获得将来从事农业劳动的技能和技巧。1957年11月以后,国际形势突变,中苏关系恶化,使得我国的很多政策处于急剧变化之中。1958年4月,党中央召开教育工作会议,讨论教育方针,批判了教条主义、右倾保守思想和脱离生产、脱离实际倾向,直接提出了教育的问题和改革的任务,教育形势随后发生骤然改变。新建高校和中等工科技术学校,地方可以自行决定或者由协作区协商决定。通过该文件发现,中央开始高度重视地方政府在教育发展中的主导作用。9月份国务院的指示颁布后,一个以教育与生产劳动相结合为中心的教育大革命和"多快好省地发展教育事业"的群众运动,在全国范围内蓬勃发展起来。教育界以建立"农业中学"为中心的农村教育改革运动和"大跃进"、人民公社化运动交织在一起,出现了在农村开办农业中学的"井喷",出现乡乡都有农校遍地开花的"虚胖"局面。随着问题的出现,在对国民经济进行全面的"调整、巩固、充实、提高"方针下,1963年,全国80%的农业中学停办整顿。经过调整,1965年,"全国农业中学发展到54332所,在校生达到316.7万人。各农业中学除开设农学、林果、养殖、畜牧、农副产品加工等专业,积极开展农、林、牧、副、渔多种经营",并纷纷设置卫生班,为农村培养卫生技术人员,对提高农村农民的卫生保健做出了重要贡献。

回首昔日的农业中学教育政策,有很多值得我们深思的地方。首先,从积极方面看,当时的农业中学办学模式适合农村特点,满足了农村农业对实用型人才的需求。从

1958年开始，农业中学吸纳基层群众代表参加管理，成立办学委员会，在事关学校发展的关键问题方面开展集体讨论，充分体现了自力更生、民主平等、集体协商、群策群力的高度自治精神。同时，农业中学推行教育与生产相结合的理念，为农村基层输送了很多有文化的农业劳动者和急缺的初级技术管理人员。他们了解农村，对农村有感情，能够扎根农村，对新中国农业生产技术改良和提升起到了积极推动作用。随着"两种劳动制度和两种教育制度"的提出，农村中学也与时俱进，推行耕读结合，开展半耕半读，解决了很多人无处继续求学的困难，对提高农村整体文化水平，开办适合农村实际需要的职业教育，提高农业生产水平发挥了重要作用。其次，在农业中学发展中受大气候影响也出现了"急性病"症状。突出表现在：教育管理权力下放后，各地集资争着办学校，不管条件是否具备，推崇盲目发展，搞运动式办学，忽视了办好学校的一些基本条件和规律，导致总量急剧增加，师资、设备、校舍等严重紧张，一窝蜂式的快速发展，不仅出现了教育工作的失控、严重影响了办学质量，也徒增了国家的很多困难。做决策的不理性、不慎重，导致农村劳动力资源严重减少，波及农业生产效益，办学基础建设的条件欠缺，导致质量严重下降，最终出现了劳民伤财、昙花一现的表面辉煌，给国家和社会带来了诸多的隐患和危害，成为我们今后制定教育政策的一个深刻教训。

二是中等专业技术教育改革与调整和城市职业学校的兴起。1958年2月全国人大一届五次会议通过，将高等教育部和教育部合并，教育部设立中等专业教育司，负责综合管理全国的全日制中等专业学校。劳动部负责全国的技工学校管理工作。教育管理权力下放后，打破了国家统办专业技术教育的单一局面，出现多渠道多形式办学的新路子。新的办学体制的主要特征是高度组织化和有效的行政介入、办学主体多样化，是一个政府主导、企业和群众团队充分参与的多层次办学管理体系。"不仅有助于解决国家教育经费、校舍、设备和师资等短缺问题，同时有又大力促进了教育和生产劳动相结合的方针得到贯彻落实。"与农业中学的发展起伏类似，随着教育管理权力的下放，办学渠道多样化后，中等专业技术教育很快就出现了局面失控现象，各地不顾条件限制，盲目扩充数量、忽视了质量建设。

1963年前后，历经调整整顿，我国的经济开始复苏，城市经济和产业提升对技能型劳动者需要有很大增长，加上初中教育的快速发展，中专技校在困难时期的大幅缩减后复苏乏力，就需要通过发展城市职业教育来化解以上矛盾和问题。7月，中宣部提出要按照过去的传统办学经验，在继续发展中专和技工学校的基础上，加快发展多种形式的职业和技术教育。为了大力发展职业教育，加强职业教育工作的领导管理和统筹安排，1964年10月，国务院文教办下文指出，中专、技校和职校面临的主要任务是积极试办和改变半工半读，所以把三类学校的管理职责划归教育部中等专业教育司，这个重要举措表明我国开始全方位统筹管理职业教育，其中，中专和技校由行业部门及企业办学的格局没有改变，教育行政部门只是业务方面的领导而已。这个划分一定程度上还是淡化了职业教育的色彩,也导致后来教育部主动放弃对技工教育的管理工作。随着我国国民经济的全面好转,各类中等职业技术学校也得到了显著的发展。1966年,中央继续强调要处理好普通教育与职业教育、技术教育的关系,继续发展中等专业学校、技工学校和职业学校。

1958—1965年是我国职业教育的一个良好发展时期。总体上看,当时的中专、技校和职业中学已经占到中等教育在校生总数的34.8%,教育结构更加符合经济社会发展的需求,教育行政管理方面经过几番权限的上收与下放,逐步找到政府与学校的关系协调幅度,经过十几年的努力探索,中国特色的职业和技术教育体系已出现雏形。

三是,中等专业教育制度发生两次较大的波动和变迁。一个是半工半读教育,一个是两种教育制度。半工半读教育起源于1957年5—6月间的《中国青年报》《人民日报》两篇提倡学生勤工俭学的社论。实际上,"实行半工半读、半农半读教育制度,教育与生产劳动紧密结合,理论与实际紧密结合,为逐步消灭脑力劳动与体力劳动的差别创造了条件。"

二、"文革"时期职业教育和艰难前行

然而生产一线迫切需要大量的技术力量却得不到满足,1971年7月全国教育会议充分吸纳各地代表强烈要求办好中专的意见,强调指出,过去中专培养的学生,多数在各条战线上不同程度地发挥了作用。随着社会主义建设的发展,各条战线需要大量的人才,单靠大学培养远远不能满足,在普及科技文化教育的工作中,中专和技校依然是一支不可忽视的重要力量,必须办好。1972年以后,职业教育又步入了恢复性增长时期,职业教育在曲折、起伏和艰难中逐步得到发展。

尽管出现了很多的曲折,但职业教育作为对普通教育的补充和有效分流,在经济社会发展中的关键时节依然发挥着重要作用,对国家整个人才队伍建设发挥着重要的支撑作用,关系到个人职业生涯发展和整个社会阶层的流动与和谐,有力地支撑中国整个产业体系的建设和发展。随着中国工业化发展进程的推进,其必然会在现代教育体系中占据不可或缺的地位。一旦中国的治国理政方略转向正确的方向,以发展经济和持续改善民主为中心,职业教育必然会焕发新的生机和活力。

第三节 改革开放以来职业教育政策的发展

改革开放以来,我国政府紧紧围绕"要不要发展职业教育?需要一个什么样的职业教育?怎样发展职业教育?"这三个问题来对职业教育事业进行思考,回首三十多年的职教政策变迁历程,可以清晰地看到我们对以上三个问题进行了不断的探索。根植于中

国伟大转折历史进程中的职业教育，"其改革与发展的方向、深度、广度、力度以及难度，无不受到各个时期政治改革、经济转轨、社会转型、制度变迁、技术进步以及中国参与国际竞争等因素的深刻影响。"三十多年来，职业教育遵循本身发展规律，紧紧围绕现代化建设的大局，服务于经济社会发展，克服了各种问题和挑战，不断迎来发展机遇期，经历了恢复和发展期（1978—1984）、快速发展期（1985—1996）、滑坡下滑期（1997—2001）、重振发展和战略定位期（2002至今）等阶段，在促进经济、扩大就业、改善民生等方面走出了中国特色的发展之路。

一、职业教育恢复和发展阶段政策

十一届三中全会以后，党和国家的工作重心转移到经济建设上来，在经济建设急需大量人才的特定历史时期，周期短、见效快、用得上、见实效的实用人才培养是教育改革尤其是职业教育改革的重点。为了适应新形势的需要，为社会培养亟须的专业技术人才成为职业教育发展的首要任务。职业教育的恢复和发展阶段主要是从1978年到1984年，其间国家职教政策变迁主要围绕以下几个方面依次展开。

（一）改革中等教育结构，努力发展职业高中

截至1976年，"中等职业学校主要由中专和技校构成，各类中等职业学校（含中师）共计3710所，在校生91万多人，占高中阶段学生总数的比重由1965年的52.6%降低至6.1%，高中阶段普职比为15.4：1。"针对这种比例的严重失衡，邓小平在1978年4月22日的全国教育工作会议上明确指出，"国家计委、教育部和各部门，要共同努力，使教育事业的计划成为国民经济计划的一个重要组成部分。这个计划，应该考虑各级各类学校发展的比例，特别是扩大农业中学，各种中等专业学校、技工学校的比例。我们制定教育规划应该与国家的劳动计划结合起来，切实考虑劳动就业发展的需要。"这些重要论述，指明了整个国家教育改革的大方向，从此以后，党和国家制定开始把改革教育结构、大力发展职业教育作为重要内容加以推进。从历史发展的视角来看，这次会议实质上是中等教育机构改革的政治动员会议，在当时的形势下，之所以需要做出政策调整，主要是多重因素影响，成为必须尽快调整中等教育结构的驱动力。一是技能型人才，技术人员比例从1965年的4.1%下降为当时的2.9%。工人缺乏必要的岗前技术教育和培训，严重影响企业劳动生产率的提高，人力资源质量为企业发展带来很大隐患。二是到1979年，在高中阶段毕业生中，"有普通高中毕业生726.5万人，而职业教育仅有中专毕业生18.1万人、技工学校毕业生12万，约占当年高中阶段毕业生总数的4%。"当年高招规模较小，累积多年的考生都扎堆挤在一起，而高中升学率仅仅能够达到3.8%。必须大力发展职业教育，使那些毕业生有一技之长，被社会接纳，成为国家建设的有用人才，减少社会的不稳定因素。三是产业结构调整和第三产业发展亟须大量的技术人才，

职业教育必须尽快培养人才补充到经济建设队伍中去。四是新中国后的人口膨胀高峰期和知识青年回城潮等力量累积,形成严峻就业形势,必须改革中等教育机构,为他们提供合理出路。在中央领导的大力倡导和各方面而因素的推动下,1980年出台《关于中等教育结构改革的报告》,对中职教育开始实行明显的倾斜政策,比如把部分普通高中改为职业(技术)学校、职业高中等。该报告的一个亮点是,在推动中专、技校数量增长的同时,出现了由普通中学改办而成的职业高中这一新的中等职业教育机构。职高以其清晰的办学特色,如不包分配、联合办学、服务地方、灵活多样等,在社会上广受欢迎,促使很多相对薄弱的高中转成职高,发展速度很快超过中专和技校。此外,报告还提出"放宽办学主体渠道,允许社会力量办学,各种职业(技术)学校集体和个人也可以去办。"这是对职业教育发展较为明显的突破。之后,各地纷纷结合本地实际情况,采取措施,职业教育得到快速发展。据统计,仅1980年,全国职业中学就有3314所,在校生45.4万人。其中农村职业中学2924所,占学校总数的74%;学生人数达32万人,占职业中学学生总数的70%。到1985年,"高中阶段中等专业学校、技工学校和农业职业高中的在校生分别比1980年增长了26.4%、9.1%和4.8倍,总人数达到415.6万人。高中阶段接受职业教育的学生人数占到高中阶段学生总数的35.9%,比1980年提高了17.2个百分点。"这些数据表明,随着我国经济社会建设步入正轨、快速发展,中等职业技术教育也逐渐形成自身特色,成为中国职业技术教育体系的主要组成部分。

(二)推出多项发展举措,推动中等职业教育快速发展

1980年10月,国务院配套出台一系列措施,从政策支持到财政支持等多方面推动中等职业教育的发展。主要措施包括:一是加强宏观管理,提高财政拨款经费额度。1983年,教育部和财政部联合向各省、市、自治区教育、财政厅(局)发出《关于追加发展城乡职业技术教育开班补助费的通知》,通知指出:"发展职业技术教育,是适应社会主义现代化建设需要的一项战略措施。为了支持城乡职业技术教育的顺利开展,1983年由中央财政对教育部门办的职业技术教育追加一次性开办补助费,且追加的补助经费,不进行平均分配,要求各地在安排使用追加的补助经费的同时,要根据地方财力,尽可能地拨出相应的经费,积极支持城乡职业技术教育事业的发展。各职业技术学校要管好、用好追加的补助经费,把钱用在发展职业技术教育最急需的方面。要讲求经济效益,少花钱多办事,事情办好。"1983—1985年,中央财政每年拨出500万元的职业教育补助费,各省、市、县财政也都依照以上文件精神,相应地追加了职教补助费。这些款项使职业教育得以扩大招生规模,改善办学条件,特别是职业学校的教学仪器得以大量补充,为提高教学质量提供了物质基础,筹建了职业技术教育中心,并有计划地开展了专业课师资的培训工作。二是注重办学经验的交流和推广。1982年开始,教育部多次牵头组织各省教育厅职教处处长在辽宁、青岛、厦门、西安等省市召开职业技术教育小

型座谈会，对先进典型的办学成绩和经验进行了深度的分析和交流。其中，辽宁阜新市集中人力、物力筹建职业教育中心并成功运作就是一个典型，它"既面向普通高中开设职业技术教育课，又面向社会待业青年；既是职业技术培训中心，又是社会生活服务中心。对全市职业教育起到了带动和支持作用，显示了优越性。"各类座谈会还对农业中学、职业中学师资队伍建设、农村职业教育、职业教育的领导管理、职教经费和城市职业中学毕业生安置等问题进行探讨，促进了国家职教事业整体办学水平的提升。三是加强内涵建设，通过培养专业师资、职教管理干部，编写教材等方式夯实基础能力。1983年教育部发出通知，借助很多高校平台，通过定向招生、定向培养等途径，建立了顺畅的职业教育师资培养机制，使得专业师资有一个较为稳定的来源，促进了职业技术教育的顺利开展。1983年6—7月，对全国各省、市、自治区职业教育47名管理干部进行培训，邀请日本、澳大利亚等国职教专家介绍外国职业教育经验，请国内专家作报告，围绕办学指导思想等一些重大问题交换了意见，把国内外职教发展的新动态和新思想很快传递到各地，为我国职业技术教育发展培养了一批得力的管理干部。四是社会力量参与职教事业发展。1982年党的十二大报告指出，"四个现代化的关键是科学技术的现代化。目前我国许多企业生产技术和经营管理落后，大批职工缺乏必要的科学文化知识和操作技能，熟练工人和科学技术人员严重不足。""必须大力普及初等教育，加强中等职业教育和高等教育，发展包括干部教育、职工教育、农民教育、扫除文盲在内的城乡各级各类教育事业，培养各种专业人才，提高全民族的科学文化水平。"在这种形势下，除了政府大力推动职业学校建设外，民主党派的地方组织和其他社会团体纷纷提出建议并直接参与职业补习和员工培训，深受广大青壮年职工的欢迎，为整体提升企业员工素质做出了重要贡献。

（三）推进中等职业教育制度改革，不断提高办学质量

1979年11月5日，教育部发出《关于全日制中等专业学校领导管理体制的暂行规定》，"对中专学校实行分工分级，按系统归口的管理制度。按照领导关系，分为部属学校和地方学校，分别由有关部委直接领导和省市有关业务部门主管。教育部则根据党的教育方针和党中央、国务院指示，对中专负责业务指导和制定具体工作方针和规章制度。"依照这项规定，各地开始积极开展中等专业学校的改革，目的是恢复并提高中等专业学校的办学质量。党的十一届三中全会后，负责承担职业教育的机构主要是中等专业学校（中专）和技工学校（技校）。在技校管理方面，主要做了两方面的改革：一是在1977年2月，把技工学校综合管理工作由教育部划归国家劳动总局主管，教育部予以协助。这样就更为科学地转变了技工学校的领导体制，迈出了中等教育改革的第一步，使得技术工人培养和使用一体化，兼顾到行业、企业办技校的特点，在人才培养中利用好既有的技术、设备，实现工人学习和工作的紧密结合，客观上为提升技校办学质量和

水平创设了条件。二是国家劳动人事部和国家教委联合制定颁发了提高技工学校质量和管理水平的《技工学校工作条例》，对技工学校的办学规律和办学特点进行详尽论述，对技校的生产、实习和教学工作做出了全面、具体的规定，为技校改革提供了正确的指导。1986年4月劳动人事部发出《关于改革技工学校毕业生分配制度等问题的意见》，《意见》明确要求："凡是1982年底以前招收的学生，毕业时可仍按原来规定的分配方法办理；凡1983年以后招收的学生，毕业时根据需要和'三结合'的就业方针，统筹安排，择优分配，不合格的不录用。"这是技工学校办学历史上针对学生就业问题做出的较早论述，同时也一定程度上反映出技工学校办学过程中对培养高质量一线技术操作工人这一目标的关注。在中等专业学校管理方面，采取诸多措施来确保办学质量：一是不断加强思想政治工作。以邓小平提出的"教育要面向现代化、面向世界、面向未来"为指导思想，通过学科教学进行思想政治教育，为建设事业培养合格的全面发展的中级专门人才。二是克服原有弊端，改革招生制度。招生逐渐过渡到以应届初中毕业生为单一招生对象，便于统一管理，提高办学质量；招生政策更有灵活性，如为录取学校留有一定选择余地，依据实际需要弹性扩大招生规模，采用单招、定向、委培等方式开展多样化招生，照顾到老少边穷等地区差异性，更加突出专业和地区生产特色，在性别上更加注意招收女生。这些政策充分体现了思想观念不断解放，不拘一格选拔并培养教育人才的特点。

（四）大力发展农村职业教育，解决新时期"三农"问题

20世纪70年代末80年代初，我国逐步在农村推行开联产承包制的改革，解放了生产力，农村经济发展有了很大起色，同时也呼唤与之适应的教育改革。在新形势下，"农村教育综合改革实验全面展开，实行'三教统筹''农科教结合'，推行'燎原计划'，使农村教育逐步深入地开展起来。"灵活多样的发展形式促进了教育同经济相互依靠、相互促进。1981年5月6日中共中央、国务院联合发出《关于加强和改革农村学校教育若干问题的通知》，这是改革开放以来首次以农村教育为主题的文件。在当年11月召开的第二次全国农民教育工作会议上，确定了新时期农民教育的奋斗目标是把农民提高到中等农业技术水平，具体任务之一是广泛开展技术教育。各地在中央的统一部署下，纷纷采取有效措施进行探索尝试。主要做法是鼓励县办农民技术学校。1982年6月9日，教育部颁发《县办农民技术学校暂行办法》（以下简称《办法》），《办法》指出，农民技术学校属于农业（涵盖林、牧、副、渔、工等）中等专业教育性质的学校，其主要任务是为农村公社、村、生产队培养具有相当于中等农业科学技术水平的人才。招生范围主要是具有初中毕业以上具有实际文化程度的社队管理干部、技术员、有一定生产经验的农村青年和从事农民教育的教师。学习期满合格毕业后，从哪来回哪去，国家不包分配工作。学生在校学习期间，主要学习较为系统的农业科学基础知识和基本技能，切实提高解决实际问题的能力。"农业技术学校针对性很强，切合实际，真正去把基层一

线的农业领导干部和管理人员给重视起来，去带动更多的农民接受系统的技术培训，掌握实际本领，成为能人，服务于农工商业、加工工业、专业化生产等领域，使农村职业教育形式真正成为一种教育和生产的联合体。"在鼓励大力发展县办农民技术学校的过程中，农牧渔业部和教育部联合组织编写农民技术教育教材，制定教学计划、大纲。因地制宜、面向农村实际，开设农学、果林、畜牧、兽医等专业；紧密切合农村劳动、生活特点，坚持理论与实践相结合，教材文字简洁，层次清晰，图文并茂，通俗易懂；注重传统农业与现代农业相结合，普及与提高相结合，充分体现出有中国特色的农业现代化要求，培养的学生有力地充实到农村基层建设一线，推动了农业提质增效、农民生活富裕和农村的日新月异。

（五）发展高等职业教育，满足现代化建设对人才的需求

长期以来，中等职业教育是我国职业教育的主体与核心。在专门人才的培养链条中，中等职业教育主要承担一部分初、高级专门人才的任务。而随着社会主义现代化建设速度的加快，产业结构的调整也开始加速，新时期社会上对高素质技能型专门人才的客观需要也不断增加，大力发展高等职业教育就成为新形势的必然要求。改革开放以前，高等职业教育发展一直很缓慢。1980年，国家对全国中专进行了初步评价，确定了100多所重点中专，还把原来曾经办过大专和本科的中专升格为大专，与此同时，对高等教育结构、层次比例进行调整，积极推行在大城市、经济发展快的中等城市及大型企业开办高专科学校和职业大学。截至1985年，单独设置的高等职业院校招生数达到3.01万人，在校生6.31万人。这标志着我国职业教育又一次发生了历史性的跨越，高等职业教育得到强劲推动和发展。新时期我国对高等职业教育的尝试和探索主要从以下几方面展开：一是1980年前后，国家强调在各省、市、自治区积极筹办职业技术师范学院，为职业技术学校的教师建设和科研工作提供保障。天津和吉林两地率先在1979年创办两所职业技术师范学院，这成为我国加快高等职业教育发展的标志性事件。独立设置的职业技术师范学院的陆续创建和在综合性大学及师范大学中设立的职教师资培训项目都在为职业教育发展起到保驾护航的作用，对职业技术学校师资建设和科研工作提供很大支持和帮助。二是批准设立城市职业大学。随着经济发展形势的持续转好，社会上对一线实用型人才的需求也开始陡增，尤其是在经济先发展地区更是需求迫切。1980年，教育部及时批准成立了金陵职业大学、无锡职业大学、江汉大学、洛阳大学、杭州工专等13所职业大学，这些学校采取动态调整和改革专科和短线专业比重、这些学校采取"收费走读、强调提高动手能力、毕业不包分配及择优推荐等举措，给人以面目一新的感觉，引起了社会各界的关注。"后来，教育部又在1983年、1984年连续批准新建了55所地方性职业大学，有效满足当地经济社会发展对科技、工艺和管理等各种应用型人才的需要。三是规范整顿职工大学。职工大学由企业创办，但是由于企业的实力、条件、需求以及对高等职业教育认识和理解程度不同，各学校办学条件差异大、质量参差

不齐。1981年12月教育部专门下发文件对职工大学和业余大学进行审核,使其更加规范有序,渐渐成为高职教育的重要组成部分。四是试办五年制高等职业教育。1983年4月,国务院转发《关于加速发展高等教育的报告》,以发展中等职业技术教育为重点,同时"积极发展高等职业技术院校。高中毕业生一部分升入普通大学,一部分接受高等职业技术教育。这是我国官方文件首次规范地表述高等职业技术教育这一概念。"报告同时强调,我国经济建设迫切需要的人才很多,不仅需要有文化、懂技术、业务熟的普通劳动者,还需要富有创新精神和卓越能力的厂长、工程师、园艺师等高级管理人员和专业技术人员。尽管当时的高等教育也正处于恢复发展阶段,但培养应用型人才的专科教育相对来说也是处于薄弱环节。1981年专科生仅占到本科生总数的17.1%,人才结构比例极其不平衡。因此,需要积极发展专科层次的职业技术教育。后来,教育部职教司深入研究职业教育体系的建立健全问题,把中专和专科紧密连接,避免很多新升成专科的学校继续向本科层次靠拢的惯性,开始重新审视新中国成立初期苏南工业专科学校实行的初中后五年高等专科学制,"提出了试办'初中后五年制的技术专科学校'的实施方案,决定在航空工业、机电工业、地震预测行业开展小规模的试点。"当时主要是在西安航空工业学校、上海电机制造学校和国家地震局所属的地震学校三所中专开始试办五年制高职。1991年批准建立的邢台高等职业技术学校则从初中毕业生中直招五年制中高职衔接生。这一新的培养模式既打破了接收高等教育必须通过高考招生(包括成人高考、自学高考等)的传统界限,为教育体制改革开辟了新路;又凸显了职教特点,使得中职和高职有机衔接,便于通盘设计专业教学,学生受到更为全面、系统的专业知识技能教育;还可以依照他们入学早、可塑性强,采取富有针对性的分阶段、分层次教学,利于学生们的职业规划和发展。这一方案时至今日仍然是很多地方高职院校的办学方式之一,突出了职业教育的特性,节省了就读时间,培养了大量应用型人才。但经过多年实践发现,五年制高职生在培养中也存在一定的瑕疵,主要表现在:年纪比较小,自制力比较差,文化基础底子薄弱,没有经过带有选拔性质的高考或者进入高职阶段的资格考试,自认为安枕无忧可以直通专科顺利毕业,产生依赖性和惰性,没有危机意识,导致自我失去学习的动力和上进心,中途出现了较高流失率问题,导致学生半途而废、人才培养质量不高,走向社会后知识和技能储备、职业素养欠佳等弊端,这就需要做出全面的通盘设计和考虑,扬长避短,做好中高职有效衔接,在日常过程管理中加大力度,严格要求,建立学业预警机制,保证质量不下滑,努力为社会培养合格人才。除以上几种办学方式探索之外,国家还在1983年批复建立了一批干部管理学院,招录对象主要是高中毕业以上的、五年以上工龄、年龄在40周岁以下的在职管理干部,参照大专院校办学特点,学制二至三年,毕业后仍回原单位工作,这一新的办学方式旨在适应新时期干部教育经常化、正规化、制度化的新要求,如一些政法干部管理学院、煤炭管理干部学院和教育学院等,对在职管理干部整体提升素质起到很好的推动作用。

二、职业教育快速发展期的政策

这个时期主要是从 1985 年到 1996 年，该时期内职业教育政策调整主要体现在两个关键的阶段，分别是 20 世纪 80 年代中后期的五年和 90 年代前期的五六年。这个阶段被人们认为是职业技术教育的调整与改革后的快速发展期，也是改革开放后我国职业技术教育体制的形成期，体现出政府推动、外部驱动特点，重点在于规模发展。其中比较有标志性的是：1985 年 5 月的"一会"（党中央国务院召开的全国教育工作会议）和"一决定"（《中共中央关于教育体制改革的决定》），将发展职业技术教育作为教育体制改革的突破点；1991 年国务院《关于大力发展职业技术教育的决定》，对职业技术教育下一步的发展目标、任务加以明确；1993 年国家教委颁发的《中国教育改革和发展纲要》，规划了我国职业教育在世纪之交发展的大方向；1996 年通过的《中华人民共和国职业教育法》使职业教育发展有了自己的专门法。一系列重要会议的召开和一些重要规划、法规的出台，标志职业教育在中国教育体系中的地位和作用有了进一步的明确，基本上建立了职业教育的基本体系框架，在进行社会主义市场经济建设的大背景下，职业教育开始进入法治化健康发展的轨道。

（一）围绕改革大局推动职业教育发展

1984 年 10 月党的十二届三中全会通过了《中共中央关于经济体制改革的决定》，标志着我国已经把经济建设作为改革的主战场。随后，中央书记处成立领导小组，将科技、教育改革提上日程，要求小组尽快提出关于教育体制和科技体制改革的初步方案。文件起草小组在赶赴江苏、安徽等地调研时发现，苏州在 1982 年基本普及初中教育的基础上，在继续就读的 75% 学生中，在普通高中和职业高中就读的比例达到 1∶1，位列全国前沿。且苏州市建立了自己的职业培训体系，即："未升学的初中生在经过学校一年半培训进厂做工人，职业高中学生经过学校两三年培训当技工，高等职业学校学生经过三年培训当技术员和高级技工。"苏州的成功案例，促使当地劳动力全面提升，强有力地助推了苏州市经济、社会的快速发展。在当时的背景下，苏州等地的宝贵经验确实为以后国家如何更好地发展职业教育提供了很好的参考和借鉴。这些宝贵的经验和做法为改革开放初期做好职业教育改革的顶层规划和设计打好坚实的基础。

1985 年 5 月 15 日至 20 日，党中央、国务院召开全国教育工作会议，从历史发展脉络看，这是新时期工作重点转移到社会主义现代化建设之后，教育战线的一次空前盛会。中共中央以决定的文种方式发布的政策，在政策的层级上处于高位，这种关于职业教育发展的政策具有高度权威性的表述，为新时期职业教育发展确定了基调。邓小平在会上讲话指出："我们国力的强弱，经济发展后劲大小，越来越取决于劳动者的素质，取决于知识分子的数量和质量。一个十亿人口的大国，教育搞上去了，人才资源的巨大优势是任何国家比不了的。"会上深刻认识到发展教育和改革教育体制的重要性和迫切性，对教育体制改革的步骤和措施进行了研究，提出了必须加快改变不适应社会主义现代化建设的教育思想、教学方法。5月27日，颁布《中共中央关于教育体制改革的决定》（以下简称《决定》）。这与以前先后颁发的《关于经济体制改革的决定》《关于科学技术体制改革的决定》的文件是相互呼应协同发挥作用的。《决定》指出，现行教育体制存在的主要问题是："（1）教育事业管理权限上，政府部门对学校统得过死，缺乏应有活力，而政府应该管理事情，又没有很好地管起来。（2）教育结构上，经济建设大量急需的职业和技术教育没有得到应有的发展，高等教育内部的科系、层次比例失调。（3）教育思想、教育内容、教育方法上，不同程度地脱离经济和社会发展需要，落后于当代科学文化发展。"因此，要在全党和全社会进行教育思想理念的变革，树立行行光荣、行行出状元的观念，实行教育体制与劳动人事制度改革同步进行，严格遵守"先培训、后就业"的原则。《决定》中首次明确提出了"职业技术体系"的概念，根据要求，我国开始实行中学阶段前后的分流制度。首次分流是在初中毕业前后，一部分进入普通高中，另一部分接受相当于高中阶段的职业技术教育。第二次分流在高中毕业前后，一部分升入普通大学，一部分接受职业教育。五年时间使职业学校与普通高中招生数相当，从根本上扭转目前中等教育结构不合理状况。中职教育在整个职教事业中占重点，必须与经济和社会发展需要密切结合，因地制宜，充分发挥中等专业学校的骨干带头作用。"在城市要适应企业提高生产技术、提升管理水平和发展第三产业的需求，在农村要适应调整产业结构和农民劳动致富的需要。同时，积极发展高等职业技术院校，逐步建立起一个从初级到高级、行业配套、结构合理又能与普通教育相互沟通的职业技术教育体系。"这是在改革开放以后，我国正式文件里面首次提及"高等职业技术院校"，并将其定位为高中后实施、有别于普通教育并且是与行业配套的一种新的教育类型。《决定》还强调指出，"要充分调动企事业单位和业务部门的积极性，并且鼓励集体、个人和其他社会力量办学。"为多形式办学奠定了政策基础，使市场力量介入职业教育办学成为可能。思想是行动的指南，《决定》是十一届三中全会以来教育体制改革思想理论、方针政策的继承和发展，是指导教育体制改革的纲领性文献，是中国教育体制改革和教育发展史上的里程碑。尤其是明确了职业技术教育在我国现代化建设中的地位和作用，为我国20世纪80年代中后期至90现代末继续建立和完善职业教育体系提供了指导方针。随后，1986年5月，正式成立职业技术教育委员会，作为国家教育行政部门的一个协商、咨询机构，负责去协调各个部委、各个有关部门和省、市、自治区、直辖市的职业技术教育工作，并对涉及部门之间的有关职业技术教育工作的重大问题进行磋商或者提出建议、意见和方案。这些从执行层面都有力地推动了职业教育的发展。政策的出台，有力地促进了职业教育事业的快速发展。据统计，在1980年全国中等专业学校仅有3069所，1990年时达到3982所，10年间增长了近三成，高中阶段各类职业技术学校和普通高中的招生数之比已经接近1∶1。截至1990年底，各类中等职业技术学校已经发展到16000多所，在校生超过600万人，同时全国建有就业培训中心2100余所，每年培训待业人员90多万人。在1990年至1997年期间，整个中等职业学校数量呈现出持续增加的趋势，1996年中等职业学校招生数和在校生数占到高中阶段在校生的比例分别是57.68%和56.77%，达到了最高点。职业教育经费也在不断增加，从1987年的0.603亿元上升到1992年的14.21亿元，年均递增18.7%，其在全国地方教育事业费支出中的比重由3.05%提高到3.65%；基本建设投资从1987年的1.27亿元增加到1992年的736亿元。1986年7月初，国家教委联合其他三部委召开全国职业技术教育工作会议。这是新中国成立后和改革开放后的第一次全国性的职教工作会议。会议确定了今后"七五"期间发展目标："逐步形成一个既便于进行地方统筹协调，也能调动各业务部门的积极性，学校又有较大自主权限的管理体制。国家教委在国务院领导下，从宏观上统筹管理全国职业技术教育事业，并协同计划、经济、财政、劳动人事各口分工管理有关职业技术教育的各项工作。技工学校、就业培训中心和学徒培训工作，在国家教委的统筹指导下，仍由劳动人事部门管理。"总体上看，在第一次全国教育工作会议之后，我国形成了从中央到地方各级党委和政府层层重视职业教育改革和发展的好形势，不断优化调整中等教育机构，职业技术教育获得快速发展。高等职业技术教育方面，截至1990年，形成三类高等职业技术教育机构：一类是高等职业技术师范院校，共有14所；一类是短期职业大学，共开办114所，7.2万人；一类是五年制技术专科学校。中等职业技术教育方面，构建了包括中专学校、技工学校、职业中学、职业技术教育中心和就业培训中心等多种类型的教育体系。

（二）不断深化职业教育改革

20世纪90年代初，我国政府确定优先发展教育的战略，职业教育自然受到越来越多的关注和重视。1990年12月25日至30日，党的十三届七中全会，"确定了我国实现第二步战略目标的行动纲领，标志着我国社会主义现代化建设将进入一个新的发展阶段。"在新的发展阶段大力发展职业技术教育事业，千方百计提升劳动者综合素质、为社会主义现代化建设夯实人才基础，这是一项关乎国家长治久安、民族振兴、人民幸福、泽及后代的可持续发展事业。由于我国绝大多数新增劳动力没有接受系统的职业技术培训和教育而直接进入劳动岗位，存在较为严重的文化技术短板，影响了产品质量和经济效益，日积月累就自然会制约我国现代化的进程。"职业技术教育不仅同生产、经济的发展有直接关系，也同人民生活富裕、幸福密切相关。一个国家、一个地区，生产设备和某些技术可以引进，但劳动者的素质是无法引进的。"在今后经济社会建设与发展中，需要实现职业教育与经济发展的良性互动。因此，可以说没有职业技术教育的现代化，就没有现代化，这是在很多发达国家已经证明且非常正确的规律。要贯彻好党的十三届七中全会制定"关于大力发展职业教育"的精神,高度重视和大力发展职业技能教育就势在必行。

1991年10月,国务院做出《关于大力发展职业技术教育的决定》(国发55号),指明国家职教政策发展大方向,使职业教育政策内涵更加充实有新意。该《决定》提出,随着我国经济与社会的不断发展,大多数新增劳动力需要接受最基本的职业技术训练,尤其是涉及专业性技术性较高的岗位,更需要接受系统、严格的职业技术教育。"到本世纪末,初步建立起具有中国特色的,从初级到高级、行业配套,结构合理、形式多样,又能与其他教育相互沟通、协调发展的职业技术教育体系的基本框架。"在具体政策上,该《决定》要求:"各级政府的统筹下,发展行业、企事业单位办学和各方面联合办学,鼓励民主党派、社会团体和个人办学;要充分发挥企业在培养技术工人方面的优势和力量。"1996年全国中等职业教育招生数达到新时期的最高数量,职普招生数比例首次达到1∶1。办学质量方面,由于"职业学校起步较晚、基础薄弱、师资力量不强、长期投入不足、校企合作机制不健全等原因,使职业教育的特色和办学水平受到很大影响"。针对这一突出问题,《决定》要求以办好骨干校、示范校为突破口,带动整体办学质量的提升。从1991年开始,连续几年对中等职业学校进行全面评估,在全国范围内评选出国家级重点中等专业学校、重点职业高中和重点技校各249所、296所和196所。"以评促建"的政策导向,促进了主管部门对职业学校的各方面投入,从根本上加强了职业教育的基础能力建设。师资队伍方面,做出"职教师资班学生享受师范生待遇,免收学费,并实行专业奖学金制度,以便鼓励中等职业技术学校优秀毕业生和高中毕业生投身职教事业,保障职教师资队伍的稳定"。在职教生继续升学问题上,国家明确规定职高生与普通高中考生具有同样的资格和权利,录取时享受同样待遇。这个政策搭建了职业教育与普通高等教育之间的畅通渠道。

1992年初,邓小平南方谈话的发表,为今后各项事业的发展指明了前进的方向。在随后10月份召开的党十四大上,党中央明确指出了我国经济体制改革的目标是建立社会主义市场经济体制,标志着我国经济体制改革和经济发展进入了一个全新的历史发展阶段。1993年,充满改革理念的《中国教育改革和发展纲要》(以下简称《纲要》)出台,这是改革开放以来国家层面首次系统提出面向未来发展趋向的宏观教育发展规划。在《纲要》中,对职业教育的定位更加清晰明确,"职业教育要为经济建设提供优质的劳动者,职业学校要与社会加强联系。在现阶段,职业技术教育和成人教育主要依靠行业、企业、事业单位办学和社会各方面联合办学。"从政策文本来看,举办者主体已经发生改变,原来是政府办学为主、社会力量办学为辅,现在主要依靠社会力量来推动职业教育的发展。这次政策的转变,标志着我国普通教育和职业教育的举办体制开始分离,普通学校仍是以国家举办为主,而职业教育则主要依靠社会举办。由于其与经济社会发展紧密对接的特殊性,使得职业学校首先要面对市场考验,围绕社会上人才市场需求变化去开设专业，在专业设置、招生和就业方面逐渐减少政府的干预，有更多的办学自主权。职业教育办学思路的转变，在社会上也起到潜移默化的引领作用。总体上看，随着我国经济体制改革的不断深入，教育改革也是全方位展开，职业技术教育逐步走向市场。为了适应社会主义市场经济体制的需要，中国职业教育也开始从体制上进行改革。从1992年以后就渐渐成为发展的主要潮流。

（三）实施《职业教育法》，为职教发展提供法律保障

国家教委对职业教育的立法工作最早始于1989年。进入20世纪90年代以后，职业教育立法工作进一步受到党中央的高度重视。1993年的《中国教育改革和发展纲要》、《国务院关于大力发展职业技术教育的决定》（1991年）《中华人民共和国教育法》和《中华人民共和国劳动法》等决定和法律都为加快《中华人民共和国职业教育法》的起草工作提供了参照和依据。在研究职业教育立法的过程中，社会各界也对该项工作的重要性和必要性进行了深入细致的探讨。同时，在有的地方围绕职业教育立法进行了较为前沿的尝试和探索。1994年12月26日，《中国教育报》以介绍西安市颁布《职业技术教育条例》为例，对法律法规规范下的职业教育发展问题进行了集中讨论。经过几年的深入调研、多方征求各地方意见、各部门意见，《中华人民共和国职业教育法》在1996年5月15日八届全国人大常委第十九次会议上得到通过。当年9月1日开始实施，这是"职业教育政策发展中的重大事件，它是在全国已经初步建立具有中国特色的学历教育和职业培训并举的职业教育体系的背景下推出的"。它共有4章40条，包括总则、职业教育体系、职业教育的实施、保障条件和附则。从内容上看，它在调整范围、职业教育体系、兴办职业教育的责任、办学条件保障与扶持等多方面对职业教育发展中的若干问题进行了详细规定和说明。该法"确定了高等职业技术教育的法律地位，制定了高等职业技术学校的设置标准，构建了不同层次的职业技术教育之间以及普通高等教育与职业技术教育之间的立交桥"，对政府、社会、企业、学校及个人的权利和义务进行了明确规定，对"职业教育的根本任务、办学体制和管理体制，提出了发展职业教育的方法途径，制定了职业学校的设置标准和进入条件等"。虽然《职业教育法》基本属于"宣言性"立法，但毕竟总结了新时期10多年来职教发展经验，规定了政府在发展职业教育中的职责，"一是把发展职业教育纳入国民经济和社会发展规划，大力推进职业教育的改革和发展，加大对职业教育工作的统筹力度；二是要办好骨干和示范作用的职业学校和职业培训班机构；三是对社会各方面依法举办的职业学校和职业培训机构给予综合协调、宏观管理。"此外，职业教育发展也受益于相关配套政策的陆续出台。"八五"时期（1990—1995），各级地方政府也相应加强了对职业教育的领导和管理，相关部委也推出了适合本行业发展需求的加强职业教育的措施和规定，有力地促进了职业教育的发展。其中包括：《关于普通中等专业教育与发展的意见》《关于普通专业学校招生与

毕业生就业制度改革的意见》《国家级重点职业高级中学标准》《关于加强全国职业中学校长岗位培训工作意见》《关于推动职业大学改革与建设的几点意见》《关于成人高等学校试办高等职业教育的意见》等文件，涵盖了职业教育发展的重要方面及关键领域。在这些政策保障下，"我国职业教育在规模和体系建设上都取得了前所未有的成就。"据统计，"八五"期间，我国中等职业技术学校持续发展，中等教育结构进一步趋向合理，"到1995年高中阶段各类职业技术学校在校生人数占到高中阶段学生总数的57.42%，比1990年上升了9.8个百分点，办学效益有了明显提升。"该时期，我国也初步建立了职业学校教育与职业培训两大体系。就职业学校教育内部而言，"高职对口招收中职毕业生，实现了中高职之间的衔接和沟通"，职业培训体系内也是日益完善，技校、就业训练中心、企业职工培训基地数量和质量逐步提升，职业培训能力得到进一步的增强。1996年6月19日，由国家教委、经贸委、劳动部联合召开全国职业教育工作会议，这是自改革开放以来召开的第三次全国职业教育工作会议，对进一步落实《中国教育改革和发展纲要》和《国务院关于大力发展职业技术教育的决定》，促进中国教育事业健康发展起到重要的推动作用。会议指出，作为我国教育事业的重要部分之一，大力发展职教从根本上是提高全民素质，开发人力资源，提高产品质量的重要举措。要不断深化职业教育改革，提高办学质量，建立与经济社会发展相适应的职业教育制度。

20世纪80年代，随着经济的快速发展和科技的迅猛进步，我国开始引入并使用更多的新设备、新技术和新工艺，对生产一线人员的整体素质提出更高要求，高等职业教育也就顺势而生。1996年，"全国有高等职业技术学院37所，职业大学73所，高等技术专科学校3所，举办五年制高等职业教育班的中专学校14所。"针对高职教育的健康发展，1998年教育部提出"三多一改"的政策，即"多渠道、多规格、多模式发展高等职业教育，对其进行教学改革，使其真正办出特色"。当年8月29日九届全国人大四次会议通过并颁布的《中华人民共和国高等教育法》明确界定："本法所称高等学校是指大学、独立设置的学院、高等专科学校，其中包括高等职业学校和成人高等学校。"从而把高等职业学校作为高等教育的一部分给确定下来。在这一法规的指引下，很多地方学校开始创办高等职业学校，许多县市职业学校通过合办、挂靠等形式举办了高等职业班，部分中专升格为高等职业学校，民办高校也纷纷探索高等职业学校发展之路，全国出现了一股"高等职业教育办学热"。截至到1998年年底，"经教育部批准独立设置的专科层次高校（包括高专、高等职业和成人高校）共计1394所。"高职教育在跨世纪前后几年的快速发展，既带动了中职的发展，也提升了服务经济社会发展办学层次，为解决人才供需的结构性矛盾做出了贡献。回首1985—1996年职业教育事业发展历程，发现整体呈现出稳步发展特点，主要源于三个方面的外部因素驱动：一是计划经济惯性使然。当时主要还是实行计划经济，逐渐发展起来的市场经济体制的冲击和影响还不是很明显，国家整体上对中专、中职毕业生实行的还是统包统配，毕业"出口"

稳定有保障，能够很快实现社会垂直流动，良好的发展预期吸引了很多优秀初中毕业生去接受中专、技校教育。二是受经济社会发展需求的影响，促进了适应市场变化规律、能够促进毕业生自主择业的职业高中的稳步发展，很多职高毕业生能够在毕业后实现升学或者就地就业的目标，促进了城市服务业的发展，带动了生源的良性循环。三是一系列保障和激励职业教育发展的政策先后发力，如不断扩大职业教育规模、建设一批国家、省级重点骨干示范院校、"鼓励普职沟通、优先对口就业、加强职教立法等，促进职业教育规模快速发展。这一时期，以外部驱动为主带来的外延发展的繁荣暂时推迟了职业教育中潜在危机的显现。"

三、世纪之交职业教育政策调整与变革

在世纪之交新的历史发展阶段，尤其是在1997年到2001年间，中国职业技术教育发展面临着众多的机遇与挑战，出现了职业教育从计划经济体制转向引入市场驱动机制的转型期，中职教育在数量规模方面出现了快速增长—迅速下滑—逐渐恢复等波浪式发展态势，面临着改革开放以来前所未有的困顿和发展危机，其间职业教育办学层次有所提升，严峻的生源危机倒逼着一些中职学校挤上了提格升级的生存发展之道。

随着1980年左右出生的一代进入高中阶段高峰期的到来，"自1997年开始，中等职业教育招生数在总量增加的同时，占高中阶段招生比例在不断下降，从1998年开始招生数出现负增长，1999年职业学校招生数占高中阶段的比例下跌至50%以下。"从1997年至2001年，中职与普高的招生比例从62.15∶37.85降至41.58∶58.42。职业教育面临着严重的困难，突出表现在中职生源减少，比例下降，资源流失，质量降低。与1996年职教发展最高峰时中职招生数与高中招生数形成鲜明对比。

（一）职业教育发展滑坡的主要原因

一是生源急剧减少，自身改革滞后。行业主管部门和企业在发展职业教育中发挥着极其重要的作用。以20世纪90年代末期为例，"行业主管部门和企业举办着我国90%以上的技工学校、80%的中等专业学校、60%的成人中等专业学校和20%的职业高中以及大量的职工教育和培训中心，成为我国职业教育的主体力量。"1997年7月，始于泰国的亚洲金融危机席卷东南亚各国，造成一些新兴经济体出现经济萧条甚至是政局动荡不安。外部经济政治危机对中国也带来了严峻挑战，"外贸出口受到严重影响，就业面临前所未有的困难，仅1997年，城市下岗人员已经达到1000多万人。"随着我国社会主义市场经济体制改革逐步深化，国有企业受整体环境影响，需要剥离很多社会责任，便于企业轻装前行。其中，把与生产密切相关的职业院校也顺势划转给地方教育部门举办和管理，这样，导致行业企业举办的职业院校在自身发展中面临着财政经费、教师福利待遇等诸多困难，导致行业指导作用受到严重弱化，影响到产教融合、校企合

作的元气，职业教育原来有计划的人才培养模式基础逐渐丧失，影响职业教育发展的全局。外部的社会经济基础在发生改变，而职业学校受到计划经济的影响，在专业设置、课程体系方面与外面变化的就业市场联系不紧密，导致学生毕业时在实际操作能力方面滞后于外部人才市场变化。内部经济结构不断调整，企业转制、关停并转增多，出现大批工人下岗现象，这样导致中职毕业生就业岗位快速减少。毕业生就业困难所释放出来的信号，倒逼着初中毕业生对将来发展方向选择上开始进行理性选择和慎重选择，对职业教育生源产生明显的抑制效应和负面影响。

二是扩大内需需要，高校持续扩招。从国内外宏观形势看，亚洲金融危机的突然爆发和国内面临的巨大就业压力，是导致中国政府转变高等教育政策的内外原因。自1994年开始，高等教育一直保持稳步发展的进度，每年扩招在3%—4%，以低于GDP增长的两个百分点为原则，尽管如此，社会上对高等教育依然有强烈的需求。相对于物质生活产品来讲，教育是精神产品，尤其是高等教育，出现了严重的供给不足现象。1996年，国家实行高校"并轨"招生，把自费、公费统一起来，克服原来的二者"双轨"运行造成的高考招生不公平和不规范问题，这构成了中国高等教育面向市场经济的一个嬗变。1999年上半年，为了应对亚洲金融危机和国内有效需求不足所带来的困难，政府决定将加快医疗卫生、文化、教育事业发展作为扩大内需的重要举措之一。当时我国面临着新中国成立以来规模最大的突发性失业高峰。大规模国企改革出现大量下岗职工，每年新增劳动力又会去与他们争夺有限岗位。通过大学扩招可以使得新增劳动力延迟进入就业市场3—4年，为下岗职工腾出工作机会。而大学扩招，可以充分发挥高等教育对劳动力培养和储备的"蓄水池"功能，有效拉动消费投资，以便保持国民经济持续快速发展。由此可见，当时提出高校扩招有着直接的经济背景。1999年以来，以扩大内需拉动经济增长而实施的高等教育扩招政策，促使我国高等教育规模急剧膨胀起来，短时期内高等教育入学率从1990年的3.4%提升到2002年的15%。但总体上满足了经济社会发展对高级专门人才和人民群众日益强烈的接受高等教育的迫切愿望，带动了国家通过国债连续投入教育120多亿，地方投入和部门投入教育150亿左右，高等教育投入大约增长了200多亿。客观上确实带动了一定的内需，对缓解通货紧缩带来的经济增长乏力起到了推动作用，有效化解了因东南亚金融危机对中国发展带来的外部冲击。同时，促使高等教育本身战略转型，开始了从精英化教育向大众化阶段转型的历史进程。

三是政策信息不明，支持力度有所下降。政策层面，对怎样发展新形势下的中职教育的信息不明确。1998年10月7—9日，教育部召开职业教育改革与发展座谈会。会上，教育部领导指出，"发展教育要首先考虑到社会与经济的发展，制定下个世纪教育发展战略就要研究经济。就教育论教育不行，就职业教育论职业教育也不行。目前职业教育产生的波动是经济发展到一定阶段的产物，既不能惊慌失措，也不能麻痹大意。我国中等职业教育的发展，要从以数量发展为主转移到以巩固提高为主。"1999年6月中旬，党中央、国务院召开改革开放以后的第三次全国教育工作会议指出："我们要在切实保证义务教育健康发展的同时，积极调整现有教育体系结构，扩大高中阶段教育和高等教育的规模，大力发展各级各类职业技术教育，拓宽人才成长的道路。"在随后的《中共中央国务院关于深化教育改革全面推进素质教育的决定》中又提出："高等职业教育是高等教育的重要组成部分。要大力发展高等职业教育，积极发展包括普通教育和职业教育在内的高中阶段教育。"以上表述变化能够真切反映出来，在新旧世纪交替的过渡期，先是"巩固提高中职"，然后又是"大力发展高职"，在高中扩张的严峻形势下，中等职业学校的生存和发展空间受到很大的挤压。随着高校扩招，人们又开始把青睐的目光转向大学和高职，而中职教育就处于边缘化不被突出的尴尬局面。迫于生存空间的压力，各地很多中等职业学校开始了致力于升格为专科层次的高等职业院校的努力。与之同时，随着1994年分税制改革的推进和初见成效，中央在整个政府财政收入中的比重有所增加，这样导致地方财政进行适度压缩和调整，导致对中专和技校的诸多倾斜政策很快被取消，包括招录学生有计划、上学即农转非且有适度补贴、毕业即分配等政策逐渐退出历史舞台。"从1995年开始，中专学校毕业生要逐步实现个人缴费上学、自主择业的政策效力开始显现，使得占中等职业教育招生总数三分之一以上的中专学校渐渐失去了对初中毕业生低收费、包分配的巨大吸引力。"很多优秀初中毕业生经过审慎理性的分析与选择，大多选择普通高中教育，通过普通高等教育之路来实现自己的梦想。

此外，在外部影响力量中，国际组织也对中国职教政策产生过一定影响。如世界银行在1998年《中国21世纪教育发展战略目标》中提出，建议适度压缩和降低中职招生数，逐渐降低中职学生占高中阶段学生的比例。客观上讲，这种主张和建议或多或少还是影响到国内的中职发展，随后中职教育比重严重下滑的事实表明，该建议不符合中国实际，为今后职教健康稳定发展埋下隐患。

（二）职教政策的调整和改革

针对部分地区因高校扩招引发的"高中热"而导致的中等职业教育滑坡现象，中央领导、教育部领导都纷纷着眼于我国国情和经济发展的长远需要，对职业教育的发展进行推动和思考。为了让"普高热"尽快降温，国务院办公厅和教育部先后下发推行劳动预备制度和妥善处理普高与中职关系的文件，要求大家理性对待高中教育和中职教育，但收效不大，依然没有挡住日益高涨的"高中热"。后来，教育部领导在2000年度教育工作会议上强调，今后要长期坚持大力发展职业教育的方针，"通过严格的劳动准入制度和职业资格制度，把社会上的就业需求转化为对职业教育的需求。"从2001年开始，为了确保中职教育规模稳定，实现与普通高中均衡发展，学生可以凭初中毕业证或毕业成绩单参加中职学校组织的自主招生，实行分批化入学方式，保证中职招生可持续发展。

四、新世纪职业教育快速发展阶段的政策

自改革开放以来,职业教育在经济社会和教育工作中的地位、作用和价值逐步得到全社会的认同,战略地位逐步提高,并体现在具体的工作实践中。2002年11月,在中共十六大报告中指出:"教育是发展科学技术和培养人才的基础,在现代化建设中具有先导性全局性、作用,必须摆在优先发展的战略地位。全面推进素质教育,造就数以亿计的高素质劳动者、数以千万计的专门人才和一大批拔尖创新人才。加强职业教育和培训,发展继续教育,构建终身教育体系。"为了尽快解决职业教育发展与经济和社会发展相匹配问题,满足人们多样化学习的强烈需要,国家通过制定和颁布三部法律(《教育法》《职业教育法》《劳动法》)、召开三次全国职教会议(2002年、2004年和2005年)、出台三个重要文件(《国务院大力推进职业教育改革与发展的规定》《教育部等七部门关于进一步加强职业教育工作的若干意见》和《国务院关于大力发展职业教育的决定》)来全力推进职业教育事业的健康发展。会议的层级、频度,在新中国成立以后的职教事业发展历程中是前所未有的,从中可以看出,中央政府对发展职业教育、保持职业教育可持续发展的急迫心情。在这个时期,"国家把职业教育放在更加突出、更加重要的战略位置,将加快发展中等职业教育作为整个教育工作的战略突破口。坚持职业教育面向人人、面向全社会的发展方向和大力发展职业教育的工作方针,坚持以服务为宗旨、以就业为导向的办学方针。职业教育在改革创新中加快发展的局面基本形成,地位更加突出,政策更加明确,思路更加清晰,改革不断深化、事业不断壮大,基本实现了又好又快发展。"

2002年7月底,第四次全国职业教育工作会议在北京召开,针对当时存在的办学模式单一、筹资渠道不畅、与外部人才市场变化不适应等问题,澄清了"把职业教育单纯作为传统学校教育、过度学历化、企业行业不办职业教育、财政性经费不再对职教新增投入、过度依靠市场调节"等误区,在随后《国务院大力推进职业教育改革与发展的规定》中,确定了新时期的发展方向。一是目标:"十五"期间,初步"建立起适应社会主义市场经济体制,与市场需求和劳动就业紧密结合,结构合理、灵活开放、特色鲜明、自主发展的现代职业教育体系。"服务对象及内容包括"为初、高中毕业生和城乡新增劳动者、下岗失业人员、在职人员、农村劳动者及其他社会成员提供多种形式、多种层次的职业学校教育和职业培训"。二是职教管理体制。逐步建立"在国务院领导下,分级管理、地方为主、政府统筹、社会参与的职业教育管理体制。强化市(地)级人民政府在统筹职业教育发展方面的责任。"同时,扩大职业学校办学自主权,增强其自主办学、发展的能力。三是主动适应社会和企业需求,深化改革。"职业学校和培训机构要主动适应经济结构调整、技术进步和劳动力市场变化需要,增强专业适应性,办出特色。"同时,还要加强实践教学,提高受教育者的职业发展能力。四是持续推进"三

教统筹",加强地区、城乡职业学校对口支援工作,提升整体办学水平。还有建立严格的就业准入制度,"多渠道筹集资金,不断加大职教经费投入,利用金融、税收以及社会捐助等手段支持职业教育的发展,不断提高职业教育经费的管理水平。"在国务院大力推动和协调组织下,职业教育发展处于下滑的局面得以很快解决,办学规模和层次有了显著的变化。

在国家政策的及时调整下,中等职业教育的发展规模在历经1999年和2000年的下滑趋势后,在2002年出现明显的复苏,开始止跌回升。尽管创办的学校数量减少,但职业学校的平均规模却呈现提升态势,进一步优化了职业教育资源的使用效率和办学效益。

通过数据统计可以得知,在全国高校扩招的情况下,高等职业教育也迎来了快速发展的机遇。学生规模不断增加,招生数、在校生数、毕业生数占普通高校学生的比例呈现逐年上升状态。高等职业技术院校招生数从1999年的61.19万人增加到2004年的237.43万人,增加了176万人次;在校生规模从1999年136.15万人增加到2004年595.65万人,增加了460万人次;毕业生从1999年的40.67万人增加到2004年的139.49万人,增加了近100万人次。

2004年6月中旬,教育部、财政部等七个部门在江苏召开全国改革开放以后的第五次职业教育工作会议,正式建立职业教育工作部际联席会议制度。通过联席会议制度,积极展开部际合作,围绕职教工作中的重大问题进行协商,充分调动起各方面举办和参加职业教育的积极性,形成推动职教发展的合力。与会各部委代表都认为,职业教育与普通教育是教育体系的两个支柱,必须协调发展,要改变"重普通教育、轻职业教育""重文化知识、轻技能培养"的倾向。今后在职业教育的办学指导思想上,需要及时进行转变:"一是从计划培养向市场驱动转变;二是从政府直接管理向宏观引导转变;三是从专业学科为本位向职业岗位和就业本位转变。"办学思想的转变打开了职业教育改革与发展的局面。随后出台《教育部等七部门关于进一步加强职业教育工作的若干意见》,在办学方向、人才培养模式、办学体制及布局、办学形式和办学模式等方面,进一步提出了富有针对性的意见,从而为提升职业教育办学内涵和特色,积极推进职教集团化、连锁化和规模化办学,取得良好的社会成效。

2005年11月,国务院召开第六次全国职教工作会议,强调各级政府要通盘考虑职教发展,因地制宜,将职教事业纳入国民经济和社会发展"十一五"规划,统筹安排。在新时期国家职业教育公共管理政策体系的指引下,按照当年《国务院关于大力发展职业教育的决定》要求,紧紧围绕"扩大规模、优化结构、深化改革、提高质量、促进公平"等重大政策目标,创造了新时期职教发展的行动范式,创造了中国自身的职教办学特色。具体来讲,可以从以下六个方面加以总结和概括:"坚持一条特色道路,强调两个重点,推进三项制度建设,实施四大工程和五大计划,六大机制创新。"它们组成了推进职教事业发展的工作模式，构成了很好的制度设计框架，使得各项政策配套协同发挥重要作用，确保职业教育走上一条快速健康发展的道路，对今后职业教育的改革与发展有着长远的指导意义。（1）一条道路。以服务为宗旨、以就业为导向、在实践探索中总结自身特色的发展之路，这实际上是涉及"走什么路"的方向性问题。要根据中国职教发展实际，立足本国国情，以开放包容的心态汲取他国已有的成功经验和做法，为我所用，走出能够符合我国职业教育治理现代化要求的新路子。（2）两个重点。围绕着就业导向，重点加强学生职业道德教育和实际技能培养和提高，促进人的全面发展。这是教育本质的理性回归，实质上是解答"培养什么人"的问题。"十一五"期间，就业人口进入高峰期，职业教育肩负着在巨大人才市场需求和高素质劳动者供需之间桥梁的重任，需要在能力本位和水准上下硬功夫，这样才能够培养更加符合人才市场需要合格人才。（3）建设三项制度。这涉及招生、助学、实习等环节，是"怎样去健全人才培养制度"的机制构建问题，一是加强中职招生制度的改革问题，统筹管理高中阶段招生，同时做好中职招生服务工作；二是推进家庭经济困难学生助学制度的改革与创新，体现国家教育公共服务公平性、普惠性特点，不断扩大资助范围，提升补助标准；三是大力推行工学结合、校企合作、半工半读的改革及制度建设，建立健全学生顶岗实习制度，"坚持教育与生产劳动相结合的方针，遵循职业教育规律，组织和安排好学生顶岗实习工作。"三项制度为职教扩大办学规模、提升质量、确保公平提供了政策基础，尤其是在资助和实习制度衔接和设计上充分体现出"以生为本"的理念，前两年每人发放1500元国家助学金，最后一年顶岗实习、在校企合作中去提高实践技能、获取应有报酬、用以补贴学习和生活费用，这些政策都减轻了学生家庭负担，在民众中提升了职业教育吸引力。（4）四大工程和五个计划。四大工程是："职业院校制造业和现代服务业技能型紧缺人才培养培训工程，国家农村劳动力转移培训工程，农村实用人才培训工程和成人继续教育和再就业培训工程，"按照"以服务为宗旨、适应市场变化、保障充足供给、做贡献求发展"原则，从根本上解决"如何提高服务水平、扩大办学规模、保证人才质量"的方法和途径问题，通过持续的人力物力财力投入，为新世纪技能型人才的全方面培养奠定了坚实的基础。据统计，四大工程实施期间，先后组织"1000多所职业院校和2000多个企业开展了多种形式的合作，覆盖学生和学员超过300多万人；全国教育系统为农村劳动力转移培训和农民工培训超过3500万人次，农村实用技术培训超过6000万人次；全国企业职工年培训平均规模达到9100万人次"，为职教事业能够惠及千家万户，提高城乡劳动者就业能力和可持续发展能力作出了重要贡献。（5）五个计划。五个计划包括："职业教育实训基地建设计划，县级职业教育中心专项建设计划，100所国家示范性中等职业学校建设计划、100所国家级示范性职业技术学院建设计划和职业院校教师素质提高计划。"从根本上解决了"强化自身建设、保证教学质量"的内涵提升问题，能够帮助职业院校持续加强基础能力建设，不断改善办学条件，为提升办学水平夯实基础。截止到 2008 年 7 月，"2000 多个实训基地建设，已投入建设 1080 多个；1000 多个县级职教中心和 1000 所示范性中职学校，共投入建设 1200 多所；100 所国家示范性高等职业技术学院已基本完成项目建设。"实训基地建设和示范性项目的建设，带动了整个职业院校办学水平的稳步提升。（6）六个机制：主要包括"办学主体'多元化'办学模式'集团化'学生要求'双证书'教师资格'双师型'培养模式'订单式'课程设计'模块化'。"这些机制凸显了职教办学的特殊性，符合技术技能型人才成长规律，从根本上增强了职教办学的实力和活力。

我国职业教育整体上呈现快速高位发展态势，对办学规模加以攻坚，生源数量有很大扩张，各项改革举措活跃，对城乡之间职业教育资源进行统一部署，有力地推进了职业教育数量和整体办学水平的提升，从根本上扭转了职业教育办学规模下滑影响到经济社会发展对技能型人才迫切需求的局面。

2010 年 7 月 29 日，凝结社会各界智慧，代表政府执政意愿，承载无数个家庭及数以万计学生诸多期望的《国家中长期教育改革和发展规划纲要（2010—2020）》（以下简称《纲要》）发布。《纲要》中提出教育财政性支出占国内生产总值 4% 的目标已经于 2012 年底如期实现，为以后不断提升教育事业在国家财政支出中的比重奠定了基础。针对今后职教事业的战略目标："到 2020 年，形成适应发展方式转变和经济结构调整要求、体现终身教育理念、中等和高等职业教育协调发展的现代职业教育体系，满足人民群众接受职业教育的要求，满足经济社会对高素质劳动者和技能型人才的需要。"为了实现以上目标，提出了"大力发展职业教育、调动行业企业积极性、发展面向农村的职业教育、增强职教吸引力"等新举措，为今后职教发展指明了工作重点，标志着中国的职业教育更加注重抓质量强内涵，步入改革不断深化，办学质量持续提升，基本制度建设更加规范，构建现代职教体系的新阶段。

党的十八大总揽全局、审时度势，针对当今世界正在发生的深刻变革为我国经济社会发展提出的新挑战，明确提出，"教育是民族振兴和社会进步的基石。"这对新时期教育的重要作用有了更新的概括和认识，凸显了大系统教育观，把提高劳动者整体素质和培养大量技术技能型人才作为实现我国经济发展方式转变的关键举措，做出了"加快发展现代职业教育"的重大决策，从 1985 年《中共中央关于教育体制改革的决定》提出"职业技术教育体系"的概念，到十八届三中全会提出"加快现代职业教育体系建设"，标志着富有我国特色的职教理论不断成熟，同时也反映了职业教育改革的演进脉络，为今后一个时期推进职业教育改革创新指明了前进的方向。

2013 年 11 月《中共中央关于全面深化改革若干重大问题的决定》指出："要加快现代职业教育体系建设，深化产教融合、校企合作，培养高素质劳动者和技能型人才。"这就需要我们按照"紧紧围绕更好保障和改善民生、促进社会公平正义深化社会改革"的新部署和"更加注重改革的系统性、整体性、协同性"的新要求，把握住促进全体人民学有所教、学有所成、学有所用的政策基点，深化职业教育领域的改革，更新教育观念，理顺结构体系，创新培养模式、加强能力建设，推动内涵发展上下功夫，全面形成与全面建成小康社会要求相适应的有活力、有效率、更开放、利长远的管理体制，办出具有中国特色、世界水平的现代职业教育。国家针对职业教育的总体部署有以下明显特点：一是战略位置更加突出。与教育领域综合改革的总要求密切相关，能够更好地服务经济社会发展，满足人民群众对多样化、高品质教育的需求。二是人才培养目标更加清晰明确。"既要满足当前生产力发展水平的需要，又要满足知识更新、技术进步、生产方式变革的新需要，培养数以亿计的高素质劳动者和技术技能人才。"三是凸显职业教育的类型特点。坚持以促进就业为导向，在专业设置与产业需求、课程内容与职业标准、教学过程与生产过程三方面实现"无缝对接"，确保职业教育的职业性。四是特色更加明显。积极吸纳行业、企业等社会力量作为利益攸关方去深度参与职教事业的改革与发展，建立良性互动、合作共赢的关系，同时推动公办教育与民办教育的共同发展，开创办学的新局面。五是抓住招生制度改革的突破口，为人们进行更有针对性的选择和继续在职学习提供灵活便捷的通道。六是积极构建终身学习社会，拓展服务范围，为广大劳动者构建有利于职业生涯长远发展的终身职业培训体系。

2014年是中国职业教育发展历程上最有收获和期待的难忘的一年，被业界称为职业教育又一个黄金发展期的到来。2月26日国务院常务会议研究加快发展现代职业教育问题，强调要以改革的思路办好职业教育，确定了发展现代职业教育的五大任务和措施。一是牢记职教使命，认清其在整个人才培养体系中的重要作用。二是大胆创新，在职教模式上推陈出新，建立职教人才培养的"立交桥"，打通从中职、高职、本科到专业学位研究生的持续上升通道，满足学生长远发展和社会上对人才的迫切需要。三是努力提高人才培养质量。在更广范围内去推行"三对接"，做到学有所获、学有所用、学以致用，确保人才培养实用、有市场、可持续发展。四是引导支持社会力量兴办职业教育。五是强化政策支持和监管保障。

2014年5月2日正式印发《国务院关于加快发展现代职业教育的决定》，对现代职业教育体系进行了顶层设计。6月份教育部等六部门印发《现代职业教育体系建设规划（2014—2020年）》和召开时隔八年的全国职业教育工作会议，表明国家对职业教育投入了前所未有的关注，职业教育正面临着前所未有的变革，为今后职业教育发展创设了更为广阔的空间。李克强总理在接见职教会议全体代表讲话强调，"职业教育大有可为，也应当大有作为。"他明确提出了三项要求，"要把提高职业技能和培养职业精神高度融合，让千千万万拥有较强动手和服务能力的人才进入劳动大军，使'中国制造'更多走向'优质制造''精品制造'，使中国服务塑造新优势、迈上新台阶。要用改革的办法把职业教育办好做大，统筹发挥好政府和市场作用，既要加大政府支持，又要通过政府购买服务等方式，更多促进社会力量参与，形成多元化的职业教育发展格局。要走校企结合、产结融合、突出实战和应用的办学路子，依托企业、贴近需求，建设和加强教学实训基地，打造具有鲜明职教特点、教练型的师资队伍。"6月16日印发的《现代职业教育体系建设规划（2014—2020年）》强调指出，"建立现代职业教育体系，是促进现代职业教育服务转方式、调结构、促改革、保就业、惠民生和工业化、信息化、城镇化、农业现代化同步发展的制度性安排，对打造中国经济升级版，创造更大人才红利，促进就业和改善民生，加强社会建设和文化建设，满足人民群众生产生活多样化的需求"。

为了更好地推动我国现代职业教育加快发展，促进《职业教育法》的贯彻实施，凝聚共识，全面落实全国职业教育工作会议精神，2015年3月到5月间，张德江委员长担任执法检查组组长，全国人大常委会开展了《职业教育法》施行近二十年来的首次专项检查。检查组先后到8个省（区、市）开展了执法检查，同时委托23个省（区、市）人大常委会按照检查方案对本省（区、市）职业教育法实施情况进行检查，做到执法检查全覆盖。6月29日，张德江委员长代表执法检查组作了《关于检查〈中华人民共和国职业教育法〉实施情况的报告》，报告指出，需要正视职业教育面临的突出困难和问题。2016年2月24日《国务院关于落实职业教育法执法检查报告和审议意见的报告》，对进一步转变观念、明确办学定位、强化统筹规划、提高职业教育经费保障水平、师资队伍建设、区域职业教育发展均衡等问题都进行了详尽答复，对今后如何运用法治思维和法治方式推动职业教育改革发展也提出了针对性举措，如修订职业教育法、主动服务好国家整体战略、搞好配套政策建设、强化部门联动工作机制等。这表明，在执法检查的有力推动下，职业教育改革发展进入了新阶段，制度标准建设逐步体系化，办学水平和服务能力进一步提升。

为了在全国范围内进一步扩大职业教育的影响力，2015年4月17日，国务院决定在每年5月的第二周设立职业教育活动周，开放校园、开放企业、开放院所、开放赛场，让更多的学生及其家长对职业教育有一个了解、接触、参与和感受的过程。2015年活动周的主题是"支撑中国制造、成就出彩人生"，2016年的主题是"弘扬工匠精神、打造技能强国"，通过持续开展宣介活动，人们对职业教育的内涵、特性及其重要性有了更为理性全面的认识，对扩大职业教育的社会影响力起到了一定的铺垫作用。

以上重要批示、讲话、文件及政策与措施，为加快我国职业教育发展，做出了战略部署，明确了今后改革的方向和重点，提出了新时期职业教育发展的任务，标志着我国职业教育改革发展进入了一个新的历史发展新阶段，肩负着实现"两个一百年"奋斗目标的使命，承载着转方式、促改革、调结构、惠民生的艰巨任务，在我国成功跨越中等收入陷阱、实现中华民族伟大复兴的历史征程中将会谱写新篇章，在经济转型升级持续发展的关键时期，做出更大的贡献，赢得更多的尊重和社会认同，获得更大的发展空间。

第四节 改革开放以来职业教育政策评析

回首过去多年尤其是改革开放以来的职教发展历程，在促进职业教育健康稳步发展的顶层政策定位方面，形成了一个体系完整、层次清楚、相互协调的"职业教育公共管理政策框架"，引领职业教育在服务经济社会发展中取得快速发展，将职业教育带到自近代150年以来改革与发展最好的时期，为以后职业教育发展提供基本战略指引、政策依据和行动指南。

一、发展动力从经济需求转向综合需求

职业教育是与经济社会发展最为紧密的一种类型，经济发展形势的好坏直接影响到职业教育事业的兴衰与成败。出于对个人未来就业、创业和职业发展的考虑，接受职业教育可以满足一个人理性务实的就业需求。尽管在社会上仍然有很多人对职业教育有着鄙薄看法，但随着工业化的推进，随着后工业社会的来临，现实生活中技术技能型人才在社会上越来越发挥着重要作用，在投身社会实践中也能够找到适合自己的位置，实现自己的理想和抱负，同样也可以有自己人生出彩的机会和梦想。因此，在推动职业教育发展的动力系统中，经济需求是其发展的外在主要驱动力。当下和今后很长一段时间内，随着产业结构的不断优化调整，新科技在生产中的普及和应用，对生产一线的技术技能型人才的需求数量和质量会越来越多、越来越高。尤其是中国实现制造业强国的征程中，高素质技能型人才已经成为中国制造或中国创造的核心竞争力关键组成部分，决定着中国产品在世界产品价值链条中的位置是否上移，是否在国际制造业竞争中谋取更大的发展空间。除了经济需求外，还有出于解决就业问题、有效融入社会、维护政治稳定的需求，实现青年人人生梦想、满足其发展需要、实现自己理想的民生需求。因此，抓职业教育表面上是教育领域的行为，从整个社会系统论的视角来看，它是抓好经济、促社会和谐、提高人们幸福指数乃至于提升整体国民素质的必要手段。可以说，职业教育承载着无数个家庭的希望，承载着国家经济发展战略的需要，也承载着企业长久发展的需要，更承载着无数学子对未来生存和发展的寄托和希望。因为它肩负着很多方面的利益需求和渴望，在自身发展中也必然会出现各种张力和矛盾，使得职业教育在发展中进行不断的调适和优化，实现多方面的共赢。

二、职业教育政策执行中的问题及解决办法

问题主要体现在：管理体制问题较多。其中，职业教育与普通教育的沟通，在学生初中分流之后，往往是仅仅有一次机会，在进入职业学校和普通高中之后，就很难再进

行灵活转轨情况，至于在高等教育阶段能够实现职业院校学生与普通高校学分互认更是难上加难，对很多有继续进行发展方向调整意愿的学生来说只能一条道走到底，不利于人员的流动和成长。再者，职业教育由于涉及教育、财政、人力与社会保障等多个部门和行业、企业等很多方面，存在多头管理、职能交叉、统筹乏力，资源分散太多，难以形成合力达到最佳效益的情况，需要发挥政府作用和市场机制作用，既要发挥政府的作用，还要通过市场调节各方利益实行动态调整，真正吸引社会各方面力量去参与推动职业教育发展的格局还远远没有形成。

政策执行中存在以上问题的解决办法有以下几个方面：第一，教育政策的价值冲突。每一项政策的制定都要兼顾到效率与公平、当前利益与长远利益、个体与群体之间的矛盾，教育政策制定过程也就存在着决策主体的元价值、隐价值和显价值之间的冲突。职业教育是面向人人、面向社会的教育，通过接受职业教育，它可以帮助实现人的全面发展，推动经济发展，促进社会公平正义，因此，大力发展职业教育是政府义不容辞的责任，体现着政府所追求的价值观，同时也体现着多方面的多元价值追求。

第二，完善相关配套体制。例如，《职业教育法》1996年9月刚刚实施的时候，确实对各相关方积极投身职业教育事业起到一定的促进作用，很多情况都发生了很大改变。但仍需进一步完善职业教育的整体规划、专业设置，使之与社会需要相吻合。

总之，职业教育政策经过多年的发展，取得了很大的成就，形成了自己的特色。但是在政策质量、政策工具的充足性以及政策的执行力方面还需要在今后的职业教育治理中加以提高。

第四章　现代职业教育课程改革

第一节　现代职业教育课程概述

一、职业教育课程的特征

（一）定向性

职业教育培养的人才，都有具体行业、专业或工种的职业方向要求，同时，职业教育中的普通文化课程也要求体现出一定的职业性，因此，职业教育课程定位于特定的职业或职业群，具有职业的定向性。区域经济发展的差异与行业技术水平的高低，对同一职业领域的人才规格又有特定的要求，使得职业教育课程带有区域和行业特色，具有区域或行业的定向性。职业教育课程定向性的特征，要求采用职业分析的方法来制订相应的课程方案和课程标准。强调职业教育课程的定向性，并不意味着否定课程的适应性，而是要在课程开发中注重学生适应性从业能力的培养。这也意味着离开行业、企业参与的职业教育课程的开发、实施和评价是难以有效果的。

（二）适应性

主要体现在两个方面：一是要适应经济社会不断发展的需要。根据社会需要培养实用人才，是职业教育的根本任务。社会需要是不断变化的，因此，职业教育课程必须适应这种变化，并能根据需要的变化及时调整课程内容。这就要求职业教育课程开发必须进行劳动力市场需求分析，以使各专业课程的内容与地区、行业的实际需求相适应，与技术的变迁相适应。二是要适应不同学习者的需求。职业教育课程要与不同学习者的需求相适应，直接帮助学生形成广泛的知识、技能和良好的学习态度与价值观，增强学生的就业能力。

（三）应用性

职业教育作为从事职业的准备教育，是一种以学习将来的职业生活所需的知识和技能为目的的教育，要求学以致用，学以谋生。在课程内容设置上，要紧密联系实际生产、服务和管理等职业实践，注重实际工作经验的积累和职业领域中所涉及的职业道德、职业规范和职业技能的整合，注重知识的实际运用，关注运用的条件、方法、手段及效果的评价等，而不是过分强调原理分析和理论推导，具有应用性的特征。强调职业教育课程的应用性，并不意味着否定课程的基础性。在注重职业教育课程具有职业活动应用性特征的同时，要在课程开发中注重个性发展所必需的共通性的基础技能、知识和行为方式。

（四）整体性

职业教育课程的实施和评价，具有整体性的特征。表现课程的实施和评价，以及学生相应的学习过程应该是一个包括观察、思考、行动和反馈的整体系统。整体性是与职业活动系统的过程紧密相关的。因此，与之相应的课程的整体性，体现为课程的计划、实施和评价是一个相互联系的总过程，是一种在传授技能与知识的同时，培养学生具备独立地制订计划、独立地实施计划、独立地评估计划的能力的过程。强调职业教育课程的整体功能（整体性），并不意味着忽略课程的各个阶段，即计划、实施和评价的局部功能（局部性）。

（五）实践性

职业教育课程是一种包含了实验验证、实训模拟、代岗实习、代岗作业、创作设计等内容的课程。毕业就能顶岗工作或经过短暂的适应期后就能适应岗位工作是社会用人单位对职业教育毕业生的要求。职业教育作为为具体工作做准备的教育，培养的学生必须能有效地完成工作任务。实践学习知识最为有效的途径是实践过程，因此，职业教育学生的学习过程应尽可能与工作实践过程相结合。把工作实践过程设计成学习过程，是职业教育课程的内在要求，是职业教育课程实践性的重要体现。

（六）灵活性

职业教育培养模式不但要适应职业领域和各地区劳动力市场的迅速变化，而且要满足学习者的多样化需求，因而在课程设置、课程结构上要求具有灵活性。职业教育的课程要及时实现专业方向的调整，灵活地实现教学内容的新陈代谢，激发学生学习的积极性和主动性，增加学习的灵活性，使学生根据就业需要和个人兴趣随时转换方向。灵活性还要求职业教育课程有极大的弹性和应变性以提高其适应性，职业教育课程模块化的趋势正是这种灵活性特点的反映。

（七）综合性

职业教育课程的内容以职业活动内容为主，以工作岗位所需技能为准则进行开发，某一门课程可能涉及多门学科知识，具有兼容性的结构特点。职业教育课程的形式是多种多样的，一般分为理论课和实践课。其中，理论课通常分为文化基础课、技术基础课和专业课，课程类型多，各种课程内容的呈现方式也多种多样，尤其是一些动作技能课，需要多种形式的教学媒体来传递。另外，职业教育课程的教学对象具有综合性，各种层次、各种年龄段的人都是其课程内容的接受者。

二、职业教育课程的类型

在职业教育课程理论与实践中，用不同的维度可以区分出不同的课程类型。

（一）按课程教学形态可分为学科课程与活动课程

学科课程以学习学科知识为主，教学形态以课堂教学为主。学科课程在内容的组织上注重纵向的顺序及系统性、连贯性，通常偏重理论，强调形式训练和知识的迁移，传授知识的效率高。但学科课程往往忽视学生的技能训练、情感陶冶等，因而较难达到使学生自觉地将理论知识应用于实践的目的。从职业教育课程形态的现状来看，主要还是学科课程，所以必须大力改革。

在职业教育实践中，活动课程是指有计划、有目的地组织、安排一项或若干项实验、实习、设计、操作等专业性实践活动，使这些活动本身成为一门课程或一个课程单元。

活动课程以让学生增加感受、体会为主，教学形态以走出课堂为主。活动课程打破了学科逻辑组织的界限，重视学生学习的主动性，注重学习同实际生活的联系，重视直接经验的作用，强调从做中学，培养学生手脑并用的实际应用能力，重视学生的个性差异，因而有利于克服学科课程的某些弊端。

活动课程的目的主要是通过活动巩固所学的知识和技能，同时，通过主体与客体的相互作用将彼此割裂的分散知识、技能进行整合与协调，使原先学到的知识、技能具有更广泛的迁移性，使学生在真实或模拟的职业工作情境下能够灵活地运用学过的知识和技能，创造出有效的工作方式。

（二）按课程管理和设置的要求可分为必修课程与选修课程

必修课程是由政府或院校规定的，学生必须学习而且要达到规定标准的课程；选修课程不是由政府或院校规定必须开设的，学生可以在一定范围内选择学习。选修课程又可以分为两类：一类是院校规定学生必须在若干课程中选择学习一门或几门课程，称为限定选修课程；另一类是并不规定选择范围，院校允许学生在院校开设的所有课程中选择学习，称之为自由选修课程。

（三）按课程组织方式可分为分科课程与综合课程

分科课程通常又被称为科目课程，是一种单学科的课程组织模式。科目课程强调分科，强调不同学科门类之间的相对独立性和学科逻辑体系的完整性。

综合课程是指运用两种或两种以上学科的知识观和方法论去考察和探究一个中心主

题或问题的课程。如果这个中心或主题源于学科知识，那么这种综合课程即是学科本位综合课程（或综合学科课程）；如果这个中心主题或问题源于社会生活实践，那么这种综合课程即是社会本位综合课程；如果这个中心主题或问题源于学生自身的需要、动机、兴趣和经验，那么这种综合课程即是经验本位综合课程（或综合经验课程）。综合课程是一种多学科的课程组织模式，它强调学科之间的关联性、统一性和内在联系。综合课程不是作为分科课程的对立形态出现的，二者各有其存在的价值，相互不可替代。

职业教育是一种以培养学生解决问题的能力和实际操作技能为主要目标的教育，因此，职业教育课程要以综合课程为主。在课程内容组织上，可以采取以下两种方法：

一是以问题为轴心，将原先分属于各学科的知识分离出来为回答或解决某一问题服务，或者为围绕某主题获得相关的实用知识服务。职业教育的某些专业课程，如设备的故障诊断和维修课程等，比较易于组织成问题中心型综合课程。某些带有提高、扩展、更新性质的专题研修课程，也宜采用此类课程。

二是以职业能力为轴心，将形成某项职业能力所需的知识、技能和态度等要素，按职业能力本身的结构方式进行组织。能力中心型的课程强调内容的实用性和针对性，它将那些与职业能力要求相关性较低的知识、技能和态度排斥在课程之外，缩短了与实际工作的距离。在设计综合课程时，一般将这些知识、技能、态度分别编成一定的课程模块。如 CBE 课程模式和 MES 课程模式就是典型的能力中心型综合课程。

（四）按课程表现形式或影响学生的方式可分为显性课程与隐性课程

显性课程是指院校情境中以直接的、明显的方式呈现的课程。大多数情况下，显性课程是以院校教育中有计划、有组织地实施的正式课程或称官方课程的方式呈现。

隐性课程是指院校情境中以间接的、内隐的方式呈现的课程。隐性课程时常带有非预期性、非计划性，以非正式的、非官方的课程方式呈现，具有潜在性，因此，隐性课程也被称作潜在课程。隐性课程是教育过程中由物质、文化、社会关系等要素构成的教育环境，大体可分为以下几种：一是制度型隐性课程，如院校所制定的各种规章制度、校训、校风、校服、告示等；二是关系型隐性课程，如院校中师生关系、生生关系、社会上的人际关系等；三是校园文化型隐性课程，指校园文化产生的影响，如文化活动的价值取向、文化活动的氛围等；四是校园环境型隐性课程，指校舍及各种功能场所的设计分布，以及校园的美化、绿化和宣传设计。

隐性课程具有潜移默化的教育功能。我国的职业教育先驱黄炎培先生在实践活动中早就注意到了运用校风、校歌、校训和校徽的作用，来对学生进行职业道德教育和职业意识的培养。

（五）按课程实施阶段可分为建议课程、书面课程、感知课程、教授课程、体验课程、评价课程

建议课程是指由研究机构、课程专家提出的应该开设的课程；书面课程是指教育行政部门规定的教学计划、教学大纲；感知课程是指教师感觉到的课程；教授课程是指课堂上实施的课程；体验课程是指学生实际体验到的东西；评价课程是指评价者能够评价到的内容。

（六）按课程设计、开发和管理主体可分为国家课程、地方课程与校本课程

国家课程从广义上讲，是指国家有关部门制定和颁布的各种课程政策。比如，教育部制定、颁布的课程管理与开发政策、课程方案，各类课程的比例和范围，教材编写、审查和选用制度等；从狭义上讲，是指国家委托有关部门或机构制定的基础教育的必修课程或称核心课程的课程标准或大纲。国家课程集中体现了国家的意志，是决定一个国家基础教育质量的主要因素，因此，国家课程具有统一规定性和强制性。

广义的地方课程是指在某一地方实施和管理的课程，既包括地方对国家课程的管理和实施，也包括地方自主开发的只在本地实施的课程；狭义的地方课程专指地方自主开发、实施的课程。在一般情况下，人们所谈的地方课程都是狭义的地方课程。

广义的校本课程指的是学校所实施的全部课程，既包括院校所实施的国家课程、地方课程，也包括院校自己开发的课程；狭义的校本课程，即院校在实施国家课程和地方课程的前提下，自己开发的适合本校实际的、具有院校自身特点的课程。目前，人们习惯上将院校自己开发的课程称为校本课程，以区别广义的校本课程。

（七）按课程的功能可分为公共基础课程与专业课程

公共基础课程指偏重人格修养、文化陶冶及艺术鉴赏的课程。它与专业知识相配合，兼顾学生继续教育的需求。公共基础课程一般包括德育课程（含职业素养课程、活动课程和社会实践等）、文化课程、体育与健康课程、艺术类课程，以及本专业有别于其他专业的基本能力培养等。

专业课程提倡理论实践一体化，以实践为核心，辅以必要的理论知识，兼顾学生就业或继续进修学习所需基本知识和能力培养。一般包括专业基础课程、专业（技能）方向课程、专门化实训和顶岗实习。

第二节　现代职业教育课程的理念与模式

一、职业教育课程的理念

（一）学科论

坚持在职业教育中保持学科课程的必要性，围绕知识的系统性组织课程。

（二）普通论

职业教育课程内容不应局限于某些特定的职业领域，而是要充分考虑个体适应多变社会的需要，以及人性本身完善的需要，充分体现出普遍性。

（三）职业论

削减理论课程课时的比例，增加实践课程比例，用围绕职业岗位的工作任务组织课程。

（四）专业论

职业教育是一种服务于个体就业与经济发展需要的教育，这是其核心价值所在，课程体系不应过多地受普通课程的干扰，应当突出满足岗位需要的职业能力的培养。

（五）基础论

基础性是职业教育课程设计的主要思考维度，课程内容不应仅以眼前的实用为取向，关键要为后续学习或发展奠定基础。

（六）实用论

实用性是职业教育课程设计的基本价值取向，职业教育课程要摆脱简单移植普通教育课程模式的倾向，降低课程内容的理论难度，关键要给学生提供对就业有价值的知识和技能。

二、职业教育课程的模式

（一）学科式课程模式（又称单科分段式或三段式课程模式）

三段式课程模式即将各类课程按（知识内容）顺序分阶段排列，组成各门课程相互衔接又各自为主的结构庞大的体系。三段式课程模式通常把职业教育课程划分为三类，但究竟划分为哪三类，不同观点之间的差别很大。比较常见的是划分为文化基础课、专业基础课和专业课这三类；另一种常见的观点是文化基础课、专业理论课和实践课三类课程。此外，在不同的观点中，这几类课程的名称也不尽相同。如文化基础课有"文化课""普通文化课"等名称；专业基础课有"技术基础课"等名称；实践课有"技能训练""实习""实训"等名称。目前，多数职业院校仍采用三段式课程框架。

三段式课程模式注重学科体系的完整性，关注学科基础理论与实践课程并列，重视文化基础知识，实践课单独设课自成系统。这种课程模式的优势在于：教学上循序渐进，课程安排上力量集中，逻辑性强，有利于学生有效地掌握已为人类所获得的知识；系统性强，有助于学生系统地继承和接受人类的文化遗产；多以传授知识为基础，较易于组织教学和进行课程评价，可用较低的投入获取较高的效益。缺点为：学科中心的倾向明显，并相对忽视了各学科知识在实际运用中的整体性；学生灵活、综合运用知识的能力不足，无法在工作岗位上解决所遇到的实际问题，易造成理论与实践脱节；在技能培训方面，没有形成完整的技能培训体系，难以培养学生的"工作过程"知识和基本工作经验；在教学方法上容易偏重知识的传授，而忽视学生健全人格的形成和身心的健康发展；梯形课程排列的方式还增加了基础理论学习的难度，也不利于理论与实践的整合。

（二）核心阶梯课程模式

核心阶梯课程模式是德国双元制中采用的课程模式，因此也叫双元制课程模式。双元制的根本标志是：学生一面在企业（通常是私营的）中接受职业技能培训，一面在部分时间制的职业学校（公立的）中接受包括文化基础知识和专业理论知识在内的义务教育。这种双元特性，主要表现为企业与学校、实践技能与理论知识的紧密结合，每一"元"都是培养一个合格的技术工人过程中不可或缺的重要组成部分。

核心阶梯课程模式是一种建立在宽厚的专业训练基础之上的、综合性的、以职业活动为核心的课程结构，分为普通课程、专业课程、实践课程。其中，专业课程由专业理论、专业计算与专业制图三门课组成。所有专业课程、实践课程的内容都按培训条例的要求，划分为基础培训、分业培训、专长培训三个逐级上升的层次。这种课程结构称为"核心阶梯式"。

核心阶梯式课程模式由学校和企业合作，共同负责人才培养工作，共同制订课程学习计划。其优点在于能够保证学生在广泛基础培训的前提下逐渐分化而最终达到掌握专长技术的目的，非常适合企业对人才多能和多层的需要；同时，由于避免了过早分化，学生不但有机会选择适合自己兴趣与爱好的职业，而且拓宽了他们的就业范围，增强了他们转岗的能力。

双元制课程体系注重实践能力的培养，突出操作技能的训练，采用综合课程方法形成核心阶梯式课程结构，知识量大，实用性强并可学以致用。双元制课程特别强调完成综合性工作任务所需的各种关键能力的发展与培养，非常有利于培养宽基础复合型的职业技术人才，有利于增强学生对企业生产、管理的广泛适应性，便于其迅速就业和转岗。

（三）实践导向职业教育课程模式

实践导向职业教育课程模式是我国职业教育工作者目前正在积极探索的一种课程模式，如任务引领型课程、项目课程开发模式等。

1. 任务引领型课程

（1）定义

任务引领型课程指按照工作任务的相关性进行课程设置，并以工作任务为中心选择和组织内容的课程。它的工作任务需要根据工作岗位的实际情况进行选取或设计。它不同于以学科边界进行课程设置并按知识本身的逻辑体系选择和组织内容的学科课程。

（2）特征

①任务引领。以工作任务为中心引领知识、技能和态度，让学生在完成工作任务的过程中学习相关理论知识，发展学生的综合职业能力。

②产品（服务）驱动。任务引领型课程主张把关注的焦点放在通过完成工作任务所获得的产品上，以激发学生的成就动机。以"解剖麻雀"的方式，通过完成典型产品或服务，来获得某工作任务所需要的综合职业能力。

③目标具体。任务引领型课程要求对课程目标做出清楚、明确的规定，以更好地指导教学过程，也可以更好地评价教学效果。

⑤内容实用。任务引领型课程强调紧紧围绕工作任务完成的需要来选择课程内容，不求理论的系统性，只求内容的实用性。

⑥学做一体。任务引领型课程主张打破长期以来的理论与实践二元分离的局面，以工作任务为中心，实现理论与实践的一体化教学。

（3）结构模式

任务引领型课程根据任务之间关系的不同可分为三种结构模式：递进式，即工作任务按照难易程度由低到高排列；并列式，即工作任务之间既不存在复杂程度差别，也不存在明显的相互关系，而是按照并列关系排列；流程式，即工作任务是按照前后逻辑关系依次进行的。

2. 项目课程开发模式

这是一种带有中国特色的工作过程导向的课程开发模式。

项目课程的出现，源于我国职业教育改革中，为提升学生职业能力、激发学生学习积极性和满足企业对人才素质要求的需要。它将成为我国当前和今后职业教育课程改革的方向，并能形成本土化且具有中国特色的职业教育课程开发模式。

项目课程以职业能力的培养为目标，以岗位需求为依据，以工作结构为框架，以工作过程为基础组织教学过程，突出任务中心和情境中心。项目课程综合运用相关的操作知识、理论知识来完成工作任务，以工作任务整合理论和实践，加强了课程内容和工作之间的联系，形成了在复杂工作情境中进行判断并解决问题的能力，提高了学生的综合职业能力。

工作过程导向的综合课程开发是一个客观分析与主观设计相结合的过程。分析和描述工作过程是确定学习情境和设计教学项目的基础。课程开发的任务就是将这些有教学价值的工作过程描述出来，并将其设计成具体的学习情境，且尽量以教学项目的形式呈现。要想深入分析工作过程，必须首先详细描述工作过程的各个层面，这些层面包括基本工作对象、重要的工作组织方式，以及社会、企业和顾客对该职业（专业）的期望与法律标准等。可以看出，工作过程导向课程一般为开放性的课程计划，是一种适合作为高职院校的校本课程。

项目课程有以下主要特点：（1）保持学习中对工作过程的整体掌握，学生可在完整的和综合的行动中进行思考和学习；（2）以学生为中心，课程面向每一个学生，关注学生在行动过程中的学习体验和个性化创造；（3）合作式学习培养了学生解决实际问题的能力；（4）强调对学习过程的思考、反馈和分析，课程评价标准具有多元性，行动的过程和结果具有开放性；（5）重视典型工作情境中的案例，以及学生自我管理式学习。

项目课程作为突破我国学科系统化课程模式，建构体现我国职业教育特点的，具有工作过程导向式课程开发模式的一种有效方法，在课程改革中被看好。当然，它在实施中也遇到了一些困难和问题，主要表现在：（1）一些学校和专业在现有条件下很难找到和开发完全满足要求的项目；（2）现有的师资水平还无法适应项目课程教学的要求；（3）项目课程教学给以班级授课制为主要形式的教学秩序带来了挑战；（4）需要有充足的场地、设备、现代化教学手段和资金投入。

第三节　现代职业教育课程的开发

课程开发是指通过需求分析制定课程目标，确定课程结构，选择课程内容，组织相关教学活动并进行计划、组织、实施、评价、修订，最终达到既定目标的整个工作过程。它是一项复杂的工程。

一、职业教育课程开发的原则

（一）以创新教育为核心，以全面素质教育作为指导思想

素质是人在先天生理基础上经过后天教育和社会环境的影响，由知识内化而形成的

相对稳定的心理品质。也就是说，素质是知识的稳定、内化和升华的结果，具有理性的特征。知识是素质形成和提高的基础，但只有知识并不等于具有较高的素质。素质又是潜在的，通过外在的形态（言行）来体现，相对稳定地影响和左右着人们对待外界和自身的态度。

素质教育从整体意义上讲，是提高人的身心健康和发展水平的教育，是强调潜能的发挥，以及心理品质的培养和社会文化素养训练的整体教育。一个人的素质的养成与发展是一个逐步提高的过程，因此，应该根据不同学习阶段的生理、心理和社会文化素质的实际情况，进行富有时代特征的综合素质教育。

创新教育是根据创造学的理论方法，兼容现代心理学、教育学、哲学、思维科学的最新成果，应用于教育教学实践中的一种以开发学生创造力，培养创造型人才为目标的现代教育。创新教育对学生品格的形成和能力的提高具有不可替代的重要作用。创新教育是全面素质教育的核心，没有创新，就没有发展。我们要对培养目标、教育模式、课程体系、教育内容、教学方法，乃至教材进行重新审视，构建新的课程体系。

（二）以纵向沟通和横向衔接为课程编制的原则

课程的编制亦称为课程设计。从认定目标到教材的选择，以及教学的实施，都要精心设计。课程编制过程中，应遵循的原则，按编排的形式可分为纵向组织原则和横向组织原则。

纵向组织原则。其核心是序列。传统的序列原则是按由简到繁的序列编制学习活动。这一原则的基本含义包括：由简到繁意味着涉及从已知到未知，由浅入深的学习活动；从具体到抽象意味着先呈现直观的教学内容，然后进行提炼归纳。这一原则适用于逻辑系统非常严密的学科课程编制。

横向组织原则。"整合"是横向组织原则的核心概念。采用跨学科的方法来组织课程，就是横向组织的整合化。"整合化"意味着打破固定的学科界限和传统的教材内容，强调的是广度而不是深度，注重的是知识的应用，而不是知识的形式。通过整合原则可以加强学科间的联系，加强课程与个人兴趣和需要的联系，加强课程与外部经验和社会需要的联系。横向组织原则包括联系性与综合性。横向组织原则要求把组织要素应用于广泛多样的情境之中。

当我们设计的课程同时具有纵向和横向连续性时，其内容会互相强化，学生可以更深刻、更广泛地理解和掌握所学课程的基本内容。

二、职业教育校本课程的开发

校本，即以学校为本，以学校为基础。其含义是"基于学校""在学校中""为了学校"。其中，"基于学校"是指要从学校的实际出发，所组织的各种培训、展开的各类研究、设计的各门课程等都应充分考虑学校的实际，挖掘学校的种种潜力，让学校资源更充分地被利用起来，让学校的生命活力释放得更彻底。

（一）职业教育校本课程开发的含义

职业教育校本课程开发，是指在国家规定的课程计划范围内，以学校和企业为课程开发的主要场所，依据学校的性质、特点、条件，以及学生的需求和可利用的课程资源，由学校校长、教师、企业技术人员、行业相关人士、课程专家、学生、家长，以及社区人士等共同参与学校课程计划制订、实施、评价的活动。其核心是打破自上而下的课程运作方式，主张把课程的决定权还给学校、教师、学生以及家长，是一种自下而上的课程运作方式，其强调课程的适应性，关注学生的差异性。

（二）职业院校校本课程开发的理念

职业院校进行校本课程开发，必须首先明确其指导思想。

1. 目标观——以就业为导向

从主动适应社会、经济发展的需求来看，职业教育就是就业教育。以就业为导向，提高就业率，是职业教育的核心目标。职业教育的课程应能直接地反映社会和企业的需要。因此，职业校本课程的开发应以就业为导向，以促进毕业生就业为目标和根本指南。

2. 课程观——以能力为本位

从职业教育人才的培养目标和以就业为导向的教育方针出发，职业教育能力型课程开发应以职业能力为本位。职业能力是人们从事一门或若干相近职业所必需的本领。它由专业能力、方法能力、社会能力三个方面组成。围绕"职业能力"这个核心，我们在进行课程体系设置时，必须确保各项能力目标都有相应的课程或课程模块，即以能力为本位构建理论教学体系和实践教学体系，拓宽基础，注重实践，加强能力培养，提高学生的综合素质。

3. 教学观——以学生为主体，以教师为主导

在教学过程中，学生是学习活动的主体，要靠学生自己主动地建构知识、形成能力、调整态度来发挥自身的主动性。教师的职能由以教为主变为以导为主，教师应该成为课程的设计者、教练、指导者、导师和顾问，以全面建立"以学生为主体，以教师为主导"的教学观。要切合学生的资质与兴趣上的个别差异，使每一位学生的潜能都能得到充分发挥。同时，教师不能毫无选择地教授教科书的全部内容，而是要配合学生的背景及需要、学校与社区的条件，选择、调整或改编教科书的内容，甚至自行编撰，以适应学生学习的需要。

（三）职业教育校本课程开发的模式

职业教育校本课程开发模式是在一定课程理论指导下，依据校本课程开发的规律而形成的，校本课程开发过程中比较系统或稳定的操作程序及其方法的策略体系。建立合理的开发模式是职业教育校本课程开发的关键环节。

1. 建立职业院校校本课程开发的基本组织结构

职业教育校本课程开发，是一个基于专业教师结合行业发展实践，不断总结教学经验基础上的连续的修正完善的过程。从一定角度来说，它是全体教师和学生共同探求的结晶。职业教育的校本课程开发要根据行业的发展不断有所改进。它需要大量的市场调研和前沿数据，这些工作不是简单的资料收集和理论撰写。因而，调动一切可以调动的人力，开发和利用一切可能的课程资源，建立由校级领导、专业处室负责人、骨干教师、行业在职人员等为基础的职业院校校本课程开发的基本组织结构，是必需的，也是必要的。它能使资源的配置和利用达到最大化，也能增强教师间的凝聚力和归属感，只有多股力量的有效结合，校本课程开发才能完整地体现院校的教学本位和以培养符合市场、行业需求人才为目的的教学思想。

2. 开拓和尝试多种行之有效的校本课程合作途径

职业院校独有的办学特点和课程上的实践性与时效性，使得在开发校本课程方面不能闭门造车，要广开思路，寻求多方面的合作途径，如校际合作。相关院校间相同课程上的合作开发，可以降低课程开发成本，可以利用兄弟院校的资源，学习彼此之间的长处；专家与院校的合作，可以充分借助专家在此领域内的深厚造诣和所获得的全新信息，开发较为前沿的课程，但要避免忽略职业院校本身现状和不足的问题；研究机构与学校院校联合的合作，可以借用研究机构良好的科研设备和专业人员，开发出理论先进、资料翔实的课程，但要考虑课程本身的特点，强调它的实用性和可操作性；教育行政部门与院校联合的合作，是资源最为强大的一种开发途径，它往往能够得到很好的支持，对院校知名度的提升有很好的推动作用；领导与教师合作是目前大多数职业院校所采取的校本课程开发模式，领导及教师对本校的情况最为了解，他们合作开发出的校本课程在一定程度上最适合院校自身的需要。

上述这些校本课程开发的方法不是单一的，也不是固定不变的，而是需要各个职业院校根据实际情况综合考量，选择最合适的开发渠道。

（四）职业教育校本课程开发的策略

校本课程开发的目的是让所有的学校都"动"起来，让所有的教师都"站"起来，让所有的学生都"飞"起来，让所有的教育参与者都"沟通"起来。要成功地开发校本课程，必须注重开发策略。

1. 建立校本课程开发的基地

由于职业教育职教性的作用，校本课程的开发，不仅要在院校内部完成人、财、物三个方面的配置，而且必须与所属行业内的企业密切合作，使之实现资源共享。目前，一些高职院校成立组建了高职教育研究所，来承担这一职能，这个做法是值得借鉴的。

2. 建立课程开发的保障体系

尤其是为了保持校本课程开发的连续性，职业院校应实现校本课程开发的规划性，即评价机构的学术化与制度化，以及不受领导更迭影响的相对独立的资源配置制度。

3. 明确课程开发的基本特征

在校本课程的开发过程中，应注重课程的几个方面：①结构性。即所选课程要有一个传递信息的最佳知识结构与话语结构。②一致性。即课程中各种观点的关系要明晰，从一个观点到另一个观点具有逻辑关系。③完整性。课程的每一个单元要实现一个明确的目标。④适时性。即课程要符合与适应现实的知识基础与背景。

4. 明确课程开发的操作流程

在突出应用科学的逻辑性基础上，设计制订出一整套可行性调研方案（提纲），具体包括：学科带头人与团队的组成；课程开发的计划制订；经费的申请、划拨与使用；专业知识所在产业发展、行业界定及政策的研讨；与相关企业的战略伙伴关系及项目合作。

5. 明确课程开发的定位与范型

定位是指行业所需的专业学科、职业岗位群的分布。范型包括问题中心课程范型、技术中心课程范型、训练中心课程范型、项目中心课程范型、体验中心课程范型、证书培训中心课程范型及其他形式。

6. 重视课程开发的方法研究和成果借鉴

制订科学规范的校本课程开发方案，重视综合运用先进实效的研究与分析方法。如行业分析方法（国家或地区层面）、专业设置方法（国家、地区、学校层面）、专业课程开发方法（院校层面）、单元课程开发方法（院校层面）、课程评价方法（国家、地区、学校层面）；又如，在具体科学研究方法上，可以选择综合运用文献研究法、比较研究法、实地研究法、访问研究法、调查研究法、实验研究法、社会网络分析法、同期群与事件史分析法、统计分析法等。

7. 重视课程开发的理论构架

只有通过各种不同的理论流派和学术观点的交流、碰撞与争鸣，才能不断地澄清课程开发中矛盾运动的特点，掌握课程开发中矛盾运动的基本规律，从而推动课程改革健康顺利地开展。这是普教课程开发的一般规律。在此之上，职教的课程开发，还应遵守课程结构，符合人才培养目标的要求，课程的设置落实对职业能力的培养等。其中，应强调的是，在课程开发全过程中重视专业剖析的内容和标准，重视专业设置和专业培养目标。

8. 加强课程开发的学科预见性与超前性

这需要开发者对市场与国家的政策、法规等深入长期地研究与进行战略性的考虑。主要涉及内陆地区与沿海经济发达地区的职业就业岗位比对研究，国内与国外发达国家的职业就业岗位比对研究，对本地区具有地域特色的行业的深入研究等问题。

9. 突出课程开发的创新性与规范性

课程开发的创新性是一项综合性体现。它包括指导思想、体例、专业等诸多方面的创新。同时，也应注意其符合《高职高专院校人才培养工作水平评估》标准的规范性。并且，这种创新的关键在于紧扣市场与敢于打破旧有专业划分的思维惯性与限制。

第四节　现代职业教育课程改革与发展趋势

一、职业教育课程改革的对策

（一）确立课程开发的研究意识

许多人把课程开发简单地理解为编大纲，编教材，而"编"往往又只是"抄"或"拼凑"。同时，又犯了过于关注操作方法，忽视了理念建设的错误。因此，必须改变课程开发的工作方式，把课程理念研究与课程产品开发结合起来，以创造性的设计思维去完成每一步开发工作，着力树立起课程开发的研究意识，努力形成每个专业乃至每门课程的创立理念。

（二）提高对开发成果的精细化要求

职业教育课程开发只有加强精细化，才能增强对每一个环节的开发意识，才能把笼统的要求细化成最终可执行的教学方案。然而，目前许多院校的课程开发未能精细地把握某些关键的开发环节，这就必然影响课程目标功能的实际发挥。要改变这种状况，除了按照精细管理思想要求改变工作态度外，还必须加强对课程开发者的优选，在专家引领下通过课程开发提升教师的分析能力。

（三）加强对课程开发过程的控制

职业院校在课程开发行动之前，要制订详细的课程开发方案，细化课程开发过程，确立每一个环节的质量标准。在课程开发过程中要实施过程控制，努力控制每一个环节的质量。当然,课程开发是一个呈螺旋式的上升过程,情况往往是当教师完成后面的开发步骤后,回过来才能更好地修改先前完成的步骤。因此,加强对课程开发过程的控制,不能机械地理解为只有按要求完成了一个步骤,之后才能进行下一个步骤,而是要清楚地意识到每一步的质量标准。

(四)建立深度的校企合作机制

课程开发环节和项目体系的建立需要企业专业的深度参与和广泛支持。校企合作项目课程既有模拟项目,也有真实项目。模拟项目只是训练基本职业能力,学生要进一步获得真实的职业能力,还必须依托直接来源于企业的真实项目。模拟项目比较稳定,而真实项目是开放的,二者相互补充,构成了完整的项目体系,形成了学生职业能力发展的完整阶梯。尤其是真实项目,在学生职业能力发展中具有非常重要的价值,是职业教育课程的特色所在,应当予以努力开发。

(五)创业教育融入课程体系

基于工作过程的课程设计方法,遵循设计导向的现代职业教育指导思想,打破了传统学科系统化的束缚,将学习过程、工作过程与学生的能力和个性发展联系起来,不但重视学生适应工作环境的能力培养,还特别重视构建或参与构建工作环境的能力培养。在课程体系设计中必须贯彻这一理念,而在学习领域中融入创业教育模块是实现这一理念的最佳途径。

总之,在更加科学、系统、精细的层面构建课程体系,是职业教育课程改革的重要跨越。相对于以打破学科体系为核心内容的初级阶段来说,实现这一跨越的难度更大,也更具实质性。要实现这一跨越,就必须把课程开发与课程研究结合起来。

二、职业教育课程开发的发展趋势

目前,我国正处于推进第三次职业教育课程改革的过程中,特别是基于工作过程的工学结合课程模式,正在成为引领和推动整体性职业教育课程改革的主流模式。同时,在学习先进国家的职业教育理念和课程开发方法的基础上,形成具有中国特色的职业教育课程体系,应该成为职业教育课程改革的发展趋势。

(一)课程导向能力化

从知识本位转向能力本位,从能力本位转向全面素质发展与能力本位结合,是职业教育课程发展的重要趋势。以知识为本位的传统职业教育课程比较注重学科体系的完整性,而课程内容与产业界对劳动力职业能力要求之间的相关性不高,以致常遭产业界诟病,探索一种能够更有效地训练职业能力的课程模式就成为职业教育课程发展的迫切需求。在这一背景下,能力本位教育自20世纪80年代以来,在美国、加拿大、澳大利亚、英国等国家得以迅速推广和应用，从而成为当前世界各国职业教育课程发展的重要趋势之一。

（二）课程目标多元化

随着工业化时代向信息化时代的转变，职业教育课程目标也从单纯地注重培养专门技能和专业能力向注重培养社会适应能力、综合职业能力、创业能力，以及情感、态度、价值观等多种素质相融合的方向发展，并追求工具性、效用性和发展性的价值统一。这种发展趋势必然促成各种课程观的有机融合，使得职业教育课程观逐渐从原先单一的技能型向以综合职业能力为核心的多元整合型发展，呈现出学科本位—能力本位—人格本位的发展态势。这种发展态势说明，当代职业教育课程改革的一个重要指导思想是要把职业教育课程目标由培养单纯的技术劳动者变为培养技术人文者。这一多元整合型的课程观，客观上要求将"以人为本"的思想贯穿在职业教育课程发展的全过程。

（三）课程范围广域化

随着科学技术转化为直接生产力的速度日益加快和社会职业转换频率的提高，学习者为某一具体职业做准备的传统的职业教育课程模式受到了巨大挑战，终身职业教育理念迅速为世界各国所接受。从学习者个体职业生涯发展的角度来开发课程，成为必然趋势。同时，工作性质的变化，使得当前多数工作的完成不能单纯依靠从业人员娴熟的技能，而必须凭借他们广博的专业基础知识、精湛的解决问题的能力，以及富有团队合作精神的职业态度等职业综合素质。这就要求职业教育必须尽可能地拓展课程内容的范围，注重培养学习者的非专门化技术能力，即关键能力。

（四）课程实施实践化

精湛的职业能力并不是通过理论性知识的学习而获得的，更多地要依赖经验性知识的掌握。虽然，学生在校期间也要通过具体的实训课以获得经验性知识，但这种模拟学习情境毕竟有别于真实职业情境。为此，职业教育在发展上由以学校为本向以校企结合为本的方向转移，相应地职业教育课程实施模式也由单一的学校向以校企结合的方向转移，进而采用由企业与学校合作、生产与教学配合进行的产教结合、双元教学的职业教育课程实施模式。也就是说，职业教育在课程实施上十分重视实践性，用以培养学生娴熟的实际操作技能与快速解决实际问题的能力。

（五）课程开发系统化

学习是一个终身持续的过程，是使人适应不断变化的过程。终身教育观的确立改变了终结性、一次性的职业教育观。"只有终身学习、终身受教育，才能终身就业"，已成为现代劳动力市场的一条基本规律。在这种背景下，当代职业教育课程开发自然就成为一个系统工程，课程开发的整体性和连续性特征越来越显著。课程开发由现在的阶段单向型渐次转变为连续多向型。在课程设计上，注重不同学科、不同层次内容间的衔接，尽可能地拓宽专业口径，为受训者提供继续学习的接口；在课程结构上，采用弹性化的单元模块式；在课程计划上，富有灵活性和开放性；在课程开发主体上，由企业、学校与行业和其他经济部门共同开发。

（六）课程结构模块化

结构模块化是职业教育课程发展的重要趋势，如MES课程模式、能力本位课程模式、行动导向课程模式等，在课程开发中都显示了这一特点。"模块"一词最初是建筑、家具、计算机等行业的术语，其内涵有三：它是一个部件、组件，其大小介于整体与零件之间，是整体的基本组成部分；每一个模块本身是独立的，可以将其进行不同的组合；每一个模块都是标准化的，有严格的指标要求，否则，就无法对模块进行不同组合。这三个方面同样也是模块课程的核心内涵。

（七）课程管理弹性化

为适应不断变化的劳动力市场，满足人们接受终身教育的需求，推行个别化教学，职业教育课程管理必须由刚性走向弹性。用学分制替代学年制是实现这一转变的重要手段。此外，在英国、澳大利亚已经得到普遍应用的"对先前学习的认可"，旨在通过建立一个系统、有效的评价过程，正式认可个体已有的技能和知识，而不考虑他是如何、什么时候或为什么会获得这些知识和技能的。当然，这些知识和技能一般不是通过学校的正式学习获得的。

（八）课程评价标准化

职业教育课程评价是以行业的就业标准为依据的，通过确立统一的国家职业资格标准来实现。国家职业资格标准的确立为职业教育课程目标的制定、课程计划的编制、课程内容的选择与组织以及课程评价提供了可遵循的依据。这也意味着职业教育课程评价标准化的形成，预示着职业教育和职业培训的质量评估体系向标准化、全球化的水平迈进，而这种趋势自然要求职业教育课程评价也应该以相关的职业资格标准作为课程评价的依据与准则。

第五章　现代职业教育的教学方法

第一节　现代职业教育的教学原理

一、职业教育的教学本质

（一）教学的含义

教学的含义，不同的历史时期所指不尽相同，不同层次与研究领域的使用与研究者，对教学的界定也是各不相同的。

1. 教学即教授

在我国，19世纪末20世纪初较为流行的观点便是教学即教授，意为教师的教。人们非常重视教师的"教"，以及"怎样教"。在西方，"教学"有"说明"的意思，即教授、讲授，同样偏重于教师的教。

2. 教学即教学生学

这种观点强调教源于学，教是为了学生的学。这与西方"教学即成功"有相同之处。

3. 教学即教师的教与学生的学

这种观点已普遍为人们所接受。从构成教学活动的要素看，活动的主体是教师与学生，教师与学生以课程内容为中介，以一定的目的为追求而共同参与到同一活动中去，构成完整的教学活动，即教师的教与学生的学。教学的本质目的是为学生的发展、学生的学习。教师的教，目的是引起学生的学，以达到社会要求。因此，教师的教和学生的学是教学活动同一过程的两个方面，彼此不可分割地联系着。

（二）教学的本质

教学的定义有很多，解释各异。概括来说，教学是在教育目的指引下，以课程内容为中介而进行的教师的教与学生的学的双边活动。在这个活动中，通过教师的引导作用，使学生掌握一定的知识、技能，形成一定的能力、态度。在教学活动中，一方面，教主要是教师的行为，是一种外化过程；学主要是学生的行为，是一种内化过程；另一方面，教与学互相依赖、互为基础。在教学情境中，教师的教就意味着学生的学，学生的学也蕴含着教师的教，不存在没有教的学，也不存在没有学的教。教为学而存在，学又要靠教来引导。

（三）职业教育的教学

职业教育的教学，是指在人才培养目标的指导下，以职业教育课程内容和实践为载体，教师有目的地教学生学与学生主动地学习知识和训练技能，进而形成职业能力的双边活动。

（四）职业教育教学的特点

1. 教学目的的职业性、实用性

学生进入职业院校，就要根据未来职业的需要进行定向培养，教学内容、教学过程、教学方法、教学组织等各个方面均应反映特定的职业特色和风格，带有该职业的烙印。职业教育培养的是技能性、技术型的人才和劳动者，追求的不是理论水平，也不是学历文凭，而是一种能满足某一职业或工作需要的综合职业能力，是一种以培养职业能力为基础的教育。职业院校教学从将来工作需要出发，注重知识的实际应用，重视与生产过程相衔接。

2. 教学内容的综合性、先进性

职业院校的服务范围广泛，培养目标跨度大，既可以培养专科学历的高级技术型人才，以从事脑力劳动为主的技术人员、管理人员，又可以是中等教育学历的技能型人才，以从事体力劳动为主的技术工人和其他劳动者；培养的人才既具有专业特长，能顶岗劳动，还有一定的通用性，一专多能，满足转换职业和在职提高的需要。这就要求职业院校的教学内容具有综合性，要开设文化课、专业技术课、专业课、综合实践课和实训课等。

当今社会，知识技术更新速度快，社会生产中出现的设备、工艺、产品更新周期短，产品批量小，质量要求高，职业教育应及时调整教学内容，与现代生产技术水平要求保持一致。

3. 教学对象的复杂性、终身性

首先，教学对象的年龄、阅历层次复杂；其次，学生的学习基础、学习目的、学习动机，以及对所学专业的认识、情感等有着较大的差异，自然就存在着各种各样影响学习的消极因素，增加了教学的复杂程度。

当今世界，全球化程度越来越高并不断快速发展，新技术的广泛使用、信息呈指数性质增长、人口流动、社会转型、气候变化，以及可持续发展等都需要社会从业人员不断更新知识、拓宽视野、培养能力，增强人的发展活力和后劲。职业教育教学，不仅要考虑学生第一次就业需要，而且要为其再学习提供基础，应着眼于劳动者的整个职业

生涯。

4.**实践教学的中心性、多样性**

职业教育实践教学的任务就是通过教学实训、生产实习等综合实践课程，使学生巩固、加深、补充在理论课教学中所学到的知识，掌握必要的职业技能，形成职业能力，实现自身价值。因此，文化课、基础课、专业课应围绕实践组织教学内容，为实践教学服务。

实践教学的组织可采用实验、教学实习、生产实习、技术推广等多种方式，可以在校内的教室、实验室、实习车间进行，也可以在校外的实习基地、生产现场进行。不同的教学环境是为不同的教学内容和目的服务的，各种环境相互补充，相互促进，使得学生在真实岗位环境中可以获得最优化的教学效果。

二、职业教育教学的基本规律

教学规律是教学及其要素发展变化过程中的本质联系和必然趋势。基本规律，是指不但具有必然性和稳定性，且对教学过程的性质、方向和结果具有决定作用的本质联系。一般来说，教学的基本规律包括教与学相互依存的规律、教学与发展相互促进的规律，以及间接经验与直接经验相互作用的规律。

职业教育的就业导向属性，必然使得职业教育教学除具备教育基本规律外，还具有特殊的教学规律。

（一）职业教育教学目标以职业能力为本位

职业院校的教学既要为人的生存考虑，又要为人的发展打下坚实的基础。因此，职业能力培养就成为职业教育培养目标的核心追求。

职业教育教学目标着重于学生职业能力的培养。形成职业能力比习得专业理论知识、获得职业资格更重要，能力本位的教育就是素质教育在职业教育中的体现。个体职业能力取决于专业能力、方法能力和社会能力的整合，这样当职业岗位发生变更，或者当劳动组织发生变动的时候，个体依然能在变化了的环境里积极寻求自己新的坐标点，进而获得新的职业资格。

（二）职业教育教学过程以工作过程为导向

任何职业劳动和职业教育都是以职业的形式进行的，这是职业教育属性的最本质表述。职业教育的这一属性反映在教学中，集中体现为职业教育的教学过程与相关职业领域的行动过程的一致性。

以职业的工作过程为参照体系的职业教育教学过程，强调以在工作过程中所包含的行动过程和学习领域展开教学，即教学主要围绕着有关生产设备、工具、工艺流程、加工方法的知识和操作技能等生产技术方面的学习和训练而展开。

(三)职业教育实践教学以多元为模式

探索多元工学结合模式是职业教育发展的迫切要求,即根据企业的生产特点和运行状况调整教学计划和安排,组织实践教学,通过采用顺序图、框架图的方式,使原来难以把握的实践教学过程成型、固定,形成一定的程式,以提高实践教学的规范化水平。另外,以产品质量、工作态度和团队合作为核心指标的系统实践考核,可以提高实践教学的效果。

(四)职业教育教学过程以企业深度参与为主体

校企的深度合作已经成为职业院校谋求生存发展的一个最重要主题。在教学组织形式上,可根据企业的要求制订教学计划,安排教学内容;企业可派兼职教师到院校承担专业课的教学任务,促使学生融入企业。院校企业可通过多元合作发展长期合作伙伴关系,把企业的生产和管理引进院校,探索校企深度合作的职业教育集团化发展新平台,使企业参与对院校的发展决策,把企业的人力资源要求完全与院校的教育教学目标相接轨。

三、职业教育教学原则

职业教育的教学活动既与一般教学活动有共通性,又有自己的特殊性。在职业教育教学活动中,除了要遵循一般教学活动的教学原则(直观性原则、启发性原则、系统性原则、量力性原则、思想性和科学性相统一的原则、理论联系实际的原则)以外,还应遵循以下原则。

(一)职业性原则

职业性原则包括两方面的含义:一是指职业院校教学活动的展开应该以职业岗位需求为依据,以就业为导向;二是指在职业院校的教学过程中,要注意立德树人与学生职业意识和责任意识的养成相结合。这是职业院校教学的首要原则。贯彻此原则要做到:

1. 明确专业(工种)未来职业的形式、范围、规范和环境、特点、要求,并据此明确其应有的职业道德及职业知识、技能和能力的结构,以及该领域中科学技术发展的新成果。

2. 教学活动要从职业岗位需求出发去培养、训练和陶冶学生。

3. 入校时要根据未来职业的需要进行职业定向、职业指导;在校期间要着重培养学生的职业知识、职业技能、职业能力、职业道德,使之毕业后能立即或很快地适应某种或某些职业的需要。

4. 坚持立德树人。通过直接参加岗位实践活动,培养学生的职业道德、服务意识、质量意识、合作意识，以及社会责任感等。处理好全面素质发展、职业技能培养和个性需要之间的关系。

（二）实践性原则

实践性原则是指在教学过程中，教师要引导学生从理论与实际的结合中理解知识，并运用知识去分析、解决实际问题，做到学懂会用、学用结合、学以致用。培养学生以知识为中介分析问题和解决问题的实践能力，是职业教育培养目标的内在要求。该要求突出理论与实践的结合，即联系学生实际，联系专业实际。贯彻此原则要做到：

1. **教学活动以培养学生的实践能力作为追求目标**

理论教学要以实践教学的需要为依据，根据学生未来的职业岗位需求有序地进行。实践教学要在理论教学的指导下，让学生熟悉工作环境，掌握岗位工作程序，了解岗位工作中的困难和问题，寻找完成工作任务，创造新的岗位业绩的途径，使学生亲身接触经营管理、人际关系、劳动纪律等，从而对其产生潜移默化的作用，为他们形成职业习惯、获得职业经验提供机会。

2. **加强教学实践活动**

根据教学内容的要求，有明确的目的和详细的计划，组织学生进行教学实践活动，促进理论学习和知识运用的结合，增加学生的直接经验，促进学生对理论知识的掌握。

3. **充分发挥实践教学场地的作用**

要充分发挥校内实践教学场地（如实习车间，实验室、演示室等）的作用，同时，还要充分利用校外企事业单位的生产、营业和办公现场对学生进行具有针对性的、与现实生产或工作相一致的培训，尽量让学生亲自动手实践，提高其实际工作能力和工作经验。

（三）情境性原则

情境性原则，是指在教学中通过创设某种实践情境，让学生参与并感受其中，引导学生形成事物的清晰表象，获得生动鲜明的感性认识，掌握理论知识，形成一定的职业实践能力。贯彻此原则要做到：

1. 职业教育教学过程要以该专业所对应的典型的职业活动的工作情境为导向，在真实或模拟的职业实践情境中展开。

2. 根据不同的教学目标、教学内容创设不同的情境。以现实生活中的真实的工作环境，或运用现代教育技术创设的虚拟的、逼真的模拟情境等，创设实际生活情境；结合专业课的特点运用案例教学、根据学生感兴趣的生活热点等设计问题情境。

3. 激发学生的职业兴趣和职业情感。职业情境的创设缩短了学生与工作环境的距离，可以使学生置身于具体情境，了解工作环境、工作流程、岗位设置等。应让学生尽快适应职业角色，养成职业习惯，切实感受自身发展和专业的关系，培养职业的自豪感、幸福感、成就感，从而培养学生爱业、乐业的精神，形成职业情感。

（四）指导性原则

职业院校的教学过程是学生在教师的指导下，相对独立的学习专业理论知识和从事专业实践活动的过程。贯彻此原则要做到：

1. 入门指导

通过检查复习，引导学生运用已经学过的技术理论知识和生产操作技能，加强新旧知识的联系和迁移；通过目的明确，内容具体，方法得当，语言简练，重点突出，条理清楚地讲授新课，对设备、材料、工具、图纸、加工工艺、可能发生的故障、技术要点、文明生产、操作规程等进行清楚的讲解；通过步骤清晰可辨，动作准确无误，操作方法规范的示范操作，做好指导；通过分配任务，检查操作准备。

2. 巡回指导

有目的、有计划、有准备地巡回指导学生正确使用生产技术设备，纠正错误操作姿势；注意文明生产、安全操作方法，保证不断提高产品质量等；将集体指导和个别指导相结合，技术理论和实际操作相结合；注意总结经验，及时鼓励和推广。

3. 结束指导

结束指导是实践教学的终结环节，是在实践教学结束时进行的全面总结，用于检查、验收学生制作的产品或工作，评定学生成绩，全面总结学生操作训练情况，填写教学日志，以肯定成绩，指出不足，鼓励进取，保存资料。

教学原则不是孤立存在的，而是相互联系、相辅相成的，它们共同构成了一个完整统一的职业教育教学原则体系。

第二节 现代职业教育的教学过程

考察职业教育完整的教学过程，可分为教学准备、教学实施和教学评价三个阶段。

一、教学准备阶段

教学准备阶段是教学的首要环节，其主要任务是做好教学的准备，即备课。

（一）备课的种类

1. 个人备课和集体备课

根据备课主体的不同，可划分为个人备课和集体备课。

个人备课是指每个任课教师独自进行的备课工作。优点是不受时间限制，灵活方便，有利于调动教师的主观能动性。

集体备课是指几位教师集中在一起进行的备课工作。优点是有利于教师间交流和集思广益，统一教学要求。

2. 学期备课、单元备课和课时备课

学期（或学年）备课或单元备课，是指对某门课程的整个学期或某个单元的教学活动做准备。教师要对学期教学做出全面的考虑和准备，包括教学目标、教学内容、教学方式、教学进度和各章节或各单元的组织、教学资源及其配置所需的学具、教具和各种资源与资料。

课时备课，即教案，是在学期备课和单元备课的基础上，对一节课的教学活动进行细致准备和设计。内容包括班级、授课时间、授课人、授课内容、教学目标、教学难（重）点、教学方法、教学资源等。

（二）备课的内容

1. 钻研课程

包括研究课程计划、课程标准，领会课程的基本理念和目标，把握教学的基本要求及教学内容与教学材料的体系范围与深度；研究教科书，掌握课程的基本原理与知识体系，准确把握各章节或各单元、各课的重点、难点及前后联系；广泛阅读参考资料，选取合适的材料充实教学内容。

2. 熟悉生产（或工作）过程

这是职业学校教师备课时必须做的一项工作。了解课程所对应的相关职业或岗位的生产环节、工艺流程、技术要求、操作技能、岗位职责，以及机器、设备的构造、性能、维修等，以提升教学的有效性。

3. 了解学生

要全面了解学生的知识基础、认知能力、技能水平、学习态度、思想特点和个性特征，使教学过程符合学生实际认知能力和动手操作能力，增强教学的预见性与针对性。

4. 设计教学方式

首先确定基本的教学方式；其次结合教学内容，分别设计学生的学习方式、教师的教授方式和师生互动方式；然后进行具体的教学设计，包括教学环境、教学方法、教学手段、教学程序，以及教学策略和教学媒体设计等。

5. 编写教案

按照教案的基本结构进行精心设计，并用规范的结构和简练的语言表达出来，形成书面形式的教案。编制教案的过程，是教师对自己组织的每一个教学活动的时空结构进行规范和优化的过程。

二、教学实施阶段

（一）讲课

讲课是教学过程的中心环节，是教师运用口头语言系统地向学生讲解理论知识的活动，这也是教学活动的基本形式。

讲课的基本要求：一是目标明确；二是内容正确；三是重点突出；四是方法得当；五是组织有序。清晰、准确、简练、生动且富有启发性、条理性的语言，有利于集中和保持学生的注意力，是促进学生不断提升学习兴趣的动因。

（二）作业

作业是课堂教学的延续、拓展和深化，目的在于巩固、消化和运用所学知识。方式主要有：一是阅读与思考作业，预习或复习，理解或思考阅读资料；二是口头与书面作业；三是实验与操作作业；四是调研与社会实践作业。

作业的基本要求：符合课程标准，目的明确；形式多样，分量适当，从学生实际出发；讲评适时，追求批改艺术，鼓励作业创新。

（三）实验

实验是指为检验某种假设或理论，运用一定的仪器设备和材料，在控制某些条件的情况下，通过观察事物及其发生变化过程，获取知识、巩固知识和培养学生实际操作能力的教学环节。实验是实践性教学的重要组成部分。根据实验的目的，实验可分为三种：一是验证性实验。根据已有的理论知识，预先拟订实验程序，让学生按照实验指导书中提示的仪器、设备、材料及操作步骤，完成实验过程；然后按照规定的观察、测定方法，记录实验结果，得出实验结论。二是探索性实验。通过实验过程对未知事物或已知事物的未知性质进行观察、测试和研究，借以发现新现象，得出新的实验结果，这种实验也称试验。三是设计性实验。以制成某种产品或形成某种工艺路线为目标，运用已有知识和经验进行结构或程序设计，综合应用多种实验手段，尝试达到预定目标的实验方法。

实验教学的基本要求：目的明确，准备充分，过程科学，指导得当，评析实验报告。

（四）实习（实训）

实习是学生在教师或工程技术人员的组织指导下，参与一定的实际工作或生产操作，借以掌握相关技术、技能或综合运用知识于实践的教学活动。实习是专业知识与生产（工作）实际相结合的教学形式，是职业院校教学活动中主要的实践环节。根据实习目的、要求和工作范围的不同，大致可以将实习分为以下四种。

1. **认识实习**

认识实习也称见习，即通过到生产现场进行参观，使学生对工作环境、工作流程和学习内容有所了解，获得感性知识，促进理论联系实际。

2. **教学实习**

紧密结合专业课程，以教学为主的实践性教学，使学生得到操作技术的基本训练，获得生产（工作）的感性认识，掌握一定的生产操作技能，同时，接受劳动纪律、安全卫生、环境资源保护方面的教育。

3. **生产实习（实训）**

生产实习（实训）是学生直接参与生产实习过程的实践性教学，即学生到专业对口的生产现场，以现职人员的身份进行实习，使学生得到实际工作的锻炼，熟悉工艺要求和生产操作过程，掌握直接、迅速顶岗的操作技能，并逐步形成良好的职业道德规范和职业行为习惯。

4. **毕业实习（顶岗实习）**

毕业实习（顶岗实习）是在学生毕业前，对其知识、技能要进行全面检查的综合实际锻炼，即学生到企业的具体工作岗位上进行专业理论学习和技能实训，以企业岗位生产的形式进行的实训教学。毕业实习（顶岗实习）需要学生完全履行其岗位的全部职责，能够独当一面，具有很大的挑战性，对学生的能力锻炼起很大的作用。

实习的具体要求：明确实习目的，编制实习计划，确定实习方式，搞好讲解示范，加强巡回指导，讲评实习结果，注意生产安全。

（五）设计

设计是提高学生全面素质和综合职业能力的主要实践性教学环节，分为课程设计和毕业设计。

1. **课程设计**

课程设计是在教师的指导下，运用某一门或几门课程的知识，解决一些具有一定综合性问题的筹划过程，是进行某一方面或某一部件的技术基础能力的训练，是工科类专业的技术基础课和某些专业课教学过程中的重要环节，是理论联系实际的重要方式，也是培养学生实践能力的重要途径。

2. **毕业设计**

毕业设计是使学生综合运用所学的知识和技能，按照培养目标的要求，进行的全面、系统、严格的专业技术综合能力的训练,并创造性地完成符合生产实际要求的设计任务。毕业设计具有综合性、实践性、独立性、探索性等特点,是工科类专业及其他需要培养设计能力专业的学生在校教学过程中的最后一个应用性环节,也是应届毕业生在离校前的综合性独立作业。

三、教学评价阶段

教学评价是教学工作中的基本环节,是对教师的教与学生的学相统一的收集事实信息并进行价值判断的过程。教学评价主要是对学生学习状况和教师教学质量的评价。职业教育的特殊性和复杂性决定了其评价的特殊性。

(一)教学评价的原则

1. 导向性

职业教育教学评价,既要评价所获知识、技能,又要评价综合能力;既要评价能力发展,又要评价基本素质的养成。职业能力及其相关知识,是职业教育教学评价的核心。评价不是为了评价而评价,而是评价与指导相结合,既要使评价对象知其长短优缺,又要为其发展指明方向,增加动力。

2. 客观性

职业教育教学评价的标准、方法过程和结果,都要切合职业教育课程教育教学的实际,不能主观臆断或掺杂个人的情感因素,也不能照搬普通高等教育的方式方法。

3. 过程性

职业教育教学评价不能局限于一纸试卷式的终结性评价,既要评价学习过程,又要评价学习结果;既要重视评价学习目标、学习内容,又要评价学习方式、学习方法;既要评价所获知识、技能,又要评价综合能力;既要评价能力发展,又要评价基本素质的养成。因此,职业教育教学评价应当贯穿教学过程的始终。

4. 多元主体性

职业教育教学评价的主体包括:教学管理职能部门,进行日常的教学管理、监控和阶段性的教学检查;教学督导,采用听课、调查、座谈、访问等各种形式,检查和督导教学各个环节的秩序和质量,提出切实可行的整改措施和方案;学生,通过感受教师的教学态度、教学水平、师德水平等发挥评价中的核心作用。教师应准确地掌握学生的信息,并及时给予反馈,形成教育教学评价中的良性互动。企业等用人单位,构成教学质量监控评价的社会主体。院校应主动寻求社会对自身教育教学质量评价的理念和需求。

（二）学生学习评价

1. 内容

（1）专业技能评价与社会能力、方法能力评价相结合。职业教育强调对学生关键能力或核心能力的培养，主要包括对技术的理解和掌握能力、决策能力、独立解决问题的能力、质量意识、合作能力、环境保护意识和社会责任感等。

（2）学习成果评价与学习过程评价相结合。既要关注学生学到了什么，更要关注学生是如何学到的。要在不断评价和反馈的过程中培养学生正确的学习观，从而实现对方法能力和社会能力的培养，同时，也有利于实现评价的客观性。

（3）教学过程评价与教学效果评价相结合。对职业教育教学进行评价，就要从教学过程和教学效果两个方面考虑。职业教育教学过程的评价包括课前准备评价、课堂教学评价、实践教学评价、作业布置与批阅评价，以及对学业成绩考评等。职业教育教学效果评价是对学生学习质量、技能、纪律和态度、职业素质等进行的综合评价。

2. 方法

以具体考试分数为指标的方式进行量化评价，对现代职业教育教学评价具有很大的局限性，要根据不同的教学阶段，不同的教学内容采用不同的教学评价方式。

（1）过程式评价

在一个真实的或者模拟真实的环境中，通过让学生完成一项具体的任务，从而对学生的知识、技能、能力进行判断的一种考核评价方式。在学生完成一项具体的学习任务过程中，任课教师对学生在学习活动中表现出来的合作精神、参与意识、分析问题的能力、探究能力、知识技能的掌握水平等方面进行全面评价。它重视学生整合所学知识的能力、分析问题的技能、合作学习的能力和解决实际问题的能力。过程性评价重视评价的过程性、公开性、情境性，以及评价标准的多重性。

（2）研讨式评价

把学生在参与课堂讨论中的表现作为学生学业成绩评价的一部分。在师生相互信任与协作的基础上，通过自我评价、同学互评、教师评价，形成师生互动、生生互动的中肯良性交流，肯定进步，树立自信心，指出不足，虚心接受并努力改进，形成积极健康的心态。其具体步骤有：一是明确讨论要达到的目标和评价，以及如何才能真正达到这些目标；二是选定研讨用的文本；三是教师提出问题，师生共同参与讨论，在研讨过程中引发学生对话与思考；四是以设计讨论过程的方式或记录表，通过一系列讨论记录的分析、对比，进而对学生所取得的成绩做出判断。

（3）答辩式评价

主要考查学生的语言表达能力和思辨反应能力，力求做到知识的口语化。它的目的在于锻炼、培养学生语言表达能力和反应能力。经常采用的课堂提问是单向的，一般只有对不对、完整不完整之分；而答辩式则突出了双向性，即师生的互动与交流，既有答又有辩，通过答辩，使学生的认识能力和表达能力得到提高。

（三）教师教学评价

教师教学评价主要包括教师教学过程评价和教学绩效考核。教学过程评价主要是考查评价教师钻研和使用教学材料，以及教师运用相关教学方法、教学手段的活动。具体说，就是从教学活动的各个环节入手予以评价。例如，备课、上课、作业等环节。教学绩效考核主要通过考查学生的学习习惯与方法、学业成绩及能力发展情况来进行。

（四）教学评价的实施程序

教学评价的实施一般包括三个步骤：评价量表的制订、教学评价的实施和评价结果的分析。

1. 评价量表的制订

职业教育教学评价量表的制订应兼顾理论、技能与素质评价相结合，既要评价教师的理论教学水平，又要评价其实践教学水平，还要评价其道德修养水平及教学科研水平；既要评价学生的理论知识水平，又要评价他们的技能水平，还要评价他们的思想道德水平和身心健康指数；等等。

2. 教学评价的实施

（1）组织安排。统一部署，组成考评小组，对各班半数以上的学生及任课教师进行考评。

（2）评价时间。每学期进行两次，安排期中、期末完成。

（3）评价内容及方法。依据所制定的教学评价量表，考评教师和学生。

3. 评价结果的分析

（1）评价资料的整理。运用教育统计学原理和信息技术手段，对评价所得到的信息资料和数据进行去粗取精、去伪存真的量化分析、处理和加工，在此基础上形成综合判断，获得评价结果。

（2）评价结果的分析。深入分析评论，找出问题的症结，提出有针对性的改进途径和建议，从而使被评者顺利地接受评判并及时改进工作；对评价工作质量进行检查、分析、鉴定。

（3）评价结果的处理。将评价结果反馈给师生和相关部门，以便于改革教学状况，从而进行宏观督促和调控，也便于师生自我监控、自我调整、自我反省和提高。

第三节　现代职业教育的理论教学方法

一、讲授教学法

讲授教学法是指教师通过口头语言表述、讲解、讲演等形式向学生系统地传授知识的教学方法，属于教师与学生之间"传授—接受"型的教学方法。运用讲授法，职业学校的教师可以通过合乎逻辑的分析、论证，生动形象的描绘、陈述，启发性、诱导性的设疑、解疑，使学生能够在较短的时间内获得较为全面系统的知识。

（一）讲授教学法的优点和缺点

讲授教学法源远流长，是长期以来人类教育中最为重要的教学方法之一。

其优点非常突出：①能够直接、高效地讲解和传授职业课程中的专门知识和技术原理。教师运用讲授法对这些内容进行清晰的剖析，是进一步进行实践教学的重要前提和基础。②运用讲授法教学成本低廉，教师能在较短的时间里将科学知识系统、连贯地传授给学生。③教师比较容易控制所要传递的教学内容和所需的教学时间，有利于教师主动性的发挥。④具有适应性强和灵活性大的优点，能在各种情况下进行，并能根据学生的反应，随时调节，吸引学生的注意力，启发学生思维。⑤能够寓思想教育于其中，具有很强的感染力。

讲授教学法的缺点也很明显：①讲授教学法是一种"传授—接受"型的方法，其实施效果的优劣在很大程度上取决于教师个人语言表述能力的强弱，因此，不同的教师实施此种方法效果有很大的差异；②讲授教学法主要依赖于教师的讲解，如若把握不当，容易造成学生在教学过程中处于思维和学习的被动状态，影响学生积极性、创造性的发挥；③职业教育教学的特殊性在于理论与实践的紧密结合，尤其要培养学生动手操作和创造性的制造能力，因此，过多地使用讲授教学法则会使职业教育劳而无功。

（二）讲授教学法的实施策略

1. 在基础学科学习和低年级学生的教学中，应当广泛地使用讲授教学法

如在会计课的教学中，根据不同阶段的教学内容，采用不同的教学方法。对于统计专业的学生，开始接触会计课程时，首先开设"基础会计"，以使学生掌握扎实的基础理论和基本概念。如果在此阶段主要采用讲授教学法，通过课堂面授，辅之直观形象的教学手段，将会计的基础理论和基本概念以实物或图示的形式表现，可以为学生继续学习专业会计打下坚实的理论基础。

2. 在讲授具体课程时首先要激发学生的学习兴趣

运用讲授教学法首先要促使学生产生对本学科的兴趣，从而产生学习的内在动力。教师应当指导学生对本学科产生某些基本的认识，让学生对该学科学习做到心中有底。

3. 分析和研究教学内容

分析和研究教学内容要着重处理好三点：教学重点、教学难点、教学关键点。教学重点是指学生必须掌握的基础知识和教材的重点内容；教学难点是指学生难于理解和掌握的某些知识和内容；教学关键点是指教材中起决定性作用的知识和内容，学生掌握它之后，就能够比较顺利地理解和掌握其他有关的知识和内容。对于这三点，教师在运用讲授教学法进行教学之前必须做到心中有数。

4. 积极提高课堂讲授艺术

首先，需要教师在课前认真备课，既备教学内容，又备学生、备教法，对于教学内容与具体教学方法的匹配做到心中有数。其次，在讲授时要做到对教学内容熟悉，教法运用熟练自如；语言流畅生动有趣，抓住重点、难点讲解，由浅入深，层次分明；教态自然、板书工整，概括性、推理性强。再次，讲授中尽量运用直观教学法。充分利用挂图、模型、投影片等教具讲解，使内容深入浅出，明白易懂。最后，要注意适当运用提问法、反问法、设问法进行讲授，让学生有充分的思考机会，使理解更深刻，并且能够兼顾所有学生。

二、讨论教学法

讨论教学法是指在教师的指导下，学生以全班或小组为单位，围绕教学内容的某个问题，通过学习者积极介入学习中的讨论或辩论活动，从而掌握或巩固知识的教学法。这种方法在于由学生及教师以交互的方式，通过共同讨论来对某些问题获得解决办法或建立观念，从而使学生获得新知。

讨论教学法有多种方式：（1）针对某一主题让学生多方讨论；（2）教师先准备好题目让学生依题目讨论；（3）以辩论的方式从不同观点讨论。

（一）讨论教学法的优点和缺点

讨论教学法的优点在于：能够使学生积极参与到对所学知识的辩论之中，既可以在互动中共同学习、相互启发、集思广益、取长补短，又可以在合作中培养团队精神、协作意识和能力；对所学知识的针对性很强，能够使学生对所学知识产生浓厚兴趣，并能够在学习中激发灵感、培养创新思维。其缺点在于：讨论过程较难控制；学习效率较低；讨论过程极易偏离主题；讨论需要学生具备足够的背景知识，其学习效果与学生的水平密切相关。因此，此方法最好与其他教学方法相结合使用。

（二）讨论教学法的实施策略

运用讨论法开展教学，并不是一种"省事"的方法；相反，此种教学法同样要求教师精心准备，并且能够很好地引导和控制讨论过程，还能够使学生通过这种教学方法学到应该学会的内容。因此，教师运用此种教学法需要注意以下几点。

1. 拟定适当的题目

在讨论之前，选好讨论的主题是最为关键的。教师要根据教材内容、教学目的、学生年龄特征、知识水平精心拟定富有启发性的讨论题目。

2. 组织和指导讨论

在实施讨论教学的过程中，教师必须加强组织和指导，其关键在于"诱"，而核心则在于"导"，其宗旨则是保证讨论始终围绕中心议题，朝着预定的方向发展。在组织和指导讨论时教师要注意以下几个问题：①教师要事先对所讨论的问题了然于胸，并且做好指导学生讨论的准备，适当地鼓励和启发学生的求知欲，增强其参与意识；②讨论应当分组进行，每组一般 7~10 人，小组讨论之后，再由各组代表向全班汇报结论；③讨论过程中，如出现离题、讨论面过宽、学生讨论"钻牛角尖"时，教师要及时纠正，将讨论引向主题，向学生指出讨论的重点和思维方向；④鼓励学生进行创造性思考，提出独创性建议；⑤教师应当控制讨论的进程，尽量使每个学生都能参与到讨论之中。

3. 做好讨论的总结工作

好的讨论教学要善始善终，因此，在讨论结束时，教师要依据中心问题和讨论的情况进行概括和总结。经过讨论，学生的回答和建议可能是多种多样的，这就要求教师必须对学生的不同观点给予明确的答复，要对讨论题目表明自己的观点并做出正确结论，以使学生掌握系统理论，解决存在的思想认识问题，切不可模棱两可，含糊不清。对于一些无法在当下给予解决的问题，教师也应当表明态度、厘清思路，鼓励学生进一步思考。对学生经过集思广益后有创见的回答则应当给予肯定和表扬。

三、谈话教学法

谈话教学法，亦可称为问答教学法，就是教师和学生用口头问答的方式进行教学的方法。长期以来，谈话教学法作为一种重要的教学法，已经被广泛地应用在各级各类教育教学之中。对于职业教育的理论教学而言，这同样是一种不可或缺的方法，如对于技术操作要领与技术操作规程的问答等。从实现教学任务来说，谈话教学法可以分为引导性谈话、传授新知识的谈话、复习巩固知识的谈话和总结性谈话；如按教学目标来区分，谈话教学法则可分为启发式谈话、问答式谈话和再现式谈话。

（一）谈话教学法的优点和缺点

谈话教学法在现代教学中被广泛使用，其优点是明显的：①教师利用口头语言与学生交流、对话，在有目的的问答和谈话中，可激发学生的思维活动，培养学生的思考能力和语言表达能力，唤起和保持学生的注意力和兴趣；②通过有效的、富于技巧的谈话教学，教师能够很好地引导学生的思路，在对话中引发新思想和新认识，最终对所要学习的知识有更为深刻的认识；③在关于传授操作技能的教学中运用谈话教学法，可以使学生在教师的启发、提示下，发现问题、分析问题、寻求假设、进行实践试验，能够有效地锻炼学生的手脑并用能力。

谈话教学法的缺点在于：由于谈话教学法要求教师不仅要有良好的语言表达能力，而且要求教师在面对学生可能出现的种种意想不到的回答时，仍然能够引导学生摆脱歧误的思路，形成正确的认识。因此，谈话教学法要求教师要有较好的谈话技巧，否则可能导致教学费时而效果不佳；而且，谈话教学法只能够就某个针对性强的问题进行引导，不适合用于传授系统的、全面的知识。

（二）谈话教学法的实施策略

1. 教师要充分备课，根据教学目的、教学重点和学生的实际情况拟定谈话题目。

2. 教师不仅要对所提出的问题做到心中有数，而且要对学生可能出现的回答和反应有所设想和准备，并对如何应对有进一步的考虑。因此，运用谈话教学法切忌不假思索，信口乱问，同时也要避免形成教师即兴提问，学生一哄而答的局面。

3. 教师提问要面向全班，避免先点人、后提问的方式。先点人、后提问会使学生无思考时间，反映不出学生掌握知识的情况，使提问流于形式。同时，如果提问只集中于某个学生，那么绝大多数学生则往往对于提问不注意听，不肯多加思考，所以，教师的提问要面向全班，使全班同学都听清提出的问题，并稍做停顿，给予学生适当的思考时间，然后再点名让学生回答。

4. 因材施教，根据学生的差异设计问题。教师的提问在注意普遍性的同时更要注意针对性，要设计难易程度不同的问题，选择不同层次的学生回答，使所有学生都能积极思考，有所收获。

5. 教师提问时，语言必须准确清晰，问题的呈现必须精练而简明，要使学生能够清楚地知道教师提问的内容。

四、自学辅导教学法

职业院校的培养目标和学生的年龄特征决定了教学应当给予学生足够的自学机会和时间，以加强学生自学能力的培养。因此，自学辅导教学法应当成为职业教育中重要的教学方法。

自学辅导教学法，是指在教师的指导和辅助下，学生自学教材、参考资料和进行实验，以获得知识，发展能力，形成自学习惯和能力的方法。自学辅导法从实施上来说，关键是学生自学内容的选取上必须有一定的系统性和联系性。因此，教师在使用此种方法时不能存有图一时方便的心态，或将其作为教师不能亲自教学时的替代方法。能否使用此种方法进行教学，一方面要考虑教学内容的难易程度和教学目的的指向，另一方面要考虑到学生现有的知识结构和学习能力。这就要求教师在教学中要对教学内容和教材进行全面和系统的把握，预先对适合使用自学辅导法的部分有清晰的认识。

（一）自学辅导教学法的优点和缺点

自学辅导教学法着眼点在于培养和提高学生自学的能力，这是其最大的优点。通过长期地、有步骤地运用此种方法，可以有效地调动学生的主动性和积极性，培养学生养成良好的自学习惯和具有一定的自学能力。在当前需要终身学习和回归教育的时代，这无疑是值得强调和推广的教学法。此外，自学辅导法需要有合适的、系统的学习内容，这也可以使教师利用学习心理学的原则，发挥自己整合知识和课程的重要作用，以利于学生更好地掌握所学内容。

自学辅导法在长期的使用中，曾被误解为适用于学生可学、可不学的教学内容，因此，如果不能树立对此种方法的正确认识，容易在使用中出现教师指导作用的缺席，使学生放任自流，其学习结果也往往毫无波澜。

（二）自学辅导教学法的实施策略

1. 确立寓有效学习心理学原则于教学内容之中的原则

教师在选取学生自学的学习内容时，必须贯彻有效的学习心理学原则，即教师要求学生进行自学的内容应当是服务于课程总体的教学目标和学生的培养目标，并且能够有效地促进学生的发展和知识的增长。因此，我们反对长期以来形成的认为"自学辅导教学法是针对那些无关紧要的教学内容而使用的教学方法"的错误想法。

2. 在自学辅导的过程中要始终贯彻强化动机原则

在自学过程中，若想提高学生的自觉性必须用种种方法激发他们的学习动机，把学生潜在的求知欲和积极性调动起来，所以强化动机对自学来说特别重要。

3. 班集体与个别化相结合的原则

采用自学辅导法教学，能将"班集体"和"个别化"这一对矛盾体协调统一起来。在教师的指导下，班集体可以开展教学活动，同学之间可以互相帮助；教师在个别辅导中可以照顾不同类型的学生，达到个别化因材施教的目的。

4. 自检和他检相结合的原则

检查学习效果时，也需要学生的主动性和教师的积极性相结合，即把他检和自检结合起来，并且使学生逐渐养成自检的习惯，形成自检的能力。

五、演示教学法

演示教学法是以直观感知为主的教学方法，是指在教学过程中通过展示实物、直观教具，为学生做示范实验，使学生获得知识、巩固知识的方法。在职业教育教学中，如涉及有关业务操作技术时，教师可采用在黑板上逐项演示，在真实物品上操作的方法引导学生演练，以使其掌握操作要领。如财会教学中的填制凭证、记账、编制报表等。

（一）演示教学法的优点和缺点

通过直观性的演示法，教师要么向学生展示实物或直观教具，要么向学生做示范性操作，使学生通过观察获得感性知识。学生对课程内容有了感性认识，就能更正确、更深刻、更牢固地掌握概念、原理、规律等理性知识。另外，通过演示，也可以引起学生的兴趣，激发学生的学习积极性，培养学生的观察能力和思维能力。

演示教学法的适用范围是有限的，不是所有的学习内容都能进行演示；演示装置移动不方便，不利于培训场所的变更；演示前也需要一定的费用和精力做准备：这些都是这种方法的不足之处。

（二）演示教学法的实施策略

在职业教育教学中实施演示教学法，应当尽量保证具有教学所需要的多媒体教室、投影仪、实物模型、流程模型等硬件设备，为教师采用演示教学法创造条件。与此同时，为了提高演示的教学效果，教师要注意以下几点。

1.要根据教学内容和目的选取合适的示范教具，事先准备好所有的用具，搁置整齐，并能预演一次。

2.在教学中要让所有学生都能看清示范物，而且由于学生长时间看演示仪器容易注意力不集中，所以演示教学法要同讲授、谈话等教学法配合使用。在讲授时要注意联系实际，这样既一目了然又印象深刻，可以取得事半功倍的效果。

3.在演示过程中，教师要提出明确的观察要求，引导学生运用各种感官，把学生的注意力集中于演示对象的主要特征、主要方面或事物的发展过程上，并要培养学生的空间想象力和思维能力。

4.在一部分内容演示完毕之后，要让学生自己有动手操作的机会，使学习的内容得到巩固，并尽量对学生的试做给予及时的反馈。

六、练习教学法

练习教学法是在教师指导下，学生通过独立的智力、体力活动，运用知识解决有关问题，以深化知识，巩固知识，培养各种学习技能和形成良好习惯的基本方法。如果在教学中需要把某个动作进行反复操练，以养成机械反应，或者要形成某种习惯或技能，或者要学生记诵教材中的某一部分内容，就必须采用练习教学法。

（一）练习教学法的优点和缺点

练习教学法有如下作用。

1. 能够养成机械的习惯

人类生活中有许多的动作习惯，可经由感官肌肉反应与认知观念配合，久而久之可以形成机械的自动动作或行为。

2. 能够养成熟练的技能

技能的学习需要熟练，在职业教育教学中，要求学生能够应用的各种技能都要采用练习教学法。教师应指导学生反复地练习，达到纯熟的地步，以便能够自如地应用。

3. 能够强化正确记忆

学习过程中重要的学习材料和经验，经过认知的学习可成为知识。因此日常生活中需经常应用，需要记忆，也需要采用练习教学法使学生熟练掌握，以形成正确观念。

需要注意的是，练习教学法由于需要重复性的记忆或操作，容易使学习过程枯燥而乏味，而且，如果在练习中教师不能教会学生掌握记忆、技能形成的客观规律，容易使练习成为死记硬背。

（二）练习教学法的实施策略

1. 从总体而言，练习教学法应当遵循引起学生学习动机、教师示范讲解、学生模仿、学生反复练习、教师评价练习结果等几个步骤。

2. 教师要使学生明确练习的目的、要求和掌握有关练习的基础知识。在练习过程中，教师要妥善地加以指导，及时观察、纠正学生的错误；技能练习更要注意安全性。

3. 要系统地练习；练习要循序渐进，先要正确，再求速度；方法要多样化，手段要经济简化；练习时间宜短，次数宜多。

4. 组织练习要因材施教，顾及个别差异，重视创造性练习地组织与指导。

5. 要及时评价练习结果，使练习后达到能够应用的程度。

综上所述，职业教育教学过程中所要使用的理论性教学方法是较为多样化的，每种方法均有其一定的适用性。教师在使用时，应当加以调整，综合运用。

第四节　现代职业教育的实践教学方法

一、要素作业复合法

要素作业复合法是按照操作技能的掌握程度，遵循由易到难、由简到繁、循序渐进的原则及规律，通过对手工生产劳动过程的分析，将某项工种分解成若干相互承接的简单工序，即要素工序，让学生在熟练掌握这些要素的基础上，进行复合、应用而形成简单作业；之后，在此基础上进一步学习新的工序，与已学工序形成逐渐复杂的作业，从而使学习成为一个由简到难、循序渐进的过程，使学生技能不断提高。

要素作业复合法实际上是将要素作业法与个别工序复合作业法结合起来，既兼顾了对某项工作的掌握与熟练，又兼顾了对此项工作所在的工种整体技术的不断熟悉与掌握，是一种行之有效的实践性教学方法。

此种方法在使用中，要注意把握如下策略。

（1）为了精确地确定作业的工序，必须认真分析工种的特点，找出其原理和步骤所在，分解出最基本的要素工序。

（2）为了使用此种方法，学校必须具备相应的实习工厂，备有各种工具，陈列以某些操作要素的作业方法为基础而加工成的各种单元作业板，让学生按照规定的程序进行制作。

（3）要素作业复合的进度、难度必须根据学生的心理特点和技能水平来确定。学生在实践和操作前，必须接受非常细致的理论讲解；在实践过程中，要接受及时的指导。

（4）在不断操作与学习的过程中，要加强对学生技能形成的反馈与纠正。

二、模拟教学法

模拟教学法是为了创造有助于师生互动，特别是学生主动参与学习的情境教学法。在这种情境中，学生通过反复练习，进而会预期形成自然的、符合现实经济活动要求的行为方式、智力活动方式和职业行为能力，即在专业能力、方法能力、社会能力和个性方面得到发展。

因此，模拟教学法是一种以教学手段和教学环境为目标导向的行为引导型教学模式。这种方法是在学生已经具备了一定的专业理论知识以后，需要进一步了解职业技术的基本原则，掌握职业技术的具体操作方法和实践形式，从而养成良好的操作能力时采用的教学方法。该方法通过模拟环境、模拟角色、模拟操作程序等，达到教学理论与实践的统一。

（一）模拟教学的分类

模拟教学分为模拟设备教学法与模拟情境教学法两大类。

1. 模拟设备教学法

模拟设备教学法主要是靠模拟设备作为教学的支撑，其特点是不怕学生因操作失误而产生不良的后果，一旦失误，可以重新再来，或者可以进行单项技能训练。学生在模拟训练中能通过自身反馈感悟正确的要领并及时改正错误的记忆。如操作机床，学生可以在学校实验车间操作机床，制作模型。

2. 模拟情境教学法

这是根据专业学习要求，模拟一个社会场景，在这些场景中设置与实际操作相同的功能及工作过程，只是活动是模拟的。通过这种教学让学生在一个现实的社会环境氛围中对自己未来的职业岗位有一个比较具体的、综合性的全面理解，特别是对于一些属于行业特有的规范，可以得到深化和强化，有利于学生职业素质的全面提高。如模拟客房、模拟病房和模拟商店等。

在模拟情境教学法中，值得一提的是模拟公司法。"模拟公司"一词起源于20世纪50年代的德国，是指人为创造的经济活动，仿真模拟环境作为经济类专业的实践教学场所和组织形式。学生在其中可经历全部业务操作过程，了解和弄清各环节之间的联系，而又不必承担任何经济活动风险。实践证明，模拟公司能够有效地解决职业学校经济类专业实践教学的难题，有助于培养学生的实践能力，增长相关知识。

（二）模拟教学法的实施策略

1. 开展模拟教学的前提条件是建设符合教学要求的场地和设施

在现代职业教育教学中，大量建设一流的实验、实训基地，以及通过计算机建立虚拟的仿真教学环境都可以为开展模拟教学打下基础。

2. 模拟教学可以有不同的教学目标与任务

模拟教学不同的教学目标与任务，即可以针对单向技能、综合技能和应用能力进行训练。综合技能的形成依赖于单项技能的形成，而实际应用能力的形成则必须通过反复训练和模拟来完成。

三、顶岗实习法

顶岗实习法，是指在生产一线实习，让学生综合运用和检验所学知识，进行综合实践训练，尽可能与学生毕业后就业结合起来的教学方法。职业院校的毕业实习也可称为顶岗实习。往往这种实习具有双重性，即除与本科院校一样完成一篇毕业论文外，还要在实习中解决就业问题。实施此种教学法要注意如下问题。

（一）实习单位的选择要与所完成的实习任务目标相吻合

实习单位的选择对完成实习任务至关重要，与专业的培养目标相吻合是选择实习单位的必要条件。单位的选择要依照学有所用（能发挥专业特长）、低门槛（职位、待遇考虑在后）、可发展（能为单位出力，还能不断充实自我）的原则。实习单位的安排要结合学生的特点，采取专业教师推荐和学生自寻自荐双向选择的原则，合理安排实习岗位。

（二）选题与社会关注问题相结合

学生进入实习单位后开始确定选题，在实习中完成的论文，其内容要与专业要求相符，要与行业生产、行业发展紧密结合，应体现出学生论文产生于社会，所从事的工作与社会需求紧密结合且具有一定的社会价值。

（三）实习与就业紧密结合

学生实习一般选择有用人意向的单位。"有用人意向"代表着单位需要，但不等于一定能就业。因此，在实习中应当尽可能地投入到工作中，既要让学生充分运用所学知识，又要让学生能够展示其才能，争取能够就业。

职业教育的实践性教学方法以能够将所学的理论知识转化为实际的操作技能为目的，并尽量使学生对未来真实的工作环境和岗位要求有清楚的认识和体会。实践教学法的运用也要求把握灵活性、综合性、创造性的原则。

第五节 现代职业教育的教学模式及方法体系

一、职业教育的教学模式

（一）产教结合教学模式

产教结合教学模式是学校与企业双方合作，共同完成教育工作，培养合格人才的一种职业教育形式。长期以来，产教结合、校企结合受到世界各国的重视，均视其为发展职业教育的普遍规律之一。

产教结合是职业教育适应经济结构调整、走新型工业化道路、加快培养技能型人才的需要；是坚持以就业为导向，大力推进职业教育改革与发展的需要。通过借鉴国外职业教育产教结合的先进经验，结合我国的实际情况，我们发现，职业教育在实践产教结合的教学模式时，必须将职业教育与国家及地区不同时期的经济战略结合起来，要将职业教育与不同地区的经济发展结合起来，并且在进行职业教育的过程中将企业与学校结合起来，及时了解劳动力市场的需求，迅速调整职业结构，更新职业培训内容，调整专业设置，使之与产业用人需求相适应，有针对性地培养和提高学生的职业技能和创业能力。

职业教育实行产教结合教学模式是由其特定的任务所决定的。这不仅适应了社会经济和产业发展的需要，能够培养出适应不断发展变化着的科技和工艺要求的合格人才，同时也为职业教育的受教育者提供了更大的就业机会，优化了教育资源和劳动力资源的配置效率。

（二）产学研结合的教学模式

职业教育不仅要立足于产教结合的教学模式，更要逐渐向产学研相结合的教学模式发展和转变。产学研合作，是指生产单位、院校和科研单位有机结合，协调发展的过程或活动。产学研合作教育的主要内容除了包括科研成果转化、产品和技术的开发与应用外，还包括人才培养的内容。产学研结合教育模式与传统教育模式的根本区别在于前者与市场、经济、社会之间的联系比后者更为紧密。

产学研结合是职业教育的重要特色，既是职业教育人才培养的重要途径，也是职业教育推动社会经济发展的重要方式。通过产学研合作，可推进学校与生产用人部门的广泛合作，发挥职业院校的技术科研优势，面向市场、面向经济建设和社会进步的主战场，使职业教育真正推动经济发展；并在合作中通过生产实践促使学生把理论知识转化为实践能力，提高学生综合素质与创新素质，使学生认识到利用知识创造性地改造传统设备，实现技术进步的重要性。

因此，产学研合作是一种互惠互利的行为。职业学校可以通过产学研合作得到产业部门的实践环境、实训或实习场所，便于研究成果的试验与转化；产业部门也可以通过产学研合作，利用职业学校人才密集、技术力量雄厚的优势，在新产品开发、技术改造、人才培训和技术咨询等方面得到支持。职业教育在产学研三者中，始终把教学置于核心地位，生产和科研则围绕着教学发挥作用。实践教学计划的制订和实施应主动争取相关行业和企业专家的参与，通过建立专业指导委员会来沟通产学研渠道，共同制订、参与和监督人才培养的全过程。学校应根据企业的人才培养规格要求，开设相应课程；企业可为培养应用型人才提供实践锻炼机会，同时向学校推荐工程技术专家到学校担任主讲或顾问。产学研合作需按照互惠互利的原则，选择和争取那些技术先进、热心于职业教育、专业对口的企事业单位，与其签订联合办学协议书，使科研为地方经济服务，并把科研工作与人才培养结合起来。让学生参与科研活动，是尽早把学生引向学科前沿的有效手段。另外，教师的科研项目也可以吸收部分学生一起参加，教师负责总体设计与技术把关，让学生在教师的指导下完成项目子课题的设计。

（三）理论实践一体化教学模式

理论实践一体化教学模式，是指在特定的技术实训中心，通过师生双方边教、边学、边做来完成某一教学目标和教学任务。建立实训中心的好处在于：使教学更接近企业技术发展的水平，并与企业实际技术同步滚动；营造浓郁的职业氛围，达到能力与素质同步培养的目的；让学生接触先进的生产设备和教学装备；集理论教学、实践教学、技术服务与生产为一体，以其应用性、综合性、先进性、仿真性推动职业教育教学的深化改革。同时，这也是培养"双师型"师资队伍的重要途径。

二、职业教育的教学方法体系

基于以上对职业教育长期以来形成的教学模式及其本质特征，应当能够对其教学方法体系的构成基础有一个较为明确的认识，下面进一步分析教学方法。

（一）建构职业教育教学方法体系的理念

作为教育的重要组成部分，职业教育应当符合教育的一般规律，现代教育中适用的教学方法也应当能够在职业教育中应用。与此同时，我们还应当考虑职业教育教学的特殊性，在教学中抓住理论与实践相结合、知识与技能相统一的方针，把握住要培养能够获得双证书（即学历和技术等级或职业资格两种证书）、毕业后直接上岗的这一培养目标和任务，以此为根本理念，形成一套能够适应职业院校的理论教学与实践教学要求的教学方法体系。

在考虑到上述因素之后，构建职业院校教学方法体系还应当适应当前社会、科技、经济高度发展的需要，将现代教育中先进的教学方法与手段广泛地运用于职业教育教学中，致力于最大化地提高教学效率。

此外，在构建职业教育教学方法体系时，还要兼顾创新性。教学方法是有其常规性和普遍性的，但作为职业教育的教师，应当积极地致力于创造和发展新的教学方法以适应职业教育培养可持续发展人才的目标；不仅要积极借鉴与学习国内外已有的经验，还要融会贯通，不断创新。

（二）职业教育教学方法体系的构成

职业教育教学方法体系由两部分构成。

1. 理论性教学方法

职业教育的理论性教学方法注重知识和技能的传授与掌握，重在加强理论修养和知识创新。该方法包括讲授教学法、讨论教学法、谈话教学法、自学辅导法、演示教学法、实验教学法、参观教学法、练习教学法等。

2. 实践性教学方法

职业教育的实践性教学方法要体现技术应用型人才的培养理念，注重实践能力的养成，要求在真实的实践中进行学习和锻炼，将理论知识转化为实践技术，并能够创造性地运用。实践性教学方法的核心指导理念应当是以行动为导向。20世纪80年代以来，行动导向理论成为职业教育教学的重要理论来源之一。"行动导向"是一种指导思想，其宗旨在于培养学习者自我判断的能力。在教学中，行动导向意味着，知识的传授和应用取决于学习目标、内容、方法和媒体等因素的重组，即在整个教学过程中创造出教与学和师生互动的社会交往的仿真情境，把教与学的过程视为一种社会的交往情境，从而产生一种行为理论的假设。这种理论是基于当代心理学最新发展成果，对职业教育教学理论和方法的深入研究和构建。

第六节 现代职业教育中现代教育技术的运用

一、现代教育技术在职业教育中应用的目标和范围

（一）现代教育技术在职业教育教学领域应用的目标和原则

现代教育技术在职业教育领域应用的关键目标是深化教学教育改革，比如对职业教育的理念和教学的模式进行转变，从而改革教学的方式方法以及教学的手段和教学的环境。现代教育技术的应用具有非常大的发展潜能和显著效果，能有效地、全面地提高教育质量。在研究如何运用现代教育技术时应遵循以下原则。

1. 先进性原则

使用先进和成熟的教育理念来指导现代教育技术。

2. 科学性原则

现代教育技术在应用中必须使用科学的方法来准确无误地传达科学知识。

3. 趣味性原则

在多媒体教学软件中常使用图画（动画）、动态影像来表现教学内容，使其形象直观、丰富多变、有趣，有效地将数据、文字、声音、图像、色彩有机地融为一体。

（二）现代教育技术在职业教育教学领域中应用的范围

现代教育技术在职业教育教学的应用范围非常广泛。虽然目前在职业教育领域未设有专门的现代教育技术，但职业教育领域所应用的现代教育技术与其他教学领域所使用的现代教育技术还是存在一定区别的。例如，职业教育的侧重点在于将知识与实践相结

合,并重视实际的操作技能。为此,职业教育需要在教学内容的基础上进行大量的实践操作,因此,像仿真和模拟技术等操作性强的技术在教学中就应用得比较多。现代教育技术在职业教育教学领域中的使用范围主要包括开发课件、计算机教育、多媒体教育和网络教育。其中,多媒体课件作为一种使用比较广泛的教与学的辅助工具包含了大量的多媒体信息。多媒体教学的优势在于它能将难以用口头表述清楚的教学内容通过生动的画面展示给学生,例如情景设置、模拟实验、配对练习等。这些可视、可听的教学活动能够提高学生的学习兴趣和主动性,并让学生更直观地理解和掌握所学内容,同时还能活跃课堂气氛,扩大学生获取信息的渠道。

二、现代教育技术在高等职业教育教学中的作用

现代教育技术是运用现代教育理论和技术,通过对教学过程和资源的设计、开发、应用、管理和评价,以实现教学现代化理论与实践、教学过程、教学资源、教学效果、教学效益最优化为目的。现代教育技术在高职教育中的作用主要体现在以下几个方面。

1. 现代教育技术为高职教育面向市场办学提供了有力的保障

随着市场竞争愈加激烈,人才需求更加多元化,这就要求高职院校必须面向市场办学,不断调整人才培养目标,使毕业生的职业能力与社会紧缺的岗位群相适应,而这种面向市场的专业调整,必须依托现代教育技术的运用来实现,传统的教育手段满足不了这一需求。

2. 多媒体、网络技术的应用可以为高职教育教学激发新思路,探索新方法,解决新问题

多媒体教学中利用 CAI 课件实现了问与答、分步骤演示、灵活问询、仿真教学、模拟试验等功能,具有很好的交互性。CAI 课件可以模拟考试,也可用于学生在教师指导下的自主学习、复习、练习、测试和模拟试验等。

3. 教育技术为高职教育提供了丰富的资源

教育技术不但可以为学生提供课本知识,通过网络还可以引进国外先进的教学经验和教育资源,促进职业教育的发展。现代教育技术的应用能大大增加高职学生信息量的接收。大学生通过上网,可以查阅与专业课相关的大量资料,了解世界各国同行最新技术发展成就,为今后就业找准突破口。

4. 教育技术促进了高职学生的创新能力培养

创新能力关系到职业教育能否适应社会发展以及高素质人才的培养,而多媒体教学环境能够有效激发学生的学习主动性、积极性和创新意识,有利于实现创造性的学习目标。学生运用现代教育技术,可以成为知识获取的主动构建者,可以培养终身学习的习惯,从而促进高等职业教育的持续健康发展。

三、高职院校加强现代教育技术应用的主要策略

（一）多媒体教室设备管理网络化

随着多媒体教室在高职院校中的应用越来越广泛，设备管理也需要跟上时代对管理信息化的要求，设备管理与维护需要在网络的基础上完成建设。在多媒体教室建设过程中，需要统筹考虑，综合应用计算机技术、多媒体技术及网络远程监控技术，集中协同控制计算机、摄像头、投影机、幕布、功放等设备，利用声音影像远程交互系统，创造出一个远程交互可控的现代可视化网络多媒体视听教学环境，使教师随时能够与中心管理人员联系，设备维护人员在不到达现场的情况下也可以对多媒体设备进行故障排除及疑难解答，大大减少了教师不熟悉设备操作或设备故障对教学产生的影响。

（二）电脑操作的无线化，将教师从主控台解放出来

教师使用多媒体设备主要是使用多媒体课件或播放影音资料，其中关键设备就是计算机系统。传统的计算机操作需要使用键盘或鼠标等输入设备，教师不能远离主控台，所以这是学生和教师都觉得在多媒体教室互动性不够的一个主要原因。为此，我们可以使用无线的电子教鞭来代替键盘和鼠标，在教室的任何一个角落都能够完成电脑的基本操作，同时配合小巧的纽扣式无线话筒达到教师与学生在课堂上融为一体的客观环境，从根本上解决了多媒体教室中教师与学生互动的技术障碍。

（三）加强培训，建设高素质师资队伍

现代教育技术的迅猛发展对教师提出了越来越高的要求，教师也面临着越来越大的工作压力，所以高职院校应鼓励教师不断学习并且创造条件定期对教师进行培训。让教师转变教育观念，表现在不仅应掌握和熟练本专业所授课程的知识，也应掌握一些现代教育技术应用知识。比如课件制作、图形制作、动画制作等内容。教师从教学目标出发，可根据学生的实际情况，利用各种信息技术手段，设计教学内容，但既要注重教师的教也要注重学生的学，尤其要突出学生的主体作用；在培训中，要结合学校实际，在培训理念、培训途径、培训方法模式上进行探索与研究，确保培训取得理想的效果；在观念上，教师现代教育技术培训要与新课改相结合；在培训内容和方式上，应在掌握现代教育技术理论应用的基础上，立足于教师信息素质的培养；在管理上，教师现代教育技术培训应力求制度化、科学化、规范化。

（四）充分利用网络再现教学过程

随着网络的发展，学生在网络上进行学习，教师在网络上与学生进行交流都成为可能。教师在可视化网络多媒体教室中上课的过程都可以录制并存储在网络中心的存储服

务器中。学院也可以将优秀教师的课程通过网络转播到其他多媒体教室中或存储在网络服务器中,随时调用,实现资源利用的最大化。学生课后在校园网络上可以随时观看教学内容,从而调动起学生学习的主动性。教师可以在教学平台上录制、发布自己的课堂录像,与学生在平台上进行交流与沟通。对于一些年轻教师来说,站在第三方的角度来审视自己的教学全过程,能够快速地提高自己掌控课堂教学的技术与能力,而且能够更好地设计教学内容,从而调动全体同学的学习积极性。

(五)加强现代教育技术的应用推广

首先,通过精品课程建设,促进现代教育技术教学应用。优质示范课程在教学中试验、实施,可以起到很好的带头和示范作用,既有效地促进了现代教育技术在教学中的应用,又大大推动了课程建设与教学改革。其次,加强信息技术与课程整合,创新现代教育技术应用。信息技术与课程整合是指在课程教学的过程中把信息技术、信息资源、信息方法、人力资源和课程内容有机结合起来,共同完成课程教学任务的一种新型的教学方式,它是信息技术与教师组织、指导和帮助学生学习的学科教学过程的有机结合。

现代教育技术在高职教育领域中的应用是教育现代化的重要标志。发展高职教育是推动经济和社会可持续发展的重要途径,也是提高劳动者素质、拓宽就业渠道的重要举措。因此,在现代教育中,要充分开发利用教育资源,完善基础设施,掌握新的现代教育技术手段,使现代教育技术的功能优势在教育教学中得到充分发挥,促进教育的改革和发展。

第七节 现代职业教育教学方法的选择与运用

一、教学方法的选择

(一)选择教学方法的意义

对于职业教育的教学来说,世界各国在长期的实践中积累了大量的有着本国适应性的、丰富多彩的教学方法。这对于我们开展教学是有极大的启迪和借鉴意义的,也为我们的教学得以成功奠定了坚实的理论与实践基础。然而,在具体教学中,并非运用的教学方法越多,教学效果就越好。因此,存在一个对于教学方法进行精心选择的过程,这对于广大处于教学一线的教师来说是一项非常重要的任务,所以需要广大教师不断提高合理选择与运用教学方法的能力。

著名教学论专家孔德拉秋克曾说:"教学的成败在很大程度上取决于教师能否妥善地选择教学方法。知识的明确性、具体性、根据性、有效性、可信性,有赖于对教学方法的有效利用。"因此，职业教育应当学会科学地、恰当地选择教学方法。正确地运用教学方法，是提高教学效果的前提条件。

（二）选择教学方法的依据

职业院校的教师要依据如下条件对教学方法加以选择与使用。

1. 依据职业教育教学的目的和任务

职业教育的教学目的和任务对职业教育教学中的知识、技能、方法有一定的要求，从而对学生在智能、思想品德、心理品质、身体素质等方面的发展提出要求，而这些要求可以体现在职业教育教学的任何环节中。作为教师在保证达到这一总体目的和任务的同时，也要准确地把握住所承担的具体课程，以及课程的每一个教学单元所要完成的目的和任务，使教学的目的和任务在宏观与微观两个层面统一起来。对教学目的和任务的这种认识与把握，就需要对教学方法进行准确的取舍。比如，传授新知识的教学任务，就得选择语言传递信息的方法或直接感知的方法；如果要形成一定的技能、技巧，则要选择以实际训练为主的方法。

2. 依据学生的发展水平

学生发展水平包括知识、智能、思想品德、生理与心理等诸多方面，这是影响教学方法选择的直接因素。教师应注意了解学生的年龄、生理特点、心理特点、学习准备基础、对各种教学方法的适应程度、学习自觉性、学习态度、自我检查学习效果的能力等。如果学生学习水平较高，学习准备基础较好，学习能力较强，可以多采用讲述、讲演、讨论、实验室实验、独立学习、演绎法、探索发现法、专题检查以及用问题激发学习兴趣，用义务、责任激发学习动机等方法；如果学生的学习水平较低，学习准备基础较差，学习能力较弱，则应多采用谈话、讲解、讲述、演示和展示、练习、随堂实验、归纳法、接受—复现法、指导学习和日常检查、用新奇现象激发学习兴趣等方法。

3. 依据教学内容的特点

教学目的、任务是通过具体内容的教学实现的，教学方法不但要符合学科的特点，还要符合课程内容的特点。例如，理论内容宜选用讲解法、谈话法或讨论法；需要通过练习和操作才能获得的实验技能，适宜于选用操作教学法而不宜于用语言方法和直观方法等。

4. 依据教师本身的条件

选择教学方法要考虑教师本身的可能性，符合教师在教学方面的个人特点。教师运用各种基本方法的能力水平、对各种教学方法及其运用典型方法的熟悉程度、优选教学方法、综合运用各种教学方法的能力和经验、教学特长、教学风格和习惯等都会对教学方法的选择产生影响。口头表达能力强的教师，运用语言方法效果较好；擅长实验教学的教师采用演示法、实验法、探索—发现法效果较好；思维敏捷、组织能力强的教师运用谈话法、讨论法效果较好。在选择教学方法时，教师要注意扬长避短，逐步全面地提高自己的教学水平。

5. 选择教学方法要考虑时间、设备等条件

由于教学时间有一定限制，且讨论法、参观法、自学辅导法比讲授法耗费的时间多等原因，教师在选用时应考虑时间是否允许；选用实验法等操作教学方法时应考虑是否有足够的设备；选择参观法时应考虑是否有符合要求的参观对象，等等。

二、运用教学方法的关键

（一）要树立和坚持整体性观念

不同的教学方法有着不同的适应性和效能，有着自身的优点和缺点，在培养学生全面发展的任务上起着不同的作用。因此，在使用教学方法时既要发挥教学方法的优势，又要顾及该种方法的局限性。为了取长补短，就需要将职业教育中的教学方法看成是一个整体。教师在教学中要始终树立和坚持整体性观念，并能将各种教学方法搭配使用，充分发挥教学方法体系的整体性功能。

教学任务、教学内容、教学环境、教学对象以及教师素质共同构成了教学氛围，并且是一个复杂多变、动态发展的教学过程。随着这些因素的变化，教学方法的运用要发生改变，因此教学方法必须多样化。而在实际的教学过程，种种因素又在不断地变化中，教师不能死守自己备课准备好的方案进行教学，应当能够及时调整，根据教学的动态恰当地变化，甚至是随机地运用教学方法，以达到教学效果的最优化。因此，把握综合的、灵活的教学方法原则是非常必要的。

（二）要贯彻理论与实践相结合的根本原则

职业教育的本质在于培养高素质技能型人才，而这种技能型人才实际上又与技术工人有着本质的区别，他们不仅应当是现代科学技术的实践者，还应当是现代技术的不断创造者和更新者。因此，职业教育教学必须在注重实践技能培养的同时，加强理论知识的掌握，使理论教学与实践教学并重，从而使学生在理论知识与实践技能的养成上并重，使他们成为知识型的技能人才。我们反对片面地理解高职教学中的够用原则，更有甚者将其教条地理解为所谓的"技能型"的概念。在当前社会经济的发展重要时期，在强调可持续发展的时代理念中，固守着片面的、狭隘的"技能型人才绝不是知识型人才"的思想，无视人才培养中的可持续发展是极其浅薄的观念。

因此，在职业教育教学中，必须将理论与实践相结合的原则贯彻始终。在运用教学方法中，不能片面地强调实践性教学方法，应当在合理使用理论教学方法的前提下，在深刻地理解和把握理论知识的同时,将理论与实践结合起来。在实践中运用理论,在实践中升华理论。这就要求广大教师在教学中对理论性和实践性教学方法都要熟练地掌握,在教学中不能厚此薄彼,而是根据教学目的搭配使用,提高教学效果。

第六章　现代职业教育体系的基本内涵

建设现代职业教育体系具有重要的时代意义，业已成为职业教育研究和职业教育体制改革领域的热点。然而，从目前的研究情况来看，仍有必要继续深入研究现代职业教育体系的内涵，为确定现代职业教育体系的结构框架和建设目标提供坚实的理论支撑。

第一节　现代职业教育体系内涵研究现状

早在 20 世纪 90 年代中期就已经有文献明确提出"现代职业教育体系"的概念，官方文件则最早是 2002 年国务院在《关于大力推进职业教育改革与发展的决定》（国发〔2002〕16 号）中提出。为进一步推进现代职业教育体系的建设进度，国务院办公厅根据《国家中长期教育改革和发展规划纲要（2010—2020 年）》的部署，于 2010 年 10 月 24 日发布了《关于开展国家教育体制改革试点的通知》（国办发〔2010〕48 号）。然而，从目前的研究进展来看，现代职业教育体系内涵的研究尚不深入。现有文献主要是从六种途径进行界定：一是从"体系"的内涵推衍；二是从外延的角度反向归纳或会意；三是从当前职业教育体系发展困境中反思；四是从现代职业教育体系的部分或者总体属性（特征）中总结；五是从体系（系统）内部和外部的关系角度进行解读；六是从语义学角度进行演绎。应该说，上述研究方法均提供了一种可行的探索思路，但是难免存在研究不深入和单向度、单视角的弊端。

一、从体系的内涵推衍现代职业教育体系的内涵

从体系的内涵推衍现代职业教育体系的内涵的逻辑是，从体系概念的一般含义向教育体系、职业教育体系、现代职业教育体系推衍，最终获得现代职业教育体系的内涵。首先，"体系是一种结构模式，是对事物、现象内部和外部各要素诸多联系及其结构关系的系统表述""是指若干相互关联的客观事物或作为客观事物反映的观念，在其发展过程中，逐步形成一个有序的整体"。其次，"教育体系是指互相联系的各种教育机构的整体或教育人系统中的各种教育要素的有序组合。职业教育体系是整个教育体系的一个重要组成部分，是教育系统的一个子系统，是各级各类职业教育的结构体系，它主要包括职业教育的层次体系、类别体系、专业体系、布局体系、办学体系等"。因此，"现

代职业教育体系",就应是"体系完整","结构合理,教育机会相对公平,与区域经济发展紧密结合,与各级各类教育相互衔接,正规教育与职业培训相互沟通,学历本位与职业能力本位并重,学校职业教育与社区教育结合的开放型体系"。总的来说,这种从概念到概念的演绎方式有一定的可取之处,但其基本上还是就教育论教育和静态的研究视野。

二、从外延的角度反向归纳现代职业教育体系的内涵

从外延的角度反向归纳或会意现代职业教育体系的内涵的研究路线是,通过列举并划定现代职业教育体系可能的边界,从而推论其内涵。例如,现代职业教育体系是"包括学校在内的,岗前、岗后教育相结合,正规教育与非正规教育相补充,教育与培训相贯穿通的体现现代人力资源开发的职业教育体系","包括职业教育宏观体系、职业教育专业体系、职业教育课程体系、职业教育评价体系等",它"不仅仅指结构,还包括体制部分"。这种研究方式大致界定了现代职业教育体系的外延,但是并不能给出清晰的内涵,需要读者自己去"体会"和归纳。

三、从当前职业教育体系的发展困境中反思现代职业教育体系的内涵

从当前职业教育体系发展困境中反思现代职业教育体系的内涵的研究指向是,通过分析当前职业教育体系的实然状态和现代职业教育体系的应然状态之间的差距,从而建构现代职业教育体系的应然内涵。典型的观点,如现代职业教育体系的内涵应该包括"适应经济发展方式转变和产业结构调整要求;体现终身教育理念;中等和高等职业教育协调发展";"能够充分反映'新经济'对人才的新需求和人才结构的新变化,使不同类型、不同层次人才都有恰当的位置,同时,还能反映'新经济'对各类教育相互关系的影响;按照终身学习理念,将职业教育体系纳入终身教育体系;实行以学生为中心的弹性学习制度;实行多样性办学,尽可能满足所有人千差万别的学习需要;按照职业技术人才类型及层次构成体系而不是按学历层次构成体系;是一个开放的体系,与普通教育和特种教育在学制上可以沟通、衔接,在课程上可能交叉融合"的"大职教体系",是"动态化、实用化、全民化、多元化、开放化、终身化"的职教体系等。这种从当前职业教育体系的问题探求现代职业教育体系内涵的思路非常有见地,因为这就是职业教育体制改革的目标,但美中不足的是同样未能高屋建瓴地概括出现代职业教育体系的内涵。

四、从体系的部分或总体属性中总结现代职业教育体系的内涵

从现代职业教育体系的部分或者总体属性(特征)中总结现代职业教育体系的内涵的思路是,首先列举现代职业教育体系的部分或者总体属性(特征),然后再用"拼图"

的思维方法总结出现代职业教育体系的内涵。主要观点，如现代职业教育体系应具有"现代性、系统性"，"区域性、开放性、灵活性、稳定性、层次性、连续性"，"历史性与时代性沟通、社会性与主体性统一、职业性与人本性和谐、全民化与终身化衔接、民族性与世界性交融、后发性与跨越性整合"，"系统性、现代性、开放性、终身性、融通性、协调性、公益性和可持续性"，"基于大职业教育的视角，现代职业教育体系要体现职业教育的现代性、类型特性和系统性等特点。教育功能的全面性、教育对象的全民性、教育过程的全程性、办学形式的全方位性、教育学制的全贯性、教育体系的全套性和各级各类教育的全通性"，"现代职业教育体系具有独立性和贯通性、开放性和参与性以及协调性和适应性的特征"。尽管这种归纳方式从多个侧面探讨了现代职业教育体系的属性或者特征，但是现代职业教育体系的内涵是其整体性的属性，而不是需要读者努力拼接的"德莱尼水晶碎片"；更何况"现代性、职业性、教育性、系统性"作为现代职业教育体系的内涵，也有同义重复的嫌疑。此外，按照英国科学哲学家卡尔·波普尔（Kurl Popper，1902—1994）的证伪原则，现代职业教育体系的部分或者总体属性（特征）的并非尽举，因此存在不完全归纳的通病，即可能出现归纳不完善或者完全错误的后果。正如我们通过对有限数量的天鹅的观察并不能确证"所有天鹅都是白的"这一假设具有真理性，因为澳大利亚确实有黑天鹅生存。

五、从体系（系统）内部和外部关系的角度解读现代职业教育体系的内涵

从体系（系统）内部和外部关系的角度解读现代职业教育体系内涵的路径是，通过探索现代职业教育体系与社会经济发展、个体发展之间的关系以及体系内部结构层次之间的关系，从而获得现代职业教育体系的应然特征，以此作为现代职业教育体系的内涵。例如，"现代职业教育体系"的三个鲜明特征："一是适应经济发展方式转变和产业结构调整要求，即外部适应性，要求这个体系应该是开放的，需要统筹、需要合作、需要对接；二是体现终身教育理念，即内部适应性，要求这个体系应该强调育人功能，以人的终身发展为本；三是中等和高等职业教育协调发展，即内在系统自身的协调性"。这种观点是非常具有见地的归纳思路，但是并没有给出科学的分析模型和立论依据，因此也需要继续深入研究。

六、从语义学角度演绎现代职业教育体系的内涵

从语义学角度演绎现代职业教育体系的内涵的主要思路是，通过从概念到概念的文字解读和概念分析，从而获得现代职业教育体系的内涵。例如，将"现代职业教育体系"这个概念裂解为"现代""职业""教育""体系"四种性质，即"现代性""职业性""教育性"和"体系性"，以此作为现代职业教育体系的内涵。这种研究思路对于概念分析

有一定的帮助，但是其缺陷也是非常明显的，因为按照系统论"总体不等于部分之和"的原理，尽管"现代""职业""教育""体系"是组成"现代职业教育体系"这个总体概念的词素，但是词素所代表的概念的内涵的"代数和"并不是总体概念的内涵，正如"白""葡萄""酒"三个概念的内涵的简单相加并不等于"白葡萄酒"的内涵一样。

诚然，当前的研究分别从各个层面探讨了现代职业教育体系的内涵，这对于进一步深入研究不无裨益，但是其缺陷也非常明显，即均没有从理性认知的角度明确给出"现代职业教育体系"的内涵，其原因大概有三个方面：第一是国家政策和文件的规定过于宏观，可能是为了给学术研究和实践创新留出足够的空间，故而没有明确说明；第二是学术界还没有找到合适的研究工具进行系统化的研究；第三是学术界也出于预留学术研究和实践创新空间的考虑，没有急于下定论。不过，从以上论述来看，现代职业教育体系并非置身于"世外桃源"的小系统，而是涉及诸多社会系统和多种要素的复杂的社会系统，因此必须借助现代系统科学作为研究工具，从宏观视野和全局层面上统揽现代职业教育的理论研究和实践探索。为此，需要通过语言学分析作为辅助研究手段，以系统论作为主要研究手段，二者相辅相成地探索现代职业教育体系的内涵。

第二节 语义学维度的内涵解析

语义学维度解析现代职业教育体系的内涵主要从组成的概念语素与概念的"属"和"种差"关系研究。

一、现代职业教育体系的概念模型

由于"职业教育"是"现代职业教育体系"不可再分割的概念，它与其他类型教育是相互参照和对举的关系，这样，根据命题网络模型和 ACT 理论（Adaptive Control of Thought Model），可以建立现代职业教育体系的概念模型，分析概念的语义逻辑和种属关系。

从现代职业教育体系的概念模型来看，有三个命题关系影响其内涵，即"现代体系""现代职业教育"和"职业教育体系"。

二、现代职业教育体系概念的语义逻辑

从语素构成上来看，"现代职业教育体系"可以分解为"现代、职业教育、体系"三个关键词素。其中，"现代"是时间外延维度上的界定，"职业教育"是本体维度上的界定，"体系"是空间外延维度上的界定，三个词素共同界定了"现代职业教育体系"的内涵。但是，绝不能简单地从语素或者词素的分析中获得其内涵。

三、现代职业教育体系概念的种属关系

从概念的"属"和"种差"关系来看,"体系"标定了"现代职业教育体系"概念的"属","现代"和"职业教育"分别从时间外延维度和本体维度标定了"现代职业教育体系"概念的"种差"。可见,"现代职业教育体系"概念的重心是"体系",这也说明"现代职业教育体系"研究的对象重在"体系"。"体系"是"若干有关事物或某些意识互相联系而构成的一个整体(system; setup; set or arrangement of things or things so related or connected as to form an organic whole)"。可见,从"体系"的含义来看,"体系"和"系统"的名词含义是基本一致的,其区别基本上不明显,只不过"系统"具有名词和形容词两种含义,即"①同类事物按一定的关系组成的整体(system; group of interrelated elements forming a complex whole);②有条理的;有系统的(methodical; systematic)"。显然,"体系"和"系统"的名词意义的英语翻译均是"system",但前者的社会学和政治学的意味较浓,后者则是广泛应用于自然科学领域的术语。因此,"现代职业教育体系"实际上就是指"现代职业教育系统"。这样,就可将"现代职业教育体系"的研究对象聚焦在"体系(系统)"。

四、现代职业教育体系概念的完整性和意义的可解析性

需要注意的是,从语义学的维度来解析概念的内涵,必须注意概念的完整性和意义的可解析性,否则就会导致"望文生义"的危险。概念的完整性是指概念的各个词素、语素具有不可分割的内在联系,它们相互限定并共同界定了概念的内涵,如"现代职业教育体系"与"中华人民共和国""马克思""同仁堂"和"毛泽东"等一样,是一个完整的特定概念和专用术语。概念的可解析性是指在保证整体意义的基础上,这个概念具有解释和分析的可能性。不过,前文分解为"现代、职业教育、体系"三个语素可以用来分析概念的"属"和"种差"的关系,也可以用来分析三个组成语素的含义,但是不能将三个语素的含义简单相加而获得"现代职业教育体系"这个概念的内涵,更不能将三个语素的含义罗列并作为"现代职业教育体系"的整体属性,比如解析为"现代性、职业性、教育性、体系性"。概念语素的内涵作为概念整体的内涵的荒谬性很容易反驳。在我国乃至世界范围内,"职业教育"已经泛指"技术与职业教育与培训",其英文为"Technical and vocational education and training,TVET"。因此,如果把"现代职业教育体系"叙述完整,就应该是"现代技术与职业教育与培训体系",如果按照"望文生义"的分析方式,则"现代职业教育体系"的整体属性将被解析为"现代性、技术性、职业性、教育性、培训性和体系性",这样界定显然有失妥当。可见,语义学维度解析"现代职业教育体系"的内涵,只能够把握其字面意思,不能作为理性界定其概念内涵的根本依据。

第三节　系统科学维度的内涵剖析

"建设现代职业教育体系涉及的内容很广泛，是一项复杂的系统工程。既要关注当前的现实问题，也要有长远的战略思考；要有总体规划，也要有分阶段的具体目标；要关注世界范围职业教育的发展趋势，更要紧密结合我国各地区各部门的实际。"鉴于此，尝试依据现代系统科学对现代职业教育体系的内涵进行全新界定。

一、现代职业教育体系内涵归纳的原则

综上所述，现代职业教育体系的内涵不能从感性认知去体会，也不宜单单从字面含义去分析，而应该从现代职业教育体系的整体属性视角进行研究。

1. 现代职业教育体系的内涵归纳首先必须紧紧把握其整体属性

现代职业教育体系的整体属性是界定其内涵的核心要素。这就要求必须在把握系统的全阈性（即系统的时空共轭性）特征的基础上对系统的总体属性进行归纳，而不是从时空对偶性的分析法视角进行解析。现代职业教育体系是一个具有生命的、动态的系统，而时空对偶性则是一种静态、意味较强且时空特性分别描述的研究手段。因此，分别从现代职业教育体系的本体维度、时间外延维度或者空间外延维度对其内涵进行描述或者将三个维度描述的"代数加和"作为其内涵，均是不适宜的尝试。现代职业教育体系的内涵必须是上述三个维度的内涵的"有机合成"。通过上述分析和现代职业教育体系的系统模型，现代职业教育体系的总体属性应该既能够适应系统在时间外延维度上的发展性，还能够适应系统在空间外延维度上的延展性，这两种属性进行"有机合成"，即现代职业教育体系的适应性。因此用"适应性"描述现代职业教育体系的整体属性较为合适，即既能适应时代发展要求，又能适应国家（地区）区域的发展要求。不过，系统的全阈性或时空共轭性不适合作为现代职业教育体系的总体属性，因为这仅仅是一般系统的总体特性。可见，究其本质来说，现代职业教育体系的总体内涵理应对其所处的空间外延维度和时间外延维度具有较强的适应性，而局部内涵才是开放性、终身性、融通性、协调性等特性。

2. 现代职业教育体系的内涵归纳还必须明确界定其外延属性

现代职业教育体系的外延属性是界定其内涵的必要组分。其中，在本体维度，现代职业教育体系必须继续保持自身特色，对接产业的有机构成做好准确定位；空间外延维度是指现代职业教育体系所处的环境，主要表征是其地域布局和对社会经济发展的适应性；时间外延维度是指现代职业教育体系所处的时代。时代的含义是"①指历史上以经

济、政治、文化等状况为依据而划分的某个时期；②指个人生命中的某个时期"。因此，时代既可以指代社会发展时代，也可以指代个体的发展阶段。就社会发展而言，时代的划分有"生产力标准、生产关系标准、产业结构标准、政治标准、意识形态标准、文明形态或广义文化标准、社会主体标准"七大标准，就个体发展而言，时代可以根据智力发展水平、职业生涯发展阶段、受教育情况、生命特征等标准进行划分。此外，社会发展的形态可以从社会形态和经济形态两方面描述，而经济形态又包括社会经济形态和技术经济形态。在马克思主义学说中社会经济形态和社会形态是统一的，如社会主义社会形态和社会主义社会经济形态是统一的，不过，"技术经济形态与社会经济形态不同。如果根据技术经济形态来划分时期就有了原始经济时代、农业经济时代、工业经济时代和知识经济时代四个技术经济时代"。当前现代职业教育体系正处在服务经济、农业经济、工业经济与知识经济共存且以知识经济为主的四元经济时代，这个时代也是个体所处的时代。由于时间和空间的共轭性，现代职业教育体系在空间外延维度上的地域布局和对社会经济发展的适应性实际上也是其对社会经济时代的适应性。

3. 现代职业教育体系的内涵归纳还必须明确其主要矛盾

现代职业教育体系的主要矛盾是沟通其内涵与外延的重要纽带。这就要求从现代职业教育体系与环境之间的关系，体系内部各子系统、各层次、各要素之间的关系（机制）去理解其内涵，其中最重要的就是要把握"环境—体系—主体"之间的关系。从体系的时空共轭性来看，现代职业教育体系所处的社会经济时代既是客观的存在，也是主观的感知，因此，现代职业教育体系的内涵就可以从现代职业教育对社会经济发展的需求和个体发展的需求两方面来界定。具体到我国，社会经济发展的目标是产业结构的调整和经济发展方式的转变，产业的有机构成不断升级，多种经济成分和多种经济结构并存，这就导致各级各类学习者的职业生涯发展具有较强的跌宕性，他们需要通过不断的学习来消减这种跌宕性对他们的职业生涯造成的中断和阻碍，顺利实现升学、就业、转岗换业等多种职业生涯角色的转换。以此来看，现代职业教育体系必须具备时空共轭性、时间外延维度的终身性、空间外延维度的适应性、本体特征的特色性、内外共生性、内部要素的和谐性、教育对象的全纳性、主体需求的人本性等特征，并实现中高职衔接、职普融通等改革目标。

总之，根据上述研究以及内涵的定义，要重新归纳现代职业教育体系的内涵，必须注意把握现代职业教育体系的总体属性，即现代职业教育体系对社会经济的有机构成水平和主体发展水平的适应性。

二、现代职业教育体系内涵的重新归纳

根据现代系统科学的观点，现代职业教育体系的内涵必须能够从整体上反映这个概

念的本质属性。因此，要准确把握现代职业教育体系的意蕴，必须从其与环境（即社会经济）和主体之间的关系着手，并从空间和时间两个维度进行综合考察。

1. 从系统的时空特性探析现代职业教育体系的内涵

尽管有学者将现代职业教育体系的内涵标定在"中高职衔接、职普融通""适应社会经济发展的需求"和"人的可持续发展"等方面，但是并没有点透它们之间的内在关系。

按照时间/空间分布的次序进一步分析当前职业教育体系中存在的问题，可以发现以下三个具有规律性的特点：第一，职业教育体系在空间上存在严重的二元对立性，给职业教育的发展和职业教育学习者的发展带来非常大的阻尼或者非连续性，比如，职业教育和普通教育之间的二元对立性导致职业教育的学习者接收普通高等教育的机会大大降低等。第二，职业教育体系在时间上表现出明显的间断性，使职业教育学习者的职业生涯发展出现非连续性，比如，中高职不衔接、职普不融通，导致职业教育体系不能很好地满足学习者升学、就业、转岗换业等多种发展需求，从而使当前职业教育体系具有鲜明的终结性。第三，职业教育体系在空间维度和时间维度之间存在难以愈合的分割性或二维对立性，导致学习者的学籍不能在不同的学习地点自由流通，也不能灵活转换就业和接受教育的权利等，比如，弹性学制和完全学分制没有建立，职业教育柔性人才培养体系难以建立。以上三个特点有着重要的内在联系，即我国当前职业教育体系问题的实质在于职业教育体系空间上存在的二元对立性，在时间上又表现为强大的阻尼性（阻断性或者断层性）。其中，职业教育体系空间维度上存在的二元对立性实际上主要是对社会经济有机构成（或社会经济的发展）的不适应性，在时间维度上表现为强大的阻尼性（阻断性或者断层性）实际上主要是职业教育主体（尤其是学习者）发展需求的不适应性。

可见，职业教育体系在空间维度上的二元对立特性实际上是以牺牲职业教育体系的可持续发展和职业教育主体（师生）的可持续发展为代价的，而且职业教育体系的空间转移和时间推进是不同步的，如尽管当下的现代经济社会提倡建设现代职业教育体系，但是现代职业教育体系时代的"现代性"并不能与职业教育体系应该具备的"现代质"等同起来，即不能将"现代"的时间特性和"现代"的质的特性等而视之。

因此，现代职业教育体系要消弭空间外延上的二元对立特性，消除时间外延上的间断性，推进时空外延之间的同步性，即提升现代职业教育体系对时空变换的适应性。

2. 从系统的关系链考察现代职业教育体系的内涵

既然现代职业教育体系是以"环境—体系—主体"三大核心要素相互紧密耦合而成的共生系统，就还要从三大核心要素的互动关系中探寻现代职业教育体系的内涵。

（1）从系统与环境之间的关系考察现代职业教育体系的内涵

结合现代职业教育体系的分析模型和现实分析，现代职业教育体系的空间维度是其所处的环境所决定的，即地理位置、所依托的产业和企业。

因此，现代职业教育体系空间维度包括在地理位置上的布局以及与经济发展方式的转变、产业结构和水平调整的匹配性。而职业教育在地理位置上的布局也是与产业布局相关的，由于经济发展的不均衡性和层次性，职业教育在空间维度上也表现出多样性。经济发展的不均衡性和层次性的综合测量指标是经济的有机构成水平。现代职业教育体系的时间维度是其随着社会经济的发展所具有的综合发展水平，其综合测度是教育发展指数（Education Development Index，EDI）。

可见，现代职业教育体系既要能够适应产业在空间维度的多样性、不均衡性和层次性等特点，还要能够适应产业在时间维度上的阶段性、变革性和发展性等特点。

（2）从系统与主体之间的关系考察现代职业教育体系的内涵

在建设现代职业教育体系的过程中，尽管学者强调最多的现代职业教育体系服务于现代社会经济的能力，但是这种能力的发挥归根结底在于现代职业教育体系的主体生存状态的自由度，换言之，在于系统内部主体的可持续发展能力。现代职业教育体系内最重要的主体就是学习者和教育者，因此现代职业教育体系的内涵还需要从系统与主体之间的关系方面来考察。

可见，从系统和主体的关系来看，现代职业教育体系必须能够适应主体在空间维度上的多重需求，在时间维度上要能够适应师生职业生涯发展的连续性。

（3）从环境与主体之间的关系考察现代职业教育体系的内涵

尽管现代职业教育体系是一个非常复杂的大系统，但其建设的核心任务不外乎通过协调职业教育与社会经济的关系，从而促进主体的可持续发展，前者是建设的重要手段，后者是建设的根本目的。

职业教育主体（只要是学习者）生存和活动的环境主要是社会经济领域，它具有发展变化的特点，而主体的发展（尤其是职业生涯发展）的依据就是社会经济领域。按照马斯洛的需求层次理论，主体的需求具有发展性，而主体的发展也表现出对外界特定资源的需求性，因此现代职业教育体系必须能够满足不同主体和同一主体在不同发展阶段的发展需求，促进主体的可持续发展。主体的需求层次和职业生涯发展情况实际上代表了主体在不同阶段的发展水平，而环境的变化实际上主要就是社会经济的有机构成水平的变化，因此"环境—个体"之间的关系主要就是经济的有机构成水平和主体发展水平的关系。现代职业教育体系的功能就在于调和二者之间的关系，既要能满足经济的有机构成水平对职业教育的需要，还要满足主体的发展水平对职业教育的需要。

总之，现代职业教育"体系"的功德就在于以解决"体系—环境"和"体系—主体"之间的直接关系为手段，最终解决"环境—主体"之间的矛盾，实现"主体"在"环境"中快意生存、自由发展和实现社会抱负。因此，现代职业教育体系必须坚持以人为本的原则，充分适应社会经济有机构成的变化（或者说适应经济结构调整和经济增长方式的转变）对各种规格的劳动力的需求，解决"体系—环境"之间的矛盾，充分满足主体（师生）专业化发展的需求，解决"体系—主体"之间的矛盾，从而最终解决"环境—主体"之间的矛盾。

3. 从系统本体的结构和要素方面分析现代职业教育体系的内涵

第一，现代职业教育体系与环境之间的关系中，职业教育与产业经济的关系占主导地位，二者均具有时空特征，并形成了共生合作的关系，即产业经济结构、水平等为职业教育的专业设置、人才培养标准等提供了依据，而职业教育则在此依据的基础上为产业经济提供了相应的人力资源，如果这个关系出现脱节，则会发生供需矛盾，如人力资源结构性矛盾等。因此，职业教育要适应现代产业经济的发展趋势，就要主动与产业形成共生同盟，否则必然被其他教育类型取而代之。

第二，在要素的投入方面，无外乎是人的要素的投入和物的要素的投入。根据和谐管理理论，要想使现代职业教育体系建设目标能够顺利实现并能够发挥应有的预期功能，二者必须达到和谐性。其中，"和则"应对组织中"人的永恒的不确定性"所显现的规律的概念，以协调人与人间的共处、人与组织的共处，乃至组织间、组织与环境间的共处，如制度、规则、契约、文化、舆论、社会观念等；"谐则"是指任何可以被最终要素化的管理问题，是可以通过数学或量化处理模式根据目标需求得以解决的。从本质上讲，和谐主题、和则、谐则以及外部环境相互关联而又相互依赖，并且前三者之间在一定时期内形成和谐耦合（HeXie Coupling，HC）并保持相对动态的一致性，伴随环境共同演化，才能促进组织对环境的适应和发展，从而使组织获得竞争优势和好的绩效。

第三，在职业教育体制与社会及个体的需求方面，职业教育体制必须具有稳健性，这是职业教育得以稳定发展的基础，但是这种稳健性会在某种程度上牺牲体制的创新性，从而影响职业教育学习者发展的能动性，且不能够满足社会对多种规格人才的需求，这就要求现代职业教育体系必须具有灵活的学制。

第四，随着社会的发展，产业经济的调整和升级越来越频繁，因此学习者的内涵发生了巨大的变化，他们已经不仅仅是适龄入学的学生，还包括转换岗位、转换职业、岗位晋升等各种各样的已经有一定学力的成人学习者，而当前学校职业教育的招生考试制度显然不太适合已经有一定学力的成人学习者。此外，由于职业教育工学结合的本质要求或者其他原因，各级各类学习者（尤其是成人学习者）必须在工作领域和学习领域之间多次迁转，这就决定了传统的学籍管理制度不能继续适应现代职业教育学习者的需求，因此现代职业教育体系必须积极引入学籍注册制和完全学分制。

第五，当前职业教育体系具有鲜明的终结性，对于学习者升学、就业、转岗换业等多种需求不能很好地满足。此外，职业生涯具有连续性，因此要求现代职业教育体系必须能够具备终身教育的功能，为学习者的职业生涯提供依托。

4. 现代职业教育体系内涵重构

内涵是"一个概念所反映的事物的本质属性的总和，也就是概念的内容。例如'人'这个概念的内涵是能制造工具并使用工具进行劳动的动物"。但是，根据系统论"整体不等于部分之和"的原理，以上所归纳的各层次的内涵并不是现代职业教育体系概念的内涵，其罗列起来的"代数加和"也不是现代职业教育体系概念的内涵，而仅仅是现代职业教育体系的各个层次的内涵。因此，诸如"系统性、现代性、开放性、终身性、融通性、协调性、公益性和可持续性"等，均不宜作为现代职业教育体系的内涵。换言之，现代职业教育体系的各个层次内涵不能参与现代职业教育体系内涵的"有机合成"。但是，现代职业教育体系之所以能够成为教育体系的"半壁江山"，是因为其具有自身的特色和不可替代性，据此表征了其存在的价值和意义，这就是其本体的内涵的依托。

从现代职业教育体系的分析模型来看，其内涵绝对不能是现代职业教育体系这个概念的词素的内涵，如"现代性、职业性、教育性、体系性"，也不能是现代职业教育体系的部分属性，如"中高职衔接、职普融通"，更不能是时间外延维度、空间外延维度、关系链维度或者本体维度上的单一向度的属性，而是这些向度"分量"的"有机合成"。因此，现代职业教育体系的内涵需要将上述四个维度进行"有机合成"，即在时间维度上把握"传承历史，立足当下，面向未来"的原则，在空间维度上把握"内部协调衔接完善，外部开放适应引领，内外互动共生发展"的原则，在关系链维度上把握"人本性、适应性、可持续性"的原则，在本体维度上把握"定位准确，特色鲜明，职普融通"的原则，这个属性就是适应性。这样，现代职业教育体系的内涵就应该是既能够充分适应社会经济有机构成的变化对产业工人的多样化需求，又能够充分适应各类主体在职业生涯发展过程中多元化的学习需要的教育体系。

综上所述，现代职业教育体系的内涵应该是上述四个维度的"有机合成"，即在时间维度上把握"传承历史，立足当下，面向未来"的原则，在空间维度上把握"内部协调衔接完善，外部开放适应引领，内外互动共生发展"的原则，在关系链维度上把握"人本性、适应性、可持续性"的原则，在本体维度上把握"定位准确，特色鲜明，职普融通"的原则，这个"有机合成"的属性就是职业教育的适应性。现代职业教育体系在本体维度的问题是其空间外延维度（环境）和时间外延维度共同"约束"的结果。截至目前，职业教育的特色已经"主要经历了种间差异和种内差异两个阶段，并相继出现了类属特色、层级特色、国别特色和个别特色四个层面的含义。已经或正在进入精细化和微调阶段"。因此，在本体维度，现阶段的主要问题已经不是职业教育的特色和定位问题，而是在继续保持职业教育特色和准确定位的基础上，依据社会经济的发展需求和职业教育学习者的发展要求，坚持以人为本的理念，构建面向终身学习的、全纳性的大职业教育体系。在空间外延维度上，现代职业教育体系"本体"需要能够适应我国各地区社会经济的不平衡性和国内改革的步伐，并在经济发展方式转变、产业结构调整、统筹城乡综合改革等过程中有所作为；适应世界各民族教育文化的多元性和国际变迁的进程，并在中国走向世界政治经济舞台的过程中，熟练运用国际通行规则和标准，偕同中国经济和文化的输出战略走向世界。在时间外延维度上，现代职业教育体系"本体"需要能够适应时代的变迁，在传承我国和世界各国的优秀教育文化遗产的基础上，立足当前职业教育改革的需要，面向未来发展的趋势，做好总体设计和规划；适应学习者发展的需要，在终身教育的理念下，形成职业启蒙教育、职业准备教育和职业继续教育一贯制，学校职业教育、社会职业培训和企业职业培训并举，并能满足职业教育学习者就业、升学、转岗换业等多种需求的全纳性的大职业教育体系。

这样现代职业教育体系的内涵就应该是既能够充分适应社会经济有机构成的变化对产业工人的多样化需求，又能够充分适应各类主体在职业生涯发展过程中多元化的学习需要的教育体系。

第四节 基本内涵对现代职业教育体系建设目标研究的启示

一、总体建设目标必须直接体现现代职业教育体系的内涵

现代职业教育体系的内涵以其本质属性为核心，因而也是规定现代职业教育体系总体建设目标的核心。这就是说，现代职业教育体系建设的总体目标必须能够直接体现其适应性这个本质属性，即既能够充分适应社会经济有机构成的变化对产业工人的多样化需求，又能够充分适应各类主体在职业生涯发展过程中多元化的学习需要。

二、分项建设目标必须符合现代职业教育体系内涵的要求

现代职业教育体系的分项建设目标是依据其总体建设目标分解的子建设目标，但是由于在建设过程中会受到任务分割或者各个项目之间信息沟通不畅等问题影响，分项建设目标的制订往往会偏离总体建设目标的指向，如过分强调规模发展目标则可能会导致无暇兼顾质量发展目标。因此，在设定和实施现代职业教育体系的分项建设目标时，必须符合现代职业教育体系内涵的要求。

三、分项建设目标之和必须等于现代职业教育体系的总体建设目标

现代职业教育体系的分项建设目标是现代职业教育体系建设目标的下位概念，也是其总体建设目标的子目标，它们是现代职业教育体系建设目标体系这个目标集合的一个元素。将现代职业教育体系的总体建设目标分解为分项建设目标的目的是使建设项目便于实施和控制，但是如果操作不当，在分解为分项建设目标的过程中，往往会出现遗漏，从而导致不能完全实现总体建设目标。因此，必须借助系统分析方法和项目管理中工作分解结构中"百分之百"的原则进行校验，使分项建设目标之和等于现代职业教育体系的总体建设目标。

第七章 现代职业教育体系建设的目标方针

现代职业教育体系建设的目标方针是建设目标方向的高度概括，它规定了建设项目实施过程中个体活动和组织活动的目标指向。目标方针一经确定，就必须贯彻始终，因而它具有方向性、全局性和激励性等特征。为此，需要界定现代职业教育体系组织层、表现层、规则层、间介层和环境层的目标方针，为各项建设任务确定总体方向。

第一节 组织层的目标方针

现代职业教育体系组织层建设是显性问题，也是当前职业教育改革领域中最被关注的层面，主要包括规模、结构、层次、类型、比例以及各子系统和要素等方面。

一、规模适度，结构完善

依据世界经济发展格局和我国产业发展动态，从"去工业化"到"再工业化"是国家和民族发展方式的理性回归。因此，现代职业教育体系必须以实体产业经济为依托，大力发展职业教育，全面发展职业教育，构建面向人人的全纳性的大职业教育体系，建立面向从业人员的整个职业生涯的终身学习体系，建立消除城乡二元对立的职业教育体系，完善和升级现代农村职业教育体系。

二、层次升级，衔接顺畅

就国内产业经济的发展来看，经济的有机构成逐步加大，生产制造技术从低端向高端发展，促使职业教育办学层次从低端向高端发展，举办本科阶段或者更高层次的职业教育开始从研究视点成为实践行动，尤其是职业类师范院校先行升级，既为职业院校提前进行师资储备，也对外界释放了职业教育即将全面升级的信号，一些学者也开始探讨新建本科院校纳入现代职业教育体系。事实上，联合国教科文组织2011版颁行的《国际教育标准分类》（ISCED2011）也已经对本科以上层次的职业教育进行了分类和界定。此外，职业教育办学层次不断升级的现实，也促使人们不得不重新看待职业教育的地位和学历证书与职业资格证书的等值问题，甚至需要重新定义职业教育，坚定认识职业教育的类型和层次问题。

此外,就广义职业教育和职业教育一贯制的视野来说,整个职业教育系统可以被划分为职业启蒙教育、职业准备教育和职业继续教育三类。但是从我国当前的职业教育体系来看,尽管幼儿教育阶段社会和家长都期许儿童多样化发展,为此还设立了丰富多彩的手工课程作为职业启蒙教育,但是到升入小学、普通初中和普通高中后,类似的职业启蒙教育课程则被应试教育挤压至边缘化的境地,形成了巨大的职业教育断层,而学校职业教育和职业继续教育之间由于教育能力和教育需求之间的巨大鸿沟,也形成了泾渭分明的两个类型的职业教育。因此,从这个纵向的维度来看,职业教育原有体系内部的衔接也并不顺畅。就现行的职业教育体系来说,尽管总体上已经具备初、中、高齐备而完整的职业教育层次,但是与普通教育相比,各层次职业教育的选拔和分流功能显然比较薄弱,而通过传统的考试制度实现职业教育的选拔功能又有回归到学历教育的风险,而原有的学籍管理制度还受到固定学制的束缚而不得不采用学年制的管理办法,完全学分制的学籍管理办法难以普及限制了职业教育学籍管理制度的创新,从而也限制了各级职业教育之间的顺利衔接,限制了各类学习者接受职业教育的权利得以自由伸张。因此,现代职业教育体系必须避免重蹈覆辙,转变学籍管理的观念,采用完全学分制,释放职业教育服务于社会经济发展和职业教育学者需求的巨大潜能。

三、类型全面,沟通无障

在市场和行政的双重调节下,我国已经形成了多种类型的职业教育。当前我国已经建立起职业学校教育与职业培训并举的职业教育体系,而且职业培训还包括从业前培训、转业培训、学徒培训、在岗培训、转岗培训及其他职业性培训,可以根据实际情况分为初级、中级、高级职业培训;从横向分类上来说,当前已经建立了学校职业教育、社会培训、企业培训和国家机关工作人员专门培训等职业教育类型。但是社会经济的有机构成则在持续变化,现有职业教育体系显然未能根据社会和经济发展需求,形成完善的职业培训专业体系,如没有非物质文化遗产及其保护专业。此外,学校职业教育的学历证书和培训的职业资格证书之间的互换鸿沟阻断了各个类型职业教育和职业培训之间相互转换的途径。

随着产业经济的发展和市场竞争的加剧,尽管产业结构不断升级,但是产业的多元化仍将存在,职业教育学习者多样化的需求必然更加突出,因而要求现代职业教育体系能够提供门类齐全的教育专业和培训课程,职业教育的类型之间要沟通顺畅。

四、比例协调,全面统筹

在当前教育供给和人力资源市场需求结构性矛盾突出的情况下,协调各层次、各类型职业教育之间的比例是非常重要的改革任务,但是在追求自由和平等、尊重兴趣爱好和个性发展的现代社会，对职业教育比例的调控更需要注重保障职业教育学习者能够在各级各类职业教育或培训中顺利转换学习权利。

调控职业教育比例的依据是产业结构所能容纳的各级各类劳动者的数量，调整的手段有三种，一是行政强制调节，二是市场自由调节，三是行政引导下的市场调节。行政强制调节是以牺牲学习者自由发展为前提的人为调节手段，市场自由调节是以牺牲学习者职业生涯和有效工作时间为前提的自我调节手段，二者分别以空间阻断和时间延缓的形式限制了职业教育学习者在各类职业领域或学习领域之间顺利转换，只有行政引导下的市场调节才是现代职业教育体系应该采用的职业教育比例调节方式。具体来说就是：要求教育行政部门和国家统计部门通过教育评价、市场调研和测算，及时、动态地面向全国预报人力资源需求情况和职业教育专业需求状况，并通过市场机制进行优胜劣汰，保障学习者顺利选择职业教育的专业和培训的课程，从而实现各级各类职业教育比例的动态调节。

五、子系统运转灵活，各要素投入和谐

尽管当前职业教育的体系看似已经比较完善，但是实际上有些必要的组织机构尚未建立、配合不顺畅或者功能发挥不全面，尚未能通过行政引导和市场调节机制成为职业教育体系的正式的子系统。比如，人力资源的中介机构、民间的质量评价、监督和研究机构、社会资源调配机构、教育媒体等，它们实际上也是强大的职业教育资源，具有强大的职业教育服务能力，理应纳入现代职业教育体系当中。此外，职业教育的督导机构、职业教育标准化机构没有建立，教育部、人力资源和社会保障部，以及工业和信息化部等部门的顶层合作机制也并不顺畅。这些都是现代职业教育体系建设过程中需要着力解决的重要问题。

在要素方面，近年来尽管人的要素和物的要素均有大规模投入，但是两个类型要素的投入并不协调，投入的渠道也不顺畅，比如职业教育教师的教育体系并不完善，职业资格、聘用制度、教师进修制度或者专业化发展制度不健全，导致职业教育师资的专业化发展并不顺畅；社会捐献制度不健全，导致资金的投入来源单一等。最重要的是，职业教育的发展还没有建立发展主题明确的人的要素与物的要素和谐耦合投入的渠道和机制。

这就要求现代职业教育体系内部师资分工细致、专业能力全面且专业发展良好，健全职业教育教师教育体系和教师专业发展的机制，大力开发体系齐全的教师教育和培训课程体系；实习实训资源配套齐全，且利用效率较高。全面调节社会和学校的教育资源，建设功能齐全（培养和训练学生、教师；发挥以教学功能为主的生产功能）、配套完善的集约化实习实训基地，与行业、企业共建教育企业和教育工厂、实训工厂等；体系外部要建立、健全产业协会、行业协会等社会中介组织，发挥其职业教育的功能，保全其

职业教育的权利和义务。

第二节 表现层的目标方针

现代职业教育体系表现层建设是隐性问题，最容易被忽略，且关注度不够，主要包括现代职业教育体系的目的、功能、思路、措施、目标和水准等方面。

一、目的明确，功能全面

当前，我国职业教育的目的和功能主要集中在经济性和实利性两个层面，如"主动适应经济建设和社会发展的客观需求，坚持'以服务为宗旨，以就业为导向'""培养生产、建设、管理、服务第一线的技能型专门人才"，而对职业教育的人文性和人本性发挥不足。因此，现代职业教育体系必须在以人为本的理念下设定新的职业教育目标，关注主体（教师和学生）的全面发展，保证人格的全面和完整，保障职业知识、能力道德和情感全面发展；发挥职业教育升学、就业、转岗换业、学历提升、技能提升等多种功能，为各类职业教育学习者的学习需求提供优质的职业教育服务。

二、策略新颖，措施独特

现代职业教育体系的建设要有新观念、新思路、新做法，在终身学习理念和以人为本的理念下开展建设工作。宏观层面要建立新体制、新机制，出台新政策、新法规；指导微观层面建立新的职业教育课程体系和教学模式，培养能够适应新经济发展时期的具有新风尚和创新精神的文质彬彬的产业工人。

现代职业教育体制改革试验要突出"特"字，即非常时期、非常之力、非常之功和非常手段。要打破常规和旧有体制的束缚，一是基层要用好、用足职业教育体制改革的政策支持，突破并超越现有体制的框架，为政府出台新的政策提供决策咨询；二是基层和上层要研究现有政策和体制约束下的创新空间；三是上层要积极研究和制定新的政策、制度、法律和法规等，做好顶层设计。在此需要注意：必须严防不顾实际条件和忽视发展质量的盲目"大跃进"，鼓励在准确判断和科学发展观引领下的大胆改革。

三、目标高远，突出特色

现代职业教育体系的建设目标总体来说就是"中国特色、世界水准、国际一流"。其中，"中国特色"是近期目标，"世界水准、国际一流"是远期目标，这也是职业教育从规模和外延向质量和内涵发展的转型与定位。

"中国特色"有两层含义。一是在国内的教育体系中，必须彰显职业教育特色，二是在国际上与美国 AOI（即职业教育与学术教育有机结合，Academic and Occupational Integration）、德国的双元制、澳大利亚的 TAFE 模式等相比有自己的发展特征。但需要注意，"中国特色"的建立需要与国际通行规则接轨，如国际护士资格证、国际会计师资格证等，否则难以实现职业教育"走出去"的战略。

"世界水准、国际一流"有三层含义。首先，这是中国产业转型和经济发展方式转变对职业教育提出的新要求。形象地说，在制造领域"中国制造"开始向"中国创造"转向；在资本和技术领域"引进来"战略开始向"走出去"战略转变；在产业领域开始从劳动力密集型和资本密集型向技术密集型和知识密集型转换，由经济大国向经济强国转变、由低端制造向高端制造转移、由粗放型发展向集约型发展转变、由传统产业向现代产业转变，而我国人力资源大国的人口红利逐渐消退，低层次劳动密集型产业向东南亚转移，但东南亚劳动力素质较低，"候鸟型"企业洄流的可能性必然存在；我国短期出口受阻，低层次产能过剩，产业转型升级、生产方式转变成为必然的经济发展态势，中国东部沿海地区"腾笼换鸟"之"笼"和"鸟"都不会相同了，建设人力资源强国的呼声终于提上前台，创新能力必然成为一个民族屹立于世界民族之林的核心能力。因此，对职业教育的培养目标升级也成为必然。其次，这是中国职业教育走向国际社会的新趋势。近年来，适龄人口下降，职业教育的"产能过剩"也开始凸显。尽管前一时期低层次重复建设迅速扩大了职业教育的规模，高等职业教育从无到有、从小到大，实现了量变的积累，到目前，中、高职分别占中、高等教育的"半壁江山"，但是即便通过示范院校、骨干院校建设亦难以一时间打造出职业教育中的"211"或者"985"院校，职业教育的名牌效应并不明显，这种建设导向本身就是政治上"先富"战略在教育领域的翻版，实际上是职业教育领域中的"大跃进"，其后果必将是规模暴涨而质量速滑。因此，这种策略是职业院校通过渐进式的市场机制的自然淘汰市场调节向突进式的行政调节和行政淘汰、行政分层聚拢。实际上，强制的行政指导造成的教育资源的不公平性和不均衡性，对市场机制的完善也造成了破坏性，这种人为的教育分层造成了职业教育对行政支持更大的依赖性，从而造成了"等、靠、要"的改革惰性。此外，职业教育长期奉行对外国职业教育理论和职业教育经验"引进来"和"拿来主义"，不仅不利于中国经济"走出去"战略的实施，也不利于中国教育参与国际社会建设的效能发挥。职业教育的"走出去"是由于：第一，"教育能力过剩"；第二，彰显国家实力，尤其是文化实力；第三，为经济"走出去"战略服务并培养资本输入国当地的人才素质，二者相辅相成。而职业教育要"走出去"，必须具有较高的办学水平、较好的品牌效应和口碑，如德国的双元制、澳大利亚的TAFE、新加坡的教学工厂，几乎成了国家的名片。

第三节 规则层的目标方针

现代职业教育体系表现层建设也是显性问题，关注度较高，主要包括现代职业教育体系的建设理念、指导思想、理论建设、制度、法律、法规以及标准建设等。

一、建设理念崭新，指导思想科学

要有新观念、新思路、新做法，在终身学习理念和以人为本的理念下开展建设工作。宏观层面要建立新体制、新机制，出台新政策、新法规；指导微观层面建立新的职业教育课程体系和教学模式，培养能够适应新经济发展时期的具有新风尚和创新精神的文质彬彬的应用型人才和产业工人。

二、经验借鉴重在吸收，理论建设重在创新

现代职业教育体系的研究要注意理论的创新，从移植外国职业教育理论向创生本土化的理论发展；积极培养和打造新生代本土化的职业教育理论家、教育家、职业教育科研队伍和科研体制。

三、法律、制度和标准建设，注重建立、健全和体系化

法律、制度和标准建设主要有两大任务：一是要新建和完善相关法制和标准；二是要理顺这些法制和标准之间的关系，消除它们之间的冲突，使之成为体系化的保障条件，为现代职业教育体系保驾护航。

相关法制健全而成体系，法制的建设、执行和监督机制全面，专业建设要与产业发展全面适应并具有引领作用，相关标准建设全面且成体系，如质量标准、课程标准、教师能力标准、学校设置标准、实训基地建设标准、教育企业认定标准等。建立和完善统一的国家职业资格体系、职业教育教师资格和职业教育教师专业能力标准、教师聘用制度、教师专业化发展制度等；健全职业教育法、校企合作法、顶岗实习办法、实习保险制度以及职业教育资源共享和调节的法制。

第四节 间介层的目标方针

现代职业教育体系间介层建设是显性问题，近年来备受重视，主要包括现代职业教育体系的内部机制和内部体制。

一、内部机制运营通畅

职业教育的内部机制是指职业教育体系与政府、职业教育体系内部各个子系统和要素之间的相互关系及其运行方式，是内部关系问题，主要有政府与职业教育体系之间、职业教育类型之间、职业教育层次之间、要素之间四层机制等。现代职业教育内部机制建设的目标方针就是促使这四层机制运营通畅。

二、内部体制管理顺畅

职业教育体制是由职业教育机构体系和相应的规则体系所组成的结合体或统一体。现代职业教育体系的内部体制建设目标方针就是要促使职业教育行政体制、职业学校教育体制和职业培训体制、职业学校管理体制和职业培训管理体制、人才培养体制和教学体制、职业教育举办体制内部及其之间管理顺畅。

第五节 环境层的目标方针

现代职业教育体系环境层建设是显性问题，主要包括现代职业教育体系的外部机制体制、外部子系统和输入/输出通道。

一、外部机制体制运转畅达

外部机制体制运转畅达，实际上是现代职业教育体系开放性的表征。要审时度势权衡政府的行政引导功能和市场机制的调节功能，在需要优胜劣汰的现时代要让行政引导让位于市场机制，除出于保护文化遗产等目的之外的专业，要让市场决定职业教育行政部门的拆并分化、教育专业的去留、院校的关并整合、教育资源的分配调节、人才规格和质量评价验收等。

管理体制顺畅，投资融资机制灵活多元，层次结构贯通，职普之间融通，校企合作机制畅通，工学结合紧密，招生体制灵活，就业顺利，岗位转换便捷，接受继续教育方便，各级职业教育的学习者能够自由伸张分流就业或者继续升学的权利，重在纵向放权，而不是横向分权或者横向集权。

二、外部子系统全面参与职业教育

由于现代职业教育体系是一个复杂的系统，涉及多个社会部门的参与，因此在健全的法制保障下，通过市场调节政府各部门、社会各部门、各阶层全面协调和联动，关注职业教育事业，促进现代职业教育体系的改革和发展。

三、输入平滑，输出流畅

职业教育体系从外界输入生源、师资、经费等物质资源、职业规范、职业知识和信息，输出人力资源、社会服务、技术成果、新的职业知识、规范和文化观念等。但是从目前的情况来看，这个输入和输出的通道并不顺畅，主要表现在以下两个方面：第一是随着我国教育规模的膨胀和适龄人口的下降，生源在不断萎缩，生源质量不断下降，阻碍了学生的学习和就业。职业教育的生源一般是被各类本科院校录取优质生源后的剩余生源。由于普通本科的规模也非常大，其录取比例也在增长，这就决定了原来本科生涯只"掐尖儿"变成了"掐茎"，导致职业院校只能"刨根"。生源的文化素质因此而逐年下降，这些生源的认知能力不足限制了职业院校的学生的理论学习和对职业技能、职业知识的认知能力的提高，从而削弱了学生专业能力的发展，以至于就业困难。第二是办学经费不足且来源单一，导致很多学校的硬件建设不足，导致在校本环境中师生的生产性技能提升有限，限制了学校走出去进行校企合作的能力和应用成果推广以及社会服务能力的发挥。

第八章　现代职业教育体系的结构框架

现代职业教育体系的内涵决定了其建设目标的实质,而现代职业教育体系的结构框架则界定了其建设任务的范畴,它包括建设任务的幅度和深度。其中,建设任务的幅度是指建设任务在横向分解逻辑上的数量;建设任务的深度是指建设任务在纵向分解逻辑上的层次,二者相对独立且又相互联系。据此,可以确定现代职业教育体系建设的横向目标和纵向目标。

但是,殊为遗憾的是,现行官方文件和已有的研究并没有认真探讨过现代职业教育体系的结构框架,以至于在改革实践中难以确定究竟哪些任务需要完成且必须完成,哪些任务需要先于其他任务完成,哪些任务需要达到何种程度等。比如,教育部提出的建设现代职业教育体系"三步走"战略目标,其中第一步是2011—2012年实现中高职的"十个衔接",这"十个衔接"是否达到项目管理理论中工作分解结构的"百分之百"原则,"十个衔接"之间是否存在先后顺序的逻辑要求,每个衔接究竟需要达到什么程度即可认为实现了改革目标,等等。以此类推,其他两步建设目标同样显得非常粗疏,难以操作和执行。因此,很有必要在现代职业教育体系内涵研究的基础上,进一步研究现代职业教育体系的结构框架。

第一节　现代职业教育体系的边界

现代职业教育体系的结构框架是由现代职业教育体系的外延决定的。"外延"在"逻辑学上指一个概念所确指的对象的范围,例如'人'这个概念的外延是指古今中外一切的人"。顾名思义,现代职业教育体系的外延就应该是现代国际和国内一切类型的职业教育体系。但问题是,现代职业教育体系的边界具有模糊性,如究竟是否应该将"新建本科院校纳入现代职业教育体系"等问题,的确值得深思。

一、现代职业教育体系边界的内涵

为了使研究的问题更加明确,在研究现代职业教育体系建设目标时必须首先明确其边界。边界(boundary)是指"系统与环境的分界面(interface)的或假想界限"。一般来说,系统的边界应该是明确的,比如国界。但是,由于有些系统过于复杂、开放或者过于抽象，如概念系统、学科体系等，实践当中常常难以精确定义其边界究竟在哪里，因此常常使用最优界面或者假想界面代替真实的界面。

现代职业教育体系是一个非常开放的系统，它经常跨越边界与环境发生人员、物质、能量和信息等的交换，对其边界识别就会变得更加困难。但是，不管怎样，必须坚持一个原则，那就是现代职业教育体系与环境是"内外有别"的，这就是说属于现代职业教育体系内部的组成部分（元素或者子系统）与不属于现代职业教育体系的其他事物之间有着本质的不同。现代职业教育体系的内部元素或者子系统对现代职业教育体系的整体性有确定性的影响，而属于环境中的事物只对现代职业教育体系有偶然性的影响。这是区别现代职业教育体系内外以及确定其边界的相对标准。

二、现代职业教育体系边界划分的理论借鉴

为了更加形象地理解现代职业教育体系的外延，需要形象地引入大陆架的概念。根据1958年签订、1964年生效的《大陆架公约》（Convention on the Continental Shelf）第一条的规定，"大陆架"是指"（a）邻接海岸但在领海以外之海底区域之海床及底土，其上海水深度不逾二百公尺（注：二百公尺，即200米，此处为了尊重原文，未作修改），或虽逾此限度而其上海水深度仍使该区域天然资源有开发之可能性者；（b）邻接岛屿海岸之类似海底区域之海床及底土"。1982年通过、1994年生效的《联合国海洋法公约》（United Nations Convention on the Law of the Sea）进一步界定，"大陆边包括沿海国陆块没入水中的延伸部分，由陆架、陆坡和陆基的海床和底土构成，它不包括深洋洋底及其洋脊，也不包括其底土"。

对于与社会经济的发展和人的发展密切联系的现代职业教育体系来说，其边界犹如没入海水的陆基，很难确切判定其末端究竟在什么地方。如此一来，很多时候仅仅是出于研究的需要、政策执行的需要、维护传统的需要或者认知水平的限制而进行人为的规定。在此，为了研究的需要，以及兼顾政策执行、维护传统和实现改革目标等需要，特借用《联合国海洋法公约》的相关规定，将现代职业教育体系与大陆架区域进行类比研究，即现代职业教育体系的本体相当于海岸陆地，现代职业教育体系的延伸体相当于大陆架和大陆坡，现代职业教育体系的边界相当于陆基，海洋相当于社会经济等其他系统。

三、现代职业教育体系边界划分理论的重构

1. 现代职业教育体系的横向边界

随着我国政治、经济、教育等体制的不断改革，社会各部门之间以及部门内部的劳动分工和权益分化越来越精细。实际上，教育自从政治、经济等部门中逐渐脱离并独立以后，教育和经济就日渐成为相对封闭的社会子系统。随后，各自又不断扩张和膨胀，

形成规模越来越庞大、结构越来越复杂的系统，从而形成一套相对独立的自营体系和自养机制，从此二者的沟通越来越有限。这种社会子系统的分化或者分工，既是社会系统结构分化的过程，同时也是其权益的分化和重新分配的过程。社会子系统获得重新分配的权益后，就会非常珍视所获得的权益，甚至于会因此而走上极端的道路，不愿意和其他社会子系统分享或者共享，事实上，从权利的起源来看，过分珍视现有权益就意味着会不断丧失原有的权益。

尽管如此，在社会化大生产日趋发达的商品经济时代，社会各子系统的高度分化并未能够使各子系统重新成为完全自给自足的封闭系统。恰恰相反，正是在社会化大生产的过程中，社会各子系统才产生了相互合作的需要。这也就是说，从社会化大生产这个宏观背景和宏大的关系链条上来看，各个社会子系统仅仅是社会大生产链条上的一个环节而已。从广泛的意义上来看，在社会各子系统当中，经济和文化（教育）系统均承担直接的社会大生产，而思想（意识）、政治等系统则承担间接的社会大生产。其中，在直接的社会大生产中，经济系统主要承担物质的社会大生产，并且是其他子系统存在和发展的基础，文化（教育）系统则主要承担精神的社会大生产，包括人才（人力）资源的生产，这两大直接的社会大生产系统通过市场交换来实现，并依靠思想（意识）、政治等间接的社会大生产系统负责协调和领导。在劳动力市场这个平台上，人才供需矛盾又迫使两大直接的社会大生产系统展开合作，而人才供需活动得以持续的真正原因就在于社会大生产。

然而，从社会系统整体上来看，教育、经济和政治等社会子系统实际上都是处于人才生产和再生产链条的不同环节上的教育者，它们仅仅是在这个生产过程的不同环节享有自己的教育权益而已，只不过其教育权益存在多寡而已，即它们有的享有公共教育权，有的享有准公共教育权，有的则享有私有教育权。因此，可以通过社会大生产理论和教育权益的属性来统一经济部门的物质大生产和教育部门的精神大生产，使之形成一个相对独立又相互联系的教育权益连续体。

需要注意的是，从权益演进的历程来看，社会大分工的过程实际上就是全社会范围内组织之间集体权益的分配、转移和托管的过程。在这个过程中，同时存在组织内部分工的过程，因此也存在组织内部个体权益的分配、转移和托管的过程。仅就教育权益演进的历程来看，它实际上是全社会的教育权益逐渐向特定的组织分配、转移和托管的过程，这个过程表现出社会教育权的公共性向私有性、垄断性、完全性、托管性转化的趋势，即公有性向私有性转化、开放性向垄断性转化、兼有性向完全性转化、兼有性向专业性转化、共管性向托管性转化。就广义上来说，现代社会的企业职业培训、社会职业培训和学校职业教育均属于职业教育范畴，其差别的实质不在于场所的不同，而在于社会赋予这些组织的职业教育权益的性质不同，如学校职业教育行使的是社会托管的公共教育权，企业内的职业培训行使的是企业自身的私有教育权，社会职业培训行使的是社会托管的私有教育权，社区等社会公益组织的职业培训是组织自身的公共教育权。而就学校职业教育内部而言，各级职业教育尽管行使的都是社会托管的公共教育权，但其差别的本质不在于人为制定的等级差别，而在于这类型组织所能行使的职业教育权利的层次和类型不同。比如，学校职业教育内部的公立职业教育和私立职业教育的差别在于，前者完全享有社会托管的公共教育权，后者则既享有社会托管的公共教育权，又享有社会托管的私有教育权，如校企合作中企业为学校承担的职业教育实际上行使的是学校委托的公共教育权。可见，根据教育权的性质以及层次和类型，可以作为划分现代职业教育体系类型和层次的重要依据；更重要的是，这个依据在划分过程中是始终如一的，不会因为受教育对象的年龄、教育实施的场所、教育实施的机构而产生混淆。

综上所述，从现代职业教育体系的横向结构来说，直接或者完全行使公共职业教育提供权、公共职业教育管理权、准公共职业教育提供权、私有职业教育提供权、间接行使准公共职业教育管理权的机构和为了行使这些权利而制定的规则，均属于现代职业教育体系的范畴。其中，私有职业教育提供权是现代职业教育体系本体的临界点，而与职业教育相关的研究机构、中介组织、传媒与出版和教育慈善等机构是现代职业教育体系的延伸体。

2. 现代职业教育体系的纵向边界

探讨现代职业教育体系的纵向边界的目的主要在于界定学校职业教育的层次。众所周知，以蒸汽机使用为标志的第一次工业革命要求劳动者具有小学文化程度；以电气化为标志的第二次工业革命要求劳动者具有初中文化程度；以原子能、电子计算机、空间技术和生物工程的发明和应用为主要标志的第三次工业革命要求劳动者具有高中文化程度并受过职业化训练；以信息化为标志的现代工业革命提出了高等教育大众化的要求，要求越来越多的人受过专门的高等教育训练，而且教育的层次也在不断提高。这个发展脉络基本上清晰地描绘了职业教育的层次不断高移的变革历程。在我国，由于地域辽阔，生产力发展极不均衡，大致呈现由东向西梯次递减的趋势，学校职业教育也因此出现了初、中、高三个等级并存的局面。自2008年全球金融危机以来，我国社会经济的有机构成进一步提升，专科层次的职业教育已经不能满足我国经济发达地区产业结构的发展，职业教育继续高移已是大势所趋。尽管国家层面仍然没有全面放开高等职业院校升格为本科院校，但是早已经有学者通过对比普通教育体系的办学层次，提倡职业教育的体系应该在层次上与普通教育体系平齐。事实上，已经有多所专科层次的高等职业院校升格为本科层次的高等职业院校，而教育部已在酝酿将新建本科院校归并到高等职业教育体系。应该说，这个倡议和行动是非常有预见性的，但是问题在于，社会经济的有机构成是否已经迫切需要更高层次的职业教育人才，以及现有的产业能否提供足够的职业岗位以便容纳这些高层次的职业教育人才，比如本科、硕士甚至博士层次的职业教育人才。如果回答是否定的，那么就会造成职业教育资源的严重浪费，与其如此，毋宁借助普通高等教育的专业人才培养体系培养这些人才。这个思想在2011年的《国际教育标准分类法》已经体现出来，它将大专层次的高等职业教育以后的、既有职业教育特征又有学术教育特征的高等教育，称作专业教育（professional education）。可见，在现阶段，应用性本科或者新建本科及以上层次的高等教育其实不宜被划归到现代职业教育体系，而应该作为当前现代职业教育体系的边界。当然，随着我国社会经济有机构成的平均水平进一步提升，本科层次职业教育人才的社会需求率必然将继续上升，这时候再将现代职业教育体系的边界上移才是适宜的考量。可见，现代职业教育体系的边界实际上是动态的。

为了佐证上述观点，这里需要继续探讨一下应用型本科与高职高专的区分度问题。就外在区分度来看，应用型本科大学培养的是助理级别职称的预备人员，他们需要具备沟通工程师和技术人员之间的专业素质，在生产过程中起到"桥梁"的作用。就内在区分度来看，应用型本科大学的类属特征就是"应用性"，即主要是密切结合当前社会经济的发展需求，对已有知识和技术进行横向整合和物化，而研究型大学则在于创造新知识和开发新技术，普通的教学型本科大学重在通用性和系统性的知识与技术的应用，高职高专重在专业知识和专业技术技能的应用。这就是说，相对于教学型本科大学来说，应用型本科大学所传授的知识和技术技能的幅度较宽，知识深度、技术层次和技能的熟练度要求均较低，而相对于高职高专而言，应用型本科大学所传授的知识和技术技能的幅度较宽，知识深度和技术层次的要求较高，技能的熟练度要求较低。这就要求应用型本科大学所培养的人才必须能够在生产实践中解决具有一定难度的问题，完成需要较多的专业知识和技术的工作任务，因此他们是复合应用型人才。综上所述，应用型本科大学的人才培养目标定位主要是复合型、应用型的初级工程师；而高职高专培养的是各个产业部门所需要的产业工人中的技术员。

四、现代职业教育体系边界的确定

从直观上看，需要从四个维度进行综合考察来确定现代职业教育体系的边界，即职业和职业教育发展趋势、边界的内涵、现代职业教育体系边界划分的理论以及政策导向。

首先，职业和职业教育发展趋势的研究表明，现代职业教育理应能够适应货币资本和人力资本的有机构成不断提升的要求，即既能够满足经济发展方式转变和产业结构调整带动的货币资本的有机构成变化的需求，又能够满足各类从业者为了适应货币资本有机构成提升而接受职业准备教育和职业继续教育的需求。通俗地说，现代职业教育体系既要能够满足经济发展方式转变和产业结构调整（社会经济有机构成的变化）对高素质劳动者和技能型人才等产业工人的多样化需要，又要能够充分满足各类主体在职业生涯发展过程中多元化的学习需要或者接受职业终身教育的需要。

其次，通过对边界的内涵研究表明，现代职业教育体系内部的组成部分（元素或者子系统）与不属于现代职业教育体系的其他事物之间有着本质的不同。现代职业教育体系的内部元素或者子系统对现代职业教育体系的整体性有确定性的影响，而属于环境中的事物只对现代职业教育体系有偶然性的影响。

再次，对现代职业教育体系边界划分理论的重构表明，现代职业教育体系的本体应该界定为直接行使职业教育共有权的机构，其延伸体为直接行使职业教育准公共权的机构，其边界截止点为直接行使职业教育私有权的机构。

最后，从《规划纲要》等政策的导向以及《职业教育法》来看，现代职业教育体系的确是指大职业教育体系，但不是泛职业教育体系，即能够与其他教育良好地衔接和沟通，而不是替代其他教育类型，如幼儿教育和基础教育的职业教育功能在于"启蒙"，学校职业教育、社会培训的职业教育功能在于"定向"，企事业单位培训的职业教育功能在于"继续提升"或者"补偿"；它们之间的差别在于"职业定向性"的大小。职业教育的特色、本质属性、类型和层次不是由职业教育"信马由缰"自由决定的，而是由社会经济的有机构成水平来决定的，即职业教育究竟应该是学历导向还是职业资格导向，究竟提供哪些专业类型，是否应该拔高到本科甚至更高层次，取决于其外部环境，主要是指经济的技术构成或者有机构成。同理，现代职业教育体系的边界究竟"放在"哪个位置，不是由某个人决定的，也不是由职业教育决定的，而是由社会需求决定的，如社会人才观和国家的人才管理制度。由于社会需求是动态的，社会观念是变化的，因此现代职业教育体系的边界也是动态的。

从实质上来看，现代职业教育体系边界的界定，需要从另外四个维度进行综合考察，即，第一是社会部门横向分工；第二是教育部门的横向分工；第三是职业教育部门的纵向分工；第四是职业教育学习者生涯的发展。其中，社会部门的横向分工就是指上文中现代职业教育体系的横向边界，教育部门的横向分工就是指职业教育和普通教育的分野，职业教育部门的纵向分工就是指上文中现代职业教育体系的纵向边界，职业教育学习者生涯的发展是指除了职业启蒙教育外的职业人员的整个职业生涯中的职业教育。这四个维度中需要进一步定义的就是职业教育在教育部门的横向分工。按照现在的情况，职业教育培养的是各个产业部门所需要的产业工人，包括在生产、管理、服务的一线操作工人和技术员。

第二节　现代职业教育体系的本体

一、现代职业教育体系本体的内涵

在此，"本体"不是指其哲学意义，而是特指"主体"，即"机器、工程等的主要部分",英文即"main part or body (of a mathine, project, etc)"。根据上述对职业以及职业教育内涵演进情况来看,现代职业教育体系的本体不能仅仅限定在学校职业教育,但是也不能用泛指的职业教育作为现代职业教育体系的本体。但是,根据系统科学视野下对现代职业教育体系的分析,既然是"体系",那么它必然涉及这个系统的组织层、表现层、规则层以及环境层四个层面。很显然,环境层绝对不是系统的主体,只有组织层、表现层、规则层才是现代职业教育体系的主体。但是,问题在于,究竟职业教育的组织层包括哪些部分?这就需要事先确定一个比较合适的标准或者依据,然后才能确定现代职业教育的本体。

二、现代职业教育体系本体的界定依据

大致来看,现代职业教育体系本体的界定依据有法律依据、经济依据、学理依据和边界依据四种。其中,法律依据是根据职业教育的相关法律对现代职业教育体系的本体作出的人为规定,它是现代职业教育体系的内部依据;经济依据是根据外部经济对职业教育的需求对现代职业教育体系本体所作出的理性判断,它是现代职业教育体系的外部依据;学理依据是根据国内外职业教育体系的历史进程和发展趋势、社会经济发展需求、学习者个体发展需求、职业教育体系和其他教育体系的共生态势等多种因素,是对现代职业教育体系的本体作出的理想判断,它是现代职业教育体系的理论依据;边界依据就是根据上面所述的社会部门横向分工、教育部门横向分工、职业教育部门纵向分工以及职业教育学习者生涯的发展四个维度确定的现代职业教育体系的边界,从而确定其本体,它是现代职业教育体系的实践依据。

1. 法律依据

法律依据是根据职业教育的相关法律对现代职业教育体系的本体作出的人为界定,但是,从某种意义上来说,这种国家层面的法律界定的权威性非常小。由于职业教育的相关法律实际上也是职业教育体系的规则层,因此它是现代职业教育体系自身的内部依据。根据1996年施行的《职业教育法》,职业教育体系的主体的各个层次分别被作以下界定:

第一,职业教育体系组织层的规定。职业教育的提供者为各级各类职业学校教育和各种形式的职业培训,并明确规定不包括国家机关实施的对国家机关工作人员的专门培训。此外,虽然没有对教育部门为教师提供岗前培训和在职进修、军队人员的干部培训以及社会提供的非职业类型的培训,如舞蹈等文艺、休闲和娱乐性质的培训等进行规定,但实际上已经被排除在外。对于职业学校教育,该法规定了初等、中等、高等职业学校教育三个层次,并规定由初等职业学校、中等职业学校、高等职业学校、普通高等学校以及按照教育行政部门的统筹规划可以实施同层次的职业学校教育的其他学校实施。对于职业培训,该法规定包括从业前培训、转业培训、学徒培训、在岗培训、转岗培训及

其他职业性培训，并可以根据实际情况分为初、中、高三个等级。在职业培训的机构方面，该法规定职业培训机构、职业学校以及其他有能力的学校或者教育机构可以实施。其中还特别规定，企业可以单独举办或者联合举办职业学校、职业培训机构；事业组织、社会团体、其他社会组织及公民个人可以按照国家有关规定举办职业学校、职业培训机构；境外的组织和个人可以在国务院规定的范围内在中国境内举办职业学校、职业培训机构。职业教育的管理者是国务院教育行政部门、劳动行政部门和其他有关部门、县级以上地方各级人民政府等。受教育对象没有作特别规定，但是特别提出了妇女和残障人士这两类职业教育对象。此外，还对师资以及教学场所、设施、设备、办学资金和经费来源等物质条件进行了规定。

第二，职业教育体系表现层的规定。《职业教育法》认为职业教育的功能在于"提高劳动者素质，促进社会主义现代化建设——促进经济、社会发展和劳动就业"。

第三，职业教育体系规则层的规定。《职业教育法》的母法是教育法和劳动法，职业教育体系的其他制度保障还包括学历证书、培训证书和职业资格证书制度以及教师资格制度等。

以上规定看似非常完善，但是由于法律体系的相对稳定性，这种内部规定总是会滞后于外部环境的发展，尤其是近年来经济的有机构成逐渐提高，促使职业教育的层次不断高移，以至于对高等职业教育的认识开始发生了变化，如俄罗斯提出了比高等职业教育层次更高的大学后职业教育。可见，法律只能规范法律颁布当时的职业教育体系的主体，而对法律颁布后的职业教育的主体或者说未来的职业教育的主体的预见和约束力不强，因此还需要从社会经济的发展来探讨现代职业教育体系的本体。

2. 经济依据

近年来，随着国际对资源、技术和人才竞争的态势不断加剧，我国必须调整在国际产业链中分工的地位，于是国务院多次强调要加快经济发展方式转变和产业结构调整的步伐，其形象的说法是产业升级，实质则是提升产业经济的技术构成，其根本则是提升劳动力的素质或者说提升人力资本的有机构成，这正是建设现代职业教育体系的经济依据。于是，《规划纲要》对现代职业教育体系的主体进行了较为宏观的界定，具体如下：

第一，在组织层方面，《规划纲要》规定了"学校教育与职业培训并举，全日制与非全日制并重"的办学体制架构。其中，"学校教育与职业培训并举"是对1996年颁行的《中华人民共和国职业教育法》的传承，"全日制与非全日制并重"是对现有职业教育体系的突破。此外，还鼓励行业组织和企业举办职业学校。可见，《规划纲要》基本上沿袭了1996年《职业教育法》的规定，除了"建立健全政府主导、行业指导、企业参与的办学机制"外，在组织层并无太大的突破，如高等职业教育是否需要继续高移？新的办学机制中行业协会等中介组织应该以什么身份纳入现代职业教育体系？《规划纲要》均未能作出回答。

第二，在表现层方面，《规划纲要》提出职业教育"推动经济发展、促进就业、改善民生、解决'三农'问题、缓解劳动力供求结构矛盾"等社会经济功能，以及"体现终身教育理念、满足人民群众接受职业教育的需求"和"适应经济发展方式转变和产业结构调整要求，满足经济社会对高素质劳动者和技能型人才的需要"的双重价值。

第三，在规则层方面，由于千呼万唤的新职业教育法仍然没有面世，现代职业教育体系建设的法律依托依然是 1996 年《职业教育法》。此外，亟待建立的职业学校基本办学标准、校企合作办学法规、职业教育质量标准、统一的国家职业资格框架、职业教育教师资格制度、实习实训（尤其是顶岗实习）等法律等依旧停留在学术讨论范围内。

可见，当前所讲的"现代职业教育体系"主要是基于现代产业的视角，是通过促进职业教育与产业结构相互协调，提高其服务于现代产业和经济发展的能力，强调的重点在于发挥现代职业教育体系的经济功能。但是，《规划纲要》作为纲领性文件，并没有详细界定现代职业教育体系的主体，甚至还有不完善的缺憾。为此，教育部期望通过制定《现代职业教育体系建设规划（2014—2020 年）》（教发〔2014〕6 号）来进行补充。

3. 学理依据

学理依据实际上是通过学术层面的考察，在传承历史、立足现在、面向未来的基础上，把握社会经济发展和学习者个体发展双重价值追求，从而建立现代职业教育体系的理想模型。因此，需要在融合法律依据和经济依据的基础上进行必要的补正。

第一，在组织层方面，需要重新界定职业教育提供者的外延。直接提供职业教育和职业培训的机构以及各级职业教育行政管理机构外，从事职业教育活动或者纳入校企合作体系的企业、职业教育的研究机构、职业教育学会以及从事职业教育服务的社会中介组织、行业协会、企业协会以及职业教育的传媒机构等，均应该纳入职业教育体系中。在层次上来看，1992 年颁布的《俄罗斯联邦教育法》中采用广义的"职业"概念，并将大学教育统称为大学后职业教育似乎不可取，而 2011 版的《国际教育标准分类法》中将高等职业教育以上的直接衔接的教育称为专业教育（professional education）则比较科学。究其原因，第一是保证了高等教育的等级特色，避免质量滑坡，第二是突出了职业教育升级的路径，避免滑入高等学术性教育（academic education）的歧途。

第二，在表现层方面，《规划纲要》的规定可以作为现阶段现代职业教育体系建设的依托。

第三，在规则层方面，除了上述两个依据中的法律和制度外，还需要注意各个法律之间的体系化设计，使它们之间能够相互配套。如在校企合作过程中，国家的税收制度与校企合作促进法之间的配套，顶岗实习制度与劳动法、劳动保护法等之间的配套。

4. 边界依据

从现代职业教育体系的本体、延伸体和边界来看，四个维度的现代职业教育体系的本体并不具有一致性。从社会部门横向分工维度来看，其本体的边界止于直接或者完全行使公共职业教育提供权的行业企业培训;从教育部门的横向分工来看,其本体的边界止于直接或者完全行使公共职业教育管理权的学校职业教育,在层次上最高截止到高等职业教育;从职业教育学习者生涯的发展来看,其本体的边界是指除了职业启蒙教育外的职业人员的整个职业生涯中的职业教育。

需要注意的是,上述四种依据之间并非排他关系,也不具有绝对性,它们是相互借鉴和补充的关系,在具体运用时需要根据实际情况来选择。在本研究中,主要采用边界依据来定义现代职业教育体系的主体、延伸体和边界。

三、现代职业教育体系本体的组织层

组织层就是系统的物理结构,即系统论中的物理层。这个层次主要探讨现代职业教育体系的规模、结构、模式、层次、类型、比例、要素以及内部子系统等。

1. 规模

按照字面意思,规模是指"(事业、机构、工程、运动等)所具有的格局、形式或范围"。在此,规模是指现代职业教育体系本体的组织机构及其所包含的人、财、物总体数量,它受一个时期某个国家(或地区)的人口发展指数和社会经济的有机构成等因素的影响,并在某种意义上标志着该国家(或地区)的职业教育体系的发达程度。其中,人口发展指数是评价一个时期内某个国家(或地区)的"人口数量、素质、结构和分布的变化及其相互关系的发展变化,以及人口与经济、社会、资源、环境之间的互动关系变化"的综合指标;社会经济的有机构成则是指在按照产业结构测算的、由资本的技术构成(即技术类型和技术层次)决定,并反映技术构成变化的资本价值构成。

从国际范围来看,职业教育学生规模是一个最为常见的评价职业教育规模的综合指标,它可以采用职业教育注册学生人数占该层次所有教育类型注册学生人数的百分比VAER(Vocational All Enrolment Ratio)和职业教育毛入学率VGER(Vocational Gross Enrolment Ratio)进行评价,前者说明了职业教育和全部教育之间的比例关系,后者说明了职业教育注册学生人数和适龄人口数量之间的比例关系。从国内来看,职业教育办学规模是一个更为常见的评价职业教育规模的综合指标,它可能涉及考评时间段历年的职业学校数量、教学行政用房面积、占地面积、校舍建筑面积、教学科研设备值(仪器设备值)、图书数量、专业开设数量、课程开设数量、实习实训基地数量、招生人数、在校生人数、毕业生人数、教职工总数、双师型教师数等指标的总数或者生均比例数。

2. 结构

结构可以指称抽象物或者实体物的"各个组成部分的搭配和排列"。"教育系统结构一般由体制、层次、种类、形式、地区、目标、教学、管理和教育思想等基本部分所构成,而每个部分又由各自相应的要素所组合",这样就会有体制结构、层级结构、种类结构、形式结构、地区结构等。但是，由于分类标准的差异，现代职业教育体系本体的结构在此主要是指组成现代职业教育体系本体的各类和各层次职业教育的比例构成，其次是指地区结构、专业结构、课程结构、师资结构、资金投入结构等表层结构。《规划纲要》中提到"面向人人、面向社会；中等和高等职业教育协调发展；专业设置与经济社会发展需求相适应；健全多渠道投入机制；坚持学校教育与职业培训并举，全日制与非全日制并重；加强'双师型'教师队伍建设；建立健全技能型人才到职业学校从教的制度；加快发展面向农村的职业教育；推进职业学校专业课程内容和职业标准相衔接"，这就说明《规划纲要》对现代职业教育体系建设的结构目标主要是指生源结构、层次结构、类型结构、形式结构、专业结构、课程结构、资金投入结构、师资结构、区域布局结构等。

3. 模式

一般来说，"模式"是指某种事物的标准形式或使人可以照着做的标准样式。在系统科学中，"模式"常用以"说明系统的一种整体或宏观的时空结构"，它是"系统的相互关系的总和，或结构的一个子集，或一种具体形式"。实际上，模式就是系统结构要素在时间或空间上的排列组合方式，它有系统空间上的重复结构、系统时间上的重复结构、时间与空间上的重复结构三种类型。目前在世界职业教育领域比较著名的职业教育模式有"以德国为代表的双元制模式、以加拿大和美国为代表的CBE模式、以澳大利亚为代表的TAFE模式、以英国为代表的BTEC人才培养模式、日本的企业内培训、新加坡的教学工厂等"。事实上，现代职业教育体系从宏观到微观均有多种层次的模式，如管理模式、办学模式、人才培养模式、教学模式等。不过，《规划纲要》中主要是指"实行工学结合、校企合作、顶岗实习的人才培养模式"。

4. 层次

现代职业教育体系层次的问题在上述"现代职业教育的分层问题"中已经有所探讨，在此再作进一步的补充。

"层次"是指"同一事物由于大小、高低等不同而形成的区别"。在教育领域，教育层次实际上就是指教育等级。2011版的《国际教育标准分类法》中，等级的概念反映了一个教育课程内容从基础到综合的复杂程度和专业程度。

目前我国的职业教育和职业培训均有初、中、高三个层次，它们实际上存在一定的结构和比例关系。不过，在此探讨的不是这个意思，而是指学校职业教育的层次究竟应该高到什么程度以及各个层次间的衔接问题。就职业教育层次高移的问题，学术界的观点一般是通过与普通教育体系的对比后认为，需要建立与之齐头并进的职业教育体系，即构建"多科性或单科性职业技术性或技能型专科学校或学院：专科（副学士学位或文凭）→职业技术本科（学士学位或文凭）→职业技术硕士（学位或文凭）或进入专业硕士"高等体系，不过在具体实践上各种途径有所差别。为此，教育部的官员也曾提出，"探索本科层次职业教育人才培养途径，重点培养复合型、应用型人才；探索高端技能型专业学位研究生的培养制度，系统提升职业教育服务经济社会发展的能力和支撑国家产业竞争力的能力"。目前，已经有多所高职院校在这种鼓噪声中升格为本科层次的职业大学。不过，需要指出的是，学者和教育部官员的这种提议可能并非建立在对社会经济的有机构成的理性分析基础上，而是对发达国家本科层次的专业教育（professional education）的误解。这是因为，比较教育的研究人员将"professional"也翻译成了"职业"。事实上，在2011版的《国际教育标准分类》（ISCED 2011）中文版中"professional education"被翻译为"专业教育"，它在横向上与学术高等教育并列，纵向上与职业教育（vocational education）衔接，而职业教育（vocational education）的学历层次最高仅是专科层次。此外，从当前国际通用且由联合国教科文组织定义的职业教育（Technical and Vocational Education and Training，TVET）名称来看，它的确不包括专业教育（professional education）。再从高等教育的类型上来看，专业教育（professional education）培养的人才和学术教育（acdemic education）培养的人才对职业教育专科层次的人才具有极强的替代性，尤其是在我国人才高消费有增无减的情况下，一味地拔高专业教育的层次毋宁精准定位其人才培养的目标。可见，在当前以及未来一段时间内，现代职业教育体系的层次问题主要不是职业教育层次是否应该继续高移的问题，而是本着以人为本的理念解决各个层次的职业教育之间相互衔接的问题，前者是由社会经济的有机构成的变化逐渐缓慢演进的自发形成过程，后者则是由政治调控而致变的快速奋进的自觉决策过程。

5. 类型

现代职业教育体系类型的问题在上面"现代职业教育的分类问题"中已经有所探讨，在此仅作进一步的补充。根据现代职业教育体系边界和主体的界定，如果根据《规划纲要》中"体现终身教育理念；坚持学校教育与职业培训并举，全日制与非全日制并重；加快发展面向农村的职业教育"等提法，现代职业教育体系主体的类型可以根据学习者生涯发展维度来分，包括职业准备教育和职业继续教育，但是在现代职业教育体系设计的时候，要注意与职业启蒙教育（或者说基础教育）的衔接口径；从形态上来说，包括学校职业教育和职业培训；从学制来看，包括全日制和非全日制两类；从地域上来分，有农村职业教育和城市职业教育两部分。除此之外，还可以按照举办主体、学习对象（性别、年龄等）、经费构成、隶属产业部门、人才培养目标、办学类型、专业科类或者院校类型等进行分类。现代职业教育体系建设的过程，是体制内外不断探索的过程，因此在国家法制框架内，应该允许多种类型的职业教育共同发展，鼓励"不拘一格"地探索多种办学形式。

6. 比例

"比例"并不是一个独立指标，它实际上需要与层次、类型、要素等指标配合起来才能使规模、结构等指标更加具有可以比较的意义，如通过计算学生和教师的比例获得生师比；通过测算中等职业教育和高等职业教育之间的比例，可以判定中高职协调发展的程度等。

7. 内部子系统与要素

现代职业教育体系是一个多要素、多层次的复杂系统，这些要素会按照某种规则组合起来形成一定的功能系统，以便按照体系发展的目的源源不断地补偿、调节或者配置必要的人员、资本、物质、信息等要素，从而达到维系这个系统的繁荣和发展的目的。因此，在这个复杂系统内部还存在着多个子系统。按照业务的流程来划分，包括教师教育体系、人才培养体系、教育行政与管理体系、教育投资体系、评估评价与督导体系、招生与就业体系、内部的科研和决策支持体系等。

由于汉语言缩略语的特点，"要素"可以被理解为构成事物的必要因素或者主要元素，在此是指构成现代职业教育体系主体的主要元素。在系统论中，元素是"系统中存在着能够相互区别的实体"。在此，现代职业教育体系主体的要素主要包括人的要素和物的要素两类。就人的要素来说，主要是指职业教育的学习者和教育者。就目前改革的导向来看，职业教育的学习者已经不再特指学校职业教育中的学龄人口，还包括其他多种有职业教育学习需求的大众，如新型农民、进城务工人员、转岗换业人员、退伍复员军人等。对于教育者来说，特别强调"双师型"教师建设和引进行业、企业或者社会上有专门技能的人员担当实践教学的兼职教师。就物的要素来说，主要包括教育经费和其他物质资源两部分。就现代职业教育体系建设的目标来看，教育经费的改革重点在于"健全多渠道投入机制，加大职业教育投入；鼓励企业加大对职业教育的投入；逐步实施农村新成长劳动力免费劳动预备制培训；逐步实行中等职业教育免费制度，完善家庭经济困难学生资助政策"等层面。在其他物资方面，改革的重点是"加强实训基地建设，提升职业教育基础能力"。

四、现代职业教育体系本体的表现层

表现层与组织层的实体性、内敛性和稳定性不同，它具有非实体性、外发性和创造性，因而是系统创造力和内在发展动力的源泉。按照严格的系统论解释，系统的结构和性态属于一对范畴，系统的功能和目的属于另一对范畴，其功能和目的则是通过系统的行为表现出来的。总的来说，"目的是行为的方向和指南，指向预期功能；功能是行为和目的的可能结果；行为是目的和结果的执行过程"。此外，行为的结果最终会以某种水准或者整体绩效呈现在公众面前。因此，这个层次主要探讨现代职业教育体系主体的目的、功能、行为及其结果的水准或者整体绩效四个方面。可见，表现层就是系统在运行过程中通过行为所表现出来的目的性和功能性,与管理学中所说的行为层有相似之处。

1. 目的

现代职业教育体系本体的目的是其存在的理由和动力学特性之一,它由系统及其环境共同决定。狭义的教育目的是某种类型教育的人才培养的总体要求;广义的教育目的是指不同层次的教育活动所能达到的预期结果的集合,其结构层次依照上下位次关系分别为教育目的、培养目标、课程目标、教学目标等。对于现代职业教育体系本体来说,既存在共同的教育目的,也存在各级各类职业教育的教育目的,前者追寻的是类属定位,后者追寻的是个性特色。根据我国现行的《教育法》和《职业教育法》,现代职业教育体系本体的教育目的应该是"培养一大批有一定科学文化基础和较强综合职业能力的,德、智、体、美等全面发展,在生产、技术、服务、管理等一线工作的各级各类专门人才",以此还可以继续确定现代职业教育体系本体范围内各级各类职业教育的目的。不过,教育的目的必然负载着一定的教育价值观,或者是社会本位的教育价值观,或者是个人本位的教育价值观,它们之间的张力和冲突成为历次教育改革的动力,左右着教育目的和教育改革的总体方向。此外,如上所述,环境也是制定教育目的的重要因素,所以随着时代的发展,教育目的也在不断更迭。事实上,外部环境,尤其是社会经济的发展,主导着人们的教育价值观,从而影响了教育目的的制定。目前社会经济的有机构成发生了巨大变化,生产方式的变革必然会促使职业教育的目的进行必要的调整,即在以人为本的前提下不断为经济社会的发展培养高素质劳动者和技能型人才。

2. 功能

功能是描述系统行为对与环境的某种影响的重要概念。系统的任何行为都会对环境中的事物(即系统的功能对象)产生影响。其中,由系统的行为所引起的且有利于其功能对象生存和发展的作用或者贡献,称之为系统的功能。简言之,功能是系统行为所产生的效能、效果、有利作用、价值等,是系统创造力的外在表现。其中,价值是系统行为所具有的主观色彩的特定功能。以此类推,教育功能就是教育对社会和主体的发展所产生的有利的作用和影响,因此而言,教育的功能包括个体功能和社会功能。又由于社会是多层次的复杂系统,因此教育的社会功能还有政治、经济、文化以及其他社会功能。同理,现代职业教育体系的主体也具有教育应该具有的普遍功能,但由于现代职业教育体系的特殊性,如人才培养规格等,从而使其具有其他教育体系不可替代的特殊意义。具体来说,目前对现代职业教育体系主体功能的期待就是"推动经济发展、促进就业、改善民生、解决'三农'问题;缓解劳动力供求结构矛盾;面向人人、面向社会,体现终身教育理念,满足人民群众接受职业教育的需求"。

3. 行为

按照确定性程度来划分,系统的行为包括确定性行为和随机性行为两大类。对于教育系统的行为来讲，多数学者集中在人才培养、科学研究、社会服务或者文化传承四个层面，但是这些行为的权重差异却很少有人探讨过。对于职业教育来说，尽管或多或少也会表现出以上几种行为，但是各种职业教育类型之间以及职业教育各层次之间毕竟存在着分工上的差别。可见，现代职业教育体系本体的行为存在主次之分。据此，可以将这些行为划分为第一行为系统（the first behavioral system）和第二行为系统（the second behavioral system），前者是指为了实现人才培养而表现出来的行为，如教育教学等，后者则是指为第一行为系统服务和辅助的行为，如科学研究、社会服务、文化传承。

4. 水准

水准亦即水平，是指系统的行为结果所达到的程度。水准与目的有所不同，水准是系统的行为结果实际达到的程度，目的则是预期行为结果。系统行为结果究竟能够达到什么程度，受内部条件和外部环境的制约。就内部条件来说，教师和学生是最重要的主体，因此现代职业教育体系的本体必须能够体现这两种主体的快意生存和自由发展的需求。就国内的外部条件来说，国内社会经济的有机构成是现代职业教育体系建设的重要依据，因此现代职业教育体系的本体必须能够体现对社会经济的有机构成的适应性。而就国际的外部条件来说，我国的职业教育理念和模式基本来自国外，这与我国作为一个负责任的经济大国的地位极不相称，因此现代职业教育体系的本体能够体现我国的职业教育对世界职业教育的贡献和责任。总之，现代职业教育体系本体的水准必须以人为本、体现终身教育理念、适应社会经济有机构成的变化、凸显中国特色，达到世界先进水平。

五、现代职业教育体系本体的规则层

规则层就是系统的运行规律或者约束规范。在此，规则层并不仅仅包括系统的运行规律或者约束规范，它包括规范法则和社会学法则两大主体，其中意识形态、风俗习惯等也是必要的组成部分。

1. 政策和制度

一般来说，政策是政治集团为在一定时期内实现自己所代表的阶级或者阶层的利益与意志而制定的行动准则，它包括法律形式的政策和非法律形式的行政命令。职业教育政策包括"由全国人大、中共中央、国务院、相关部委以及地方政府颁发的、以正式书面文本为表现形式的各种职业教育法规性文件"以及按照这些文件制定的实施细则，如具体的策略和措施，其大致形式有法律法规、标准体系和行政命令三类，它们是我国职业教育"行政管理体制、办学体制、人才培养模式、院校建设、师资培养"、经费投入、发展规划、职业资格、质量标准等方面的重要保障。需要注意的是，策略和措施实际上是按照法律、制度、文化传统等规则制订的行动方案。这些政策的制定主要基于三个视角，即经济视角、社会公平视角、社会转型或变革视角。"经济视角主要从效率、效力、问责机制、吸引力、适应性和反应性等角度探讨职业教育的发展；社会公平视角关注通过职业教育应对社会发展面临的不公平及排斥问题；在这两个视角的基础上，国际社会又提出了职业教育的社会转型或变革视角，主要关注从推动终身学习、促进社会创新和可持续发展及人类幸福生活的角度发展职业教育。"这三个视角是我国现代职业教育体系主体建设的重要参照。

在此，制度是"要求大家共同遵守的办事规程或行动准则"。因此，现代职业教育制度是指在市场经济条件下约束职业教育利益相关者（政府与教育行政部门、职业院校、行业企业及其协会、职业教育学习者、学生家长等）的行为的一系列规则的总和。它可分为三个层次：第一，职业教育的本体制度，主要指国家宪法中确立的有关职业教育活动的具有普遍性的、刚性的基本规则，它是其他职业教育制度的准则；第二，职业教育的具体制度，主要指约束职业教育特定行为模式和关系的行为规则，是职业教育本体制度在教育体制、学制、教育管理制度、教育评价制度、招生与考试制度以及各种有关职业教育的成文法、习惯法、教育政策法规等各方面的具体表现；它还可以包括中央政府和地方政府出台与职业教育相关的条例、决定、暂行规定、细则、试行办法等；以及职业学校制定的学生守则、教师职责等各种规章、制度和章程；第三，职业教育活动的伦理道德规范。

政策和制度既有联系又有一定的区别。其联系在于：第一，外在形式上的重叠，均包含宪法、法律和法规；第二，功能的共同性，都是调节和规范人类社会关系以及社会行为活动的重要手段；第三，适用的互补性，在调节和规范人类社会关系以及社会行为活动的过程中，制度与政策具有功能上的互补性；第四，作用的冲突性，如政策与风俗、习惯等这些非正式制度可能会有相互冲突，如火葬政策与土葬风俗。其区别在于：第一，两者产生的途径不同，制度可以由内在途径经过长期经验的积累自发演化而来，也可以由人为设计而自觉产生，而政策只能由政策主体人为设计出来；第二，政策和制度的稳定性不同，相对而言，其稳定性可以按照"内生制度—法律法规（同属外生制度与政策）—政策"的顺序排列；第三，政策与制度的实施机制不一样，除极少数符号性和象征性政策（如说普通话）外，绝大部分政策都要依托国家暴力机关付诸实施，而制度的实施大致可分为依托国家暴力机关付诸实施并与政策相重叠的宪法、法律、法规，依靠集体利益减损来执行的团体章程和个体协议，依靠集体意志的道德制裁实施的风俗、习惯、礼貌等内生制度三种情况；第四，政策与制度调控的范围不同，政策比制度的调控时间短，制度比政策的调控范围广。

2. 建设理念和指导思想

建设理念是指建设现代职业教育体系本体的理想的、永恒的、精神性的普遍范型，指导思想则是在建设现代职业教育体系本体的过程中，人脑中占有压倒性优势的、指导性的想法。当前，现代职业教育体系本体的建设理念应该是以人为本理念和终身教育理念；指导思想应该是邓小平理论、"三个代表"重要思想和科学发展观。

3. 理论体系

理论体系，是"对某一领域或现象在联系实际中推演出来的概念或原理，从而综合和抽象出这一现象的性质、特征、范式等形成的知识体系"。对于现代职业教育体系本体来说，其理论体系有两个宏观层次：第一是建设现代职业教育体系的理论和理论体系，即顶层设计的理论体系；第二是现代职业教育体系主体功能有效发挥的理论体系，如现代职业教育和教学理论等。

4. 社会传统和文化观念

社会传统和文化观念是现代职业教育体系本体的隐性规则，尽管可能看不见、摸不着，但是它们却实实在在地影响着现代职业教育体系的建设，如我国轻视职业教育的传统观念。因此，必须通过现代职业教育体系的建设，积极地将工业文化引进职业教育，达到移风易俗、尊重职业教育和遵守职业伦理等目的。

六、现代职业教育体系本体的间介层

1. 间介层的内涵

间介层在此是指现代职业教育体系本体内部的组织层、表现层和规则层三者之间交叠的部分，这个部分之间的边界比较模糊，很难分清楚究竟归于哪一个层次，它们之间的组合会形成复杂的内部关系，即内部机制，而组织层和规则层的交叠则会形成体制。

2. 内部机制

职业教育的机制是指职业教育体系与环境、职业教育体系与政府、职业教育体系内部各个子系统和要素之间的相互关系及其运行方式。其中，职业教育的内部机制是指职业教育体系与政府、职业教育体系内部各个子系统和要素之间的相互关系及其运行方式，是内部关系问题，主要有政府与职业教育体系之间、职业教育类型之间、职业教育层次之间、要素之间四层机制，如政府—职业教育提供机构之间的行政管理和拨款机制、学校职业教育—职业培训之间的沟通机制、中等职业教育—高等职业教育之间的衔接机制、教师—学生之间的培养机制、学校—教师之间的校本专业发展机制、学校—教师—学生之间的学校管理机制、质量保障机制等。

3. 内部体制

职业教育体制是由职业教育机构体系和相应的规则体系所组成的结合体或统一体。现代职业教育体系本体的体制大致由五个层次的子体制系统所组成：第一是由职业教育的行政与相应规则相结合而形成的职业教育行政体制，如投资体制；第二是由职业教育实施机构（职业学校和职业培训机构）与相应规则相结合而形成的职业学校教育体制和职业培训体制；第三是由职业教育实施机构的内部管理机构与相应的规则相结合而形成的职业学校管理体制和职业培训管理体制；第四是职业教育实施机构的教学机构与相应的规则相结合而形成的人才培养体制和教学体制；第五是职业教育实施机构之间与相应的规则相结合而形成的举办体制、办学体制，如校企合作办学体制。

第三节 现代职业教育体系的延伸体

一、现代职业教育体系延伸体的内涵

现代职业教育体系延伸体是指在现代职业教育体系的边界内除去现代职业教育体系本体的部分，它行使的是不完全性的、间接的教育权和准公共教育管理权，是现代职业教育体系本体的必要的组成部分。

二、现代职业教育体系延伸体的外延

1. 现代职业教育体系延伸体的组织层

现代职业教育体系延伸体的组织层主要包括社会上独立的职业教育研究和决策支持机构（如职业教育学会等）、社会中介组织（如行业企业协会）、职业教育传媒机构（如职业教育出版机构、杂志或者其他媒体等）、社会上独立的评估评价与督导机构等。

2. 现代职业教育体系延伸体的表现层

现代职业教育体系延伸体的表现层的目的在于辅助现代职业教育体系主体功能的顺利实现，其功能在于提供第三方的研究报告、改革建议、招生、就业和专业建设等信息、指导教学模式和课程改革、协助实现校企合作、宣传职业教育成果以增强职业教育的吸引力、交流职业教育经验和研究成果、出版教材等。

3. 现代职业教育体系延伸体的规则层

现代职业教育体系延伸体的规则层主要是指现代职业教育体系延伸体的组织层所涉及的机构制定的与职业教育有关的规章、制度、政策建议、研究报告、行业职业资格、评估标准等。

第四节 现代职业教育体系的环境层

环境层是描述系统的基本参量之一，"是与系统组成元素发生相互影响、相互作用

而又不属于这个系统的所有事物的总和"。职业教育的环境层实际上是由各种各样与职业教育发生关系的系统组成的集合。

一、外部机制

职业教育的外部机制是指职业教育体系与环境之间的相互关系及其运行方式,是外部关系问题,它解决了职业教育体系与环境之间的输入和输出关系,主要有政府—劳动力市场的引导机制、政府—行业企业的激励机制、职业教育—劳动力市场(就业)的适应机制、职业教育—行业企业的合作机制、政府—劳动力市场—行业企业—职业教育的协同机制、职业教育—其他类型教育的衔接机制(如招生)、沟通机制和竞争机制等。

二、外部子系统

职业教育环境层的外部子系统是指职业教育行为的外部功能对象,主要包括经济部门(特别是行业企业及其协会)、劳动力市场以及其他不属于职业教育体系的教育类型。

第五节 结构框架对现代职业教育体系建设目标研究的喻示

一、结构框架确定了现代职业教育体系的目标框架

现代职业教育体系的结构框架是由其外延决定的,因而现代职业教育体系的结构框架实际上是从技术上限定了现代职业教育体系的建设范围,这对明确其建设任务具有重要的意义,实际上确定了现代职业教育体系的目标框架。

二、结构框架确定了现代职业教育体系的分项建设目标

现代职业教育体系的结构框架从现代职业教育体系的本体、现代职业教育体系的延伸体、现代职业教育体系的间介体和环境四个层面,以及组织层、表现层、规则层三个层次对现代职业教育体系的结构框架进行了分析,这实际上明确了现代职业教育体系的分项建设任务和分项建设目标。

参考文献

[1] 吕红. 中国职业教育国际化策略研究 [M]. 重庆：重庆大学出版社，2022.

[2] 汤晓军. 中国高等职业教育国际化研究 [M]. 苏州：苏州大学出版社，2021.11.

[3] 詹黔江，彭静编. 新编职业教育人文素质培养与拓展 [M]. 成都：西南交通大学出版社，2021.01.

[4] 于莉，王颖，孙长远. 职业教育校企合作的理论与实践 [M]. 长春：吉林人民出版社，2021.07.

[5] 杜方敏，陈慧. 中国高等职业教育走出去的探索与实践 [M]. 北京：经济日报出版社，2022.06.

[6] 周建松. 高等职业教育高质量发展研究 [M]. 杭州：浙江大学出版社，2020.10.

[7] 秦凤梅. 职业教育产教融合质量评价探索 [M]. 重庆：重庆大学出版社，2021.09.

[8] 丁水娟. 陶行知职业教育思想及其当代价值 [M]. 杭州：浙江工商大学出版社，2018.09.

[9] 周建松. 高等职业教育优质学校建设综论 [M]. 杭州：浙江工商大学出版社，2019.01.

[10] 王晞. 新时代职业教育教师队伍专业化建设与发展 [M]. 北京：北京理工大学出版社，2019.10.

[11] 周开权. 中国职业教育产学研一体化发展研究 [M]. 苏州：苏州大学出版社，2019.12.

[12] 陈光华. 职业教育探索与研究 [M]. 银川：阳光出版社，2014.10.

[13] 朱倩谊. 融合创新的现代职业教育产教深度融合共同体构建与实践路径研究 [J]. 教育科学论坛，2023（24）：53-57.

[14] 孙璐. 创新现代职业教育会计实践教学模式 [J]. 教育现代化，2018（38）：354-355.

[15] 张秀礼. 高等职业教育"现代学徒制"人才培养模式创新与实践 [J]. 科技风，2017（3）：34.

[16] 付达杰. 现代职业教育体系下校企协同的技术技能积累创新理论与实践 [J]. 职教通讯，2017（1）：10-14.

[17] 肖剑波，邓努波，谭秋苹，等. 基于现代职业教育服务观的校企合作体制机制

创新与实践 [J]. 重庆电力高等专科学校学报，2012（2）：1-3，23.

[18] 赵曼，梁振梅. 基于现代学徒制的职业教育创新与实践研究 [J]. 进展（科学视界），2021（11）：57-58.

[19] 龙犇，仇玉莹. 加快现代职业教育发展实践校企双主体人才培养模式创新 [J]. 知识经济，2020（15）：111-112.

[20] 魏萍. 加快现代职业教育发展，实践校企双主体人才培养模式创新 [J]. 时代教育，2017（9）：217-218.

[21] 卢双盈，刘新钰. 国家职业教育改革创新示范区探索现代职业教育体系的实践与思考 [J]. 中国职业技术教育，2015（27）：10-15.

[22] 传吕景泉：承黄炎培职业教育思想精髓推进现代职业教育理论与实践创新 [J]. 中华职业教育，2013（12）：4-6.

[23] 俞步松，邵庆祥，葛军燕，等. 以培养现代"和谐职业人"为目标的高职文化素质教育创新实践 [J]. 中国职业技术教育，2015（31）：52-56.

[24] 刘英，徐小华，吴佩映. 创新中国现代职业教育发展的思考——基于德国的实践与研究 [J]. 现代企业教育，2014（8）：282-283.